2022年全国监理工程师(交通运输工程专业)职业资格考试用书

Jiaotong Yunshu Gongcheng Jianli Anli Fenxi

交通运输工程监理案例分析

(Gonglu Gongcheng Zhuanye Pian)

(公路工程专业篇)

交通运输部职业资格中心　组织编写

人民交通出版社股份有限公司

北京

内 容 提 要

《交通运输工程监理案例分析(公路工程专业篇)》为2022年全国监理工程师(交通运输工程专业)职业资格考试用书之一。本书主要梳理了公路工程监理基础知识和专业知识的主要知识点,编写了建设工程监理法规与公路工程建设基本理论,进度控制,费用控制,路基、路面、桥梁、隧道、交通安全设施、机电工程和安全环保控制类监理的案例和参考答案以及答案解析。

本书可供参加全国监理工程师(交通运输工程专业)职业资格考试的公路工程技术人员复习使用,也可作为建设单位、施工单位、项目管理(监理咨询)单位和高等院校师生的学习参考书。

图书在版编目(CIP)数据

交通运输工程监理案例分析. 公路工程专业篇 / 交通运输部职业资格中心组织编写. — 北京 : 人民交通出版社股份有限公司, 2022.1

ISBN 978-7-114-17327-1

Ⅰ. ①交… Ⅱ. ①交… Ⅲ. ①公路运输—运输工程—监理工作—案例—资格考试—自学参考资料 Ⅳ. ①U ②U49

中国版本图书馆CIP数据核字(2021)第256261号

2022年全国监理工程师(交通运输工程专业)职业资格考试用书

书　　名: 交通运输工程监理案例分析(公路工程专业篇)
著 作 者: 交通运输部职业资格中心
责任编辑: 刘永超　周佳楠
责任校对: 孙国靖　魏佳宁　龙　雪
责任印制: 刘高彤
出版发行: 人民交通出版社股份有限公司
地　　址: (100011)北京市朝阳区安定门外外馆斜街3号
网　　址: http://www.ccpcl.com.cn
销售电话: (010)59757973
总 经 销: 人民交通出版社股份有限公司发行部
经　　销: 各地新华书店
印　　刷: 北京市密东印刷有限公司
开　　本: 787×1092　1/16
印　　张: 16.5
字　　数: 401千
版　　次: 2022年1月　第1版
印　　次: 2022年3月　第3次印刷
书　　号: ISBN 978-7-114-17327-1
定　　价: 65.00元
(有印刷、装订质量问题的图书由本公司负责调换)

2022年全国监理工程师(交通运输工程专业)职业资格考试用书

编 写 人 员

主　编　章剑青

副主编　周　河　苑芳圻　杨玉胜　单煜辉
　　　　文　韬　顾新民

成　员　秦志斌　秦仁杰　黄汉昌　张友利
　　　　陈海燕　娄忠应　徐贵强　张瑞坤
　　　　何　琦

审 定 人 员

主　审　李明华

成　员　卢　柯　邢　波　李剑波　习明星
　　　　苏胜良　罗　娜　刘长健　徐建军
　　　　郑　健　马立东

前　言

2020 年 2 月 28 日，住房和城乡建设部、交通运输部、水利部、人力资源社会保障部共同印发了《监理工程师职业资格制度规定》《监理工程师职业资格考试实施办法》，为满足广大工程技术人员参加全国监理工程师（交通运输工程专业）职业资格考试的备考需求，交通运输部职业资格中心组织有关院校和企事业单位的资深专家，依据《全国监理工程师职业资格考试大纲》（交通运输工程专业科目），编写了这套全国监理工程师（交通运输工程专业）职业资格考试用书。本套用书有三个特点：一是结合加快交通强国建设实际，概述了建设平安百年品质工程目标，体现了新时代交通运输工程监理制度改革和转型的要求。二是突出政策法规的时效性和专业知识的科学性，将交通运输工程目标控制专业科目的知识点分为基础知识篇和专业知识篇，基础知识篇突出了公路、水运工程监理的共性知识点；专业知识篇按照不同的专业工程施工技术规范、质量检验评定标准，突出了施工工艺、施工技术和监理要求等内容。三是强化基础知识、专业知识之间的系统性、完整性，突出建设监理理论发展的前瞻性，淡化概念和原理，减少与交通运输工程造价工程师、公路水运工程试验检测专业技术人员考试重叠的内容。

本套用书共分五册，包括《交通运输工程目标控制（基础知识篇）》《交通运输工程目标控制（公路工程专业知识篇）》《交通运输工程目标控制（水运工程专业知识篇）》《交通运输工程监理案例分析（公路工程专业篇）》《交通运输工程监理相关法规文件汇编（公路工程专业篇）》。全套用书由章剑青（东南大学教授、江苏华宁工程咨询有限公司总经理）主编、李明华（中国交通建设监理协会副理事长）主审。

本次修订是在 2021 年版全国监理工程师（交通运输工程专业）考试用书的基础上，按照“推陈出新、优化结构，突出行业特色”的原则进行。《交通运输工程监理案例分析（公路工程专业篇）》的修订，主要梳理了公路工程监理案例的题型、题干、设问和标准答案，更新了部分案例，勘正了个别错误，增加了案例背景材料、答案和解析。

本书由单熠辉、章剑青主编。本书的第一部分由章剑青编写；第二部分由章剑青、单熠辉、杨玉胜、苑芳圻、张瑞坤、娄忠应、顾新民编写；第三部分来自往年考试真题题库。

本书审定时，李明华、习明星、邢波、卢柯、李剑波、苏胜良、罗娜等专家学者提出了宝贵意见和建议，在此表示感谢！

本书在修订过程中，虽经反复推敲，仍难免存在纰漏，敬请广大读者批评指正。

交通运输部职业资格中心

2021 年 12 月

目　录

第一部分　主要知识点

一、工程项目的建设程序

1.政府投资公路建设项目

政府投资公路建设项目的实施，应当按照下列程序进行（图1-1）。

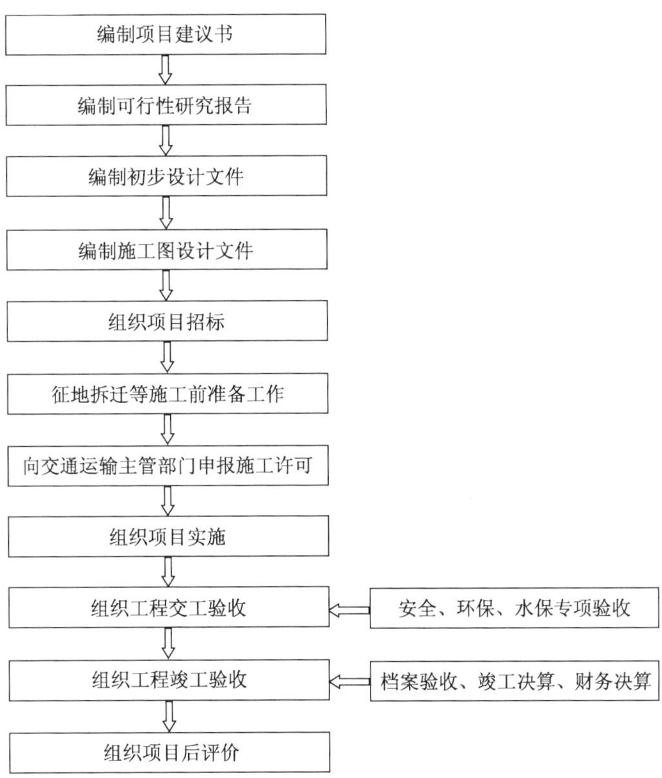

图1-1　政府投资公路工程建设程序流程

（1）根据规划，编制项目建议书。

（2）根据批准的项目建议书，进行工程可行性研究，编制可行性研究报告。

（3）根据批准的可行性研究报告，编制初步设计文件。

（4）根据批准的初步设计文件，编制施工图设计文件。

（5）根据批准的施工图设计文件，组织项目招投标。

（6）根据国家有关规定，进行征地拆迁等施工前准备工作，并向交通运输主管部门申报施工许可。（根据《中华人民共和国建筑法》第七条规定，按国务院规定的权限和程序批准开工报告的建筑工程，不再领取施工许可证。）

(7)根据批准的项目施工许可,组织项目实施。

(8)项目完工后,编制竣工图表、工程决算和竣工财务决算,办理项目交、竣工验收和财产移交手续。

(9)竣工验收合格后,组织项目后评价。

2. 企业投资公路建设项目

企业投资公路建设项目的实施,应当按照下列程序进行(图1-2)。

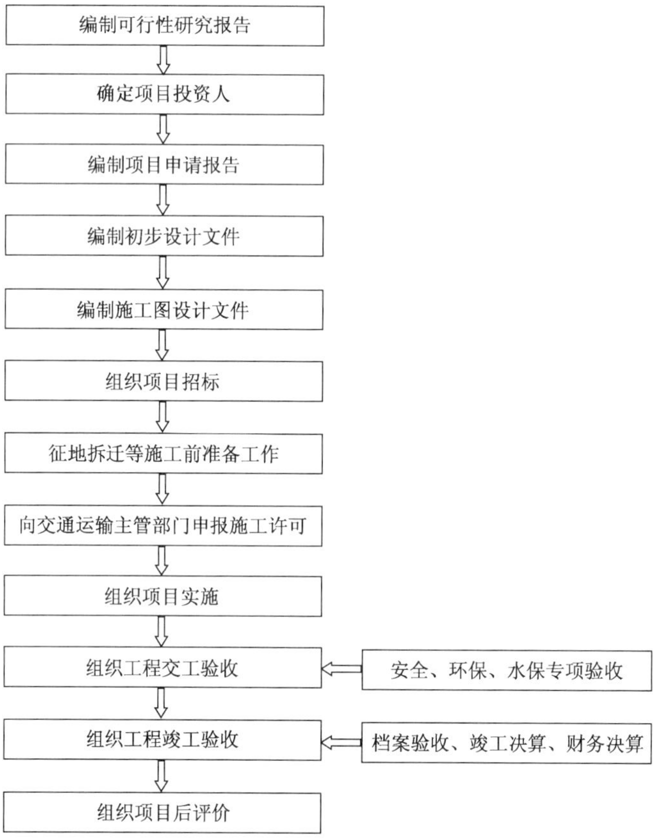

图1-2　企业投资公路工程建设程序流程

(1)根据规划,编制工程可行性研究报告。

(2)组织投资人招标工作,依法确定投资人。

(3)投资人编制项目申请报告,按规定报项目审批部门核准。

(4)根据核准的项目申请报告,编制初步设计文件,其中涉及公共利益、公众安全、工程建设强制性标准的内容应当按项目隶属关系报交通运输主管部门审查。

(5)根据初步设计文件编制施工图设计文件。

(6)根据批准的施工图设计文件组织项目招标。

(7)根据国家有关规定,进行征地拆迁等施工前准备工作,并向交通运输主管部门申报施工许可。

(8)根据批准的项目施工许可,组织项目实施。

(9)项目完工后,编制竣工图表、工程决算和竣工财务决算,办理项目交、竣工验收。

(10)竣工验收合格后,组织项目后评价。

二、工程招标和投标管理及其相关知识

1. 工程招标投标的特点、作用和原则

1)工程招标投标的概念

工程招标投标是指建设单位和施工单位依法按规范的程序实现工程项目交易的行为和过程,包括招标发包和投标承包两个方面。

2)工程招标投标的特点

(1)竞争性。有序竞争,优胜劣汰,优化配置,提高社会和经济效益。

(2)程序性。招标投标活动必须遵循严密规范的法律程序。《中华人民共和国招标投标法》(简称《招标投标法》)及相关法律政策对招标人从确定招标采购范围、招标方式、招标组织形式直至选择中标人并签订合同的招标投标全过程每一环节的时间、顺序都有严格、规范的限定,不能随意改变。

(3)规范性。《招标投标法》及相关法律政策对招标投标各个环节的工作条件、内容、范围、形式、标准以及参与主体的资格、行为和责任都作出了严格的规定。

(4)一次性。投标要约和中标承诺只有一次机会,且密封投标,双方不得在招标投标过程中就实质性内容进行协商谈判。

(5)技术经济性。招标采购或出售标的都具有不同程度的技术性,包括标的使用功能和技术标准、建造、生产和服务过程的技术及管理要求等。

3)工程招标投标的基本原则

《招标投标法》第五条规定,投标活动应当遵循公开、公平、公正和诚实信用的原则。

4)工程招标投标的作用

(1)促使建设单位按基本建设程序办事,并有利于建设单位择优选用施工企业。

(2)可以缩短建设工期,有利于保证建设工程按工期交付使用。

(3)可以降低工程造价。

(4)可以提高工程质量。

(5)有利于采用、推广、发展新技术和现代化的科学管理方法和经验。

(6)简化经济结算手续,提高工作效率。

(7)促进承包队伍素质的不断提高。

(8)国家、集体、个人的利益都得到保证,调动各个方面的积极性。

(9)促使向国际市场接轨。

5)建设工程必须招标范围

《招标投标法》第三条规定,在中华人民共和国境内进行下列工程建设项目,包括项目的勘察、设计、施工、监理以及与工程建设有关的重要设备、材料等的采购,必须进行招标,按照《国家发展改革委办公厅关于进一步做好〈必须招标的工程项目规定〉和〈必须招标的基础设施和公用事业项目范围规定〉实施工作的通知》(发改办法规〔2020〕770 号)文件执行:

(1)大型基础设施、公用事业等关系社会公共利益、公众安全的项目。

(2)全部或者部分使用国有资金投资或者国家融资的项目。

(3)使用国际组织或者外国政府贷款、援助资金的项目。

上述所列项目的具体范围和规模标准,由国务院发展计划部门会同国务院有关部门制定,报国务院批准。

若法律或者国务院对必须进行招标的其他项目的范围有规定的,依照其规定。

《中华人民共和国招标投标法实施条例》(简称《招标投标法实施条例》)第二条规定,《招标投标法》第三条所称工程建设项目,是指工程以及与工程建设有关的货物、服务。

前述所称工程,是指建设工程,包括建筑物和构筑物的新建、改建、扩建及其相关的装修、拆除、修缮等;所称与工程建设有关的货物,是指构成工程不可分割的组成部分,且为实现工程基本功能所必需的设备、材料等;所称与工程建设有关的服务,是指为完成工程所需的勘察、设计、监理等服务。

6)建设工程必须招标的规模标准

《必须招标的工程项目规定》第五条规定,本规定第二条至第四条规定范围内的项目,其勘察、设计、施工、监理以及与工程建设有关的重要设备、材料等的采购达到下列标准之一的,必须招标:

(1)施工单项合同估算价在400万元人民币以上。

(2)重要设备、材料等货物的采购,单项合同估算价在200万元人民币以上。

(3)勘察、设计、监理等服务的采购,单项合同估算价在100万元人民币以上。

同一项目中可以合并进行的勘察、设计、施工、监理以及与工程建设有关的重要设备、材料等的采购,合同估算价合计达到前款规定标准的,必须招标。

7)不招标情形

《招标投标法》第六十六条规定,涉及国家安全、国家秘密、抢险救灾或者属于利用扶贫资金实行以工代赈、需要使用农民工等特殊情况,不适宜进行招标的项目,按照国家有关规定可以不进行招标。

《招标投标法实施条例》第九条规定,除《招标投标法》第六十六条规定的可以不进行招标的特殊情况外,有下列情形之一的,可以不进行招标:

(1)需要采用不可替代的专利或者专有技术。

(2)采购人依法能够自行建设、生产或者提供。

(3)已通过招标方式选定的特许经营项目投资人依法能够自行建设、生产或者提供。

(4)需要向原中标人采购工程、货物或者服务,否则将影响施工或者功能配套要求。

(5)国家规定的其他特殊情形。

招标人为适用上述规定弄虚作假的,属于《招标投标法》第四条规定的规避招标。

8)建设工程招标程序

(1)履行项目审批手续。

(2)招标准备工作。

(3)编制招标文件,发布招标公告。

(4)资格审查(资格预审、资格后审)。

(5)开标、评标。

(6)定标、签订合同。

三、公路工程施工招标投标的基本程序

1. 公路工程施工招标的方式

(1)招标方式分为公开招标和邀请招标。

①公开招标,是指招标人以招标公告的方式邀请不特定的法人或者其他组织投标。

②邀请招标,是指招标人以投标邀请书的方式邀请特定的法人或者其他组织投标。

(2)《招标投标法》第十一条规定,国务院发展计划部门确定的国家重点项目和省、自治区、直辖市人民政府确定的地方重点项目不适宜公开招标的,经国务院发展计划部门或者省、自治区、直辖市人民政府批准,可以进行邀请招标。

《招标投标法实施条例》第八条规定,国有资金占控股或者主导地位的依法必须进行招标的项目,应当公开招标;但有下列情形之一的,可以邀请招标:

①技术复杂、有特殊要求或者受自然环境限制,只有少量潜在投标人可供选择。

②采用公开招标方式的费用占项目合同金额的比例过大。

有上述所列情形,属于《招标投标法实施条例》第七条规定的项目,由项目审批、核准部门在审批、核准项目时作出认定;其他项目由招标人申请有关行政监督部门作出认定。

(3)《工程建设项目招标范围和规模标准规定》第九条规定,依法必须进行招标的项目,全部使用国有资金投资或者国有资金投资占控股或者主导地位的,应当公开招标。

招标投标活动不受地区、部门的限制,不得对潜在投标人实行歧视待遇。

(4)《招标投标法实施条例》第七条规定,按照国家有关规定需要履行项目审批、核准手续的依法必须进行招标的项目,其招标范围、招标方式、招标组织形式应当报项目审批、核准部门审批、核准。项目审批、核准部门应当及时将审批、核准确定的招标范围、招标方式、招标组织形式通报有关行政监督部门。

2. 招标人必须具备的条件

1)招标条件

(1)招标人是依照《招标投标法》规定提出招标项目、进行招标的法人或者其他组织。

(2)招标人条件:具有法人资格,即具有民事权利能力和民事行为能力;具有与招标工程相适应的经济、技术、管理人员;具有组织编制招标文件的能力;具有审查投标单位资质的能力;具有组织开标、评标、定标的能力。

2)施工招标应具备的条件

(1)初步设计文件已被批准。

(2)建设资金已经落实。

(3)项目法人已经确定,并符合项目法人资格标准要求。

3)相关规定

(1)《招标投标法》第十二条规定,招标人有权自行选择招标代理机构,委托其办理招标事宜。任何单位和个人不得以任何方式为招标人指定招标代理机构。

招标人具有编制招标文件和组织评标能力的,可以自行办理招标事宜。任何单位和个人不得强制其委托招标代理机构办理招标事宜。

依法必须进行招标的项目,招标人自行办理招标事宜的,应当向有关行政监督部门备案。

(2)《公路工程建设项目招标投标管理办法》第七条规定,公路工程建设项目招标人是提出招标项目、进行招标的项目法人或者其他组织。

(3)《公路工程建设项目招标投标管理办法》第八条规定,对于按照国家有关规定需要履行项目审批、核准手续的依法必须进行招标的公路工程建设项目,招标人应当按照项目审批、核准部门确定的招标范围、招标方式、招标组织形式开展招标。

公路工程建设项目履行项目审批或者核准手续后,方可开展勘察设计招标;初步设计文件批准后,方可开展施工监理、设计施工总承包招标;施工图设计文件批准后,方可开展施工招标。

施工招标采用资格预审方式的,在初步设计文件批准后,可以进行资格预审。

招标人不得为适用前款规定弄虚作假,规避招标。

3. 招标前期准备工作

(1)要研究招标策略,确定招标方式和范围,进而明确任务和目标,责任要落实到机构和人。

(2)要疏通各方渠道,收集有关信息、情报资料,调查了解可能参加投标单位的情况,包括投标资格、承包能力、企业信誉、技术质量等,作为准备邀请参加投标的对象。

(3)拟定招标文件(含标底/最高投标限价)。

可委托编制,也可自行编制。填写招标申请书,一并报主管部门审批,同时报建设单位备案,向公证机关申请公证。

(4)落实招标条件。

4. 招标代理的有关规定

(1)招标代理一般是指招标代理机构(公司)按照相关法律规定,受招标人的委托或授权办理招标事宜的行为。

只有招标人具有编制招标文件和组织评标能力的,才可以自行办理招标事宜。

(2)《招标投标法》第十三条规定,招标代理机构是依法设立、从事招标代理业务并提供相关服务的社会中介组织。

招标代理机构应当具备下列条件:

①有从事招标代理业务的营业场所和相应资金。

②有能够编制招标文件和组织评标的相应专业力量。

(3)《招标投标法》第十四条规定,招标代理机构与行政机关和其他国家机关不得存在隶属关系或者其他利益关系。

5. 工程施工招标投标要求

《公路工程建设项目招标投标管理办法》第十条规定,公路工程建设项目采用公开招标方式的,原则上采用资格后审办法对投标人进行资格审查。

《公路工程建设项目招标投标管理办法》第十一条规定，公路工程建设项目采用资格预审方式公开招标的，应当按照下列程序进行：

(1)编制资格预审文件。

(2)发布资格预审公告，发售资格预审文件，公开资格预审文件关键内容。

(3)接收资格预审申请文件。

(4)组建资格审查委员会对资格预审申请人进行资格审查，资格审查委员会编写资格审查报告。

(5)根据资格审查结果，向通过资格预审的申请人发出投标邀请书；向未通过资格预审的申请人发出资格预审结果通知书，告知未通过的依据和原因。

(6)编制招标文件。

(7)发售招标文件，公开招标文件的关键内容。

(8)需要时，组织潜在投标人踏勘项目现场，召开投标预备会。

(9)接收投标文件，公开开标。

(10)组建评标委员会评标，评标委员会编写评标报告、推荐中标候选人。

(11)公示中标候选人相关信息。

(12)确定中标人。

(13)编制招标投标情况的书面报告。

(14)向中标人发出中标通知书，同时将中标结果通知所有未中标的投标人。

(15)与中标人订立合同。

采用资格后审方式公开招标的，在完成招标文件编制并发布招标公告后，按照上述程序第(7)项至第(15)项进行。

采用邀请招标的，在完成招标文件编制并发出投标邀请书后，按照上述程序第(7)项至第(15)项进行。

6. 投标单位资格审查的形式、程序和评审方法

资格审查是用来衡量投标人一旦中标，是否有能力履行施工合同的一种重要手段，一般有两种做法——资格预审或资格后审。

1)资格预审的主要作用

(1)有利于保证施工单位主体的合法性。

(2)有利于保证施工单位具有相应的履约能力。

(3)有利于减小评标难度。

(4)有利于抑制低价抢标现象。

2)资格审查的内容

(1)营业执照；

(2)资质等级证书；

(3)法人证书或法定代表人授权书及公证书；

(4)主要施工经历；

(5)施工技术力量简况；

(6)资金或财务状况；

(7)在建项目情况;
(8)相关联企业的情况。
3)资格预审的程序
(1)招标人编制资格预审文件;
(2)发布资格预审通告;
(3)发售资格预审文件,每套资格预审文件售价只计工本费;
(4)潜在投标人编制并递交资格预审文件;
(5)对资格预审文件进行评审;
(6)编写资格预审评审报告,报上一级交通运输主管部门审定;
(7)向通过资格预审的投标申请人发出投标邀请。
4)资格预审文件的构成
(1)资格预审公告;
(2)申请人须知;
(3)资格审查办法;
(4)资格预审申请文件格式;
(5)项目建设概况。
5)资格预审申请文件应包括的内容
(1)资格预审申请函;
(2)法定代表人身份证明及授权委托书;
(3)联合体协议书;
(4)申请人基本情况表;
(5)近年财务状况表;
(6)近年完成的类似项目情况表;
(7)正在施工和新承接的项目情况表;
(8)近年发生的诉讼及仲裁情况;
(9)初步施工组织计划;
(10)其他材料。

7. 招标文件的组成及基本内容

1)招标文件
(1)招标公告(或投标邀请书);
(2)投标人须知;
(3)评标办法;
(4)合同条款及格式;
(5)工程量清单;
(6)施工图纸;
(7)技术规范;
(8)投标文件格式;
(9)投标人须知前附表规定的其他材料。

2）相关规定

招标文件应当载明以下主要内容：

（1）投标邀请书；

（2）投标人须知；

（3）公路工程施工合同条款；

（4）招标项目适用的技术规范；

（5）施工图设计文件；

（6）投标文件格式，包括投标书格式及投标书附录格式、投标书附表格式、工程量清单格式、投标担保文件格式、合同格式等。

投标人须知应当载明以下主要内容：

（1）评标标准和方法；

（2）工期要求；

（3）提交投标文件的起止时间、地点和方式；

（4）开标的时间和地点。

招标公告、投标邀请书应当载明下列内容：

（1）招标人的名称和地址；

（2）招标项目的名称、技术标准、规模、投资情况、工期、实施地点和时间；

（3）获取资格预审文件或者招标文件的办法、时间和地点；

（4）对潜在投标人的资质要求；

（5）招标人认为应当公告或者告知的其他事项。

3）对投标人具有法律约束力的招标文件内容

包括资格预审须知、招标公告、投标人须知、招标人的答疑函等。

8. 评标办法

（1）《公路工程建设项目招标投标管理办法》第四十四条规定，公路工程施工招标，评标采用综合评估法或者经评审的最低投标价法。综合评估法包括合理低价法、技术评分最低标价法和综合评分法。

合理低价法，是指对通过初步评审的投标人，不再对其施工组织设计、项目管理机构、技术能力等因素进行评分，仅依据评标基准价对评标价进行评分，按照得分由高到低排序，推荐中标候选人的评标方法。

技术评分最低标价法，是指对通过初步评审的投标人的施工组织设计、项目管理机构、技术能力等因素进行评分，按照得分由高到低排序，对排名在招标文件规定数量以内的投标人的报价文件进行评审，按照评标价由低到高的顺序推荐中标候选人的评标方法。招标人在招标文件中规定的参与报价文件评审的投标人数量不得少于3个。

综合评分法，是指对通过初步评审的投标人的评标价、施工组织设计、项目管理机构、技术能力等因素进行评分，按照综合得分由高到低排序，推荐中标候选人的评标方法。其中评标价的评分权重不得低于50%。

经评审的最低投标价法，是指对通过初步评审的投标人，按照评标价由低到高排序，推荐中标候选人的评标方法。

公路工程施工招标评标,一般采用合理低价法或者技术评分最低标价法。技术特别复杂的特大桥梁和长大隧道主体工程,可以采用综合评分法。工程规模较小、技术含量较低的工程,可以采用经评审的最低投标价法。

(2)《公路工程建设项目招标投标管理办法》第四十五条规定,实行设计施工总承包招标的,招标人应当根据工程地质条件、技术特点和施工难度确定评标办法。

设计施工总承包招标的评标采用综合评分法的,评分因素包括评标价、项目管理机构、技术能力、设计文件的优化建议、设计施工总承包管理方案、施工组织设计等因素,评标价的评分权重不得低于50%。

9.评标价或评标基准价的确定

1)合理低价法

(1)评标方法:评标委员会对满足招标文件实质性要求的投标文件,按照规定的评分标准进行打分,并按得分由高到低顺序推荐中标候选人,或根据招标人授权直接确定中标人,但投标报价低于其成本的除外。综合评分相等时,以投标报价低的优先;投标报价也相等的,招标人可采用被招标项目所在地省级交通运输主管部门评为较高信用等级的投标人优先或递交投标文件时间较前的投标人优先或其他方法确定第一中标候选人。

(2)评标价的确定。

方法一:评标价 = 投标函文字报价。

方法二:评标价 = 投标函文字报价 - 暂估价 - 暂列金额(不含计日工总额)。

(3)评标价平均值的计算。

除按投标人须知规定开标现场被否决投标的投标报价之外,所有投标人的评标价去掉一个最高值和一个最低值后的算术平均值即为评标价平均值(如果参与评标价平均值计算的有效投标人少于5家,则计算评标价平均值时不去掉最高值和最低值)。

(4)评标基准价的确定。

方法一:将评标价平均值直接作为评标基准价。

方法二:将评标价平均值下浮____%,作为评标基准价。

方法三:招标人设置评标基准价系数,由投标人代表或监标人现场抽取,评标价平均值乘以现场抽取的评标基准价系数作为评标基准价。

如果投标人认为某一标段的评标基准价计算有误,有权在开标现场提出,经监标人当场核实确认之后,可重新宣布评标基准价。确认后的评标基准价在整个评标期间保持不变,不随通过初步评审和详细评审的投标人的数量发生变化。

除技术特别复杂的特大桥梁和长大隧道主体工程外,公路工程施工招标评标一般应当使用合理低价法。

2)技术评分最低标价法

(1)评标方法:评标价相等时,以投标报价低的投标人优先;被招标项目所在地省级交通运输主管部门评为较高信用等级的投标人优先;商务和技术得分较高的投标人优先。

(2)评标价的确定。

评标价 = 修正后的投标报价 - 暂估价 - 暂列金额(不含计日工总额)。

3）综合评分法

（1）评标方法：综合评分相等时，以投标报价低的投标人优先；被招标项目所在地省级交通运输主管部门评为较高信用等级的投标人优先；商务和技术得分较高的投标人优先。

（2）评标价的确定。

方法一：评标价 = 投标函文字报价。

方法二：评标价 = 投标函文字报价 − 暂估价 − 暂列金额（不含计日工总额）。

（3）评标价平均值的计算。

除按投标人须知规定开标现场被否决投标的投标报价之外，所有投标人的评标价去掉一个最高值和一个最低值后的算术平均值即为评标价平均值（如果参与评标价平均值计算的有效投标人少于5家，则计算评标价平均值时不去掉最高值和最低值）。

（4）评标基准价的确定。

方法一：将评标价平均值直接作为评标基准价。

方法二：将评标价平均值下浮____%，作为评标基准价。

方法三：招标人设置评标基准价系数，由投标人代表现场抽取，评标价平均值乘以现场抽取的评标基准价系数作为评标基准价。

4）经评审的最低投标价法

（1）评标方法：评标价相等时，以投标报价低的投标人优先；被招标项目所在地省级交通运输主管部门评为较高信用等级的投标人优先。

（2）评标价的确定。

评标价 = 修正后的投标报价 − 暂估价 − 暂列金额（不含计日工总额）。

10. 投标文件的组成

1）投标文件应包括的内容

（1）投标函及投标函附录；

（2）法定代表人身份证明或附有法定代表人身份证明的授权委托书；

（3）联合体协议书；

（4）投标保证金；

（5）已标价工程量清单；

（6）施工组织设计；

（7）项目管理机构；

（8）拟分包项目情况表；

（9）资格审查资料；

（10）承诺函；

（11）调价函及调价后的工程量清单（如有）；

（12）投标人须知前附表规定的其他材料。

2）采用双信封形式的投标文件应包括的内容

（1）第一个信封（商务及技术文件）：

①投标函及投标函附录；

②法定代表人身份证明或附有法定代表人身份证明的授权委托书;

③联合体协议书;

④投标保证金;

⑤施工组织设计;

⑥项目管理机构;

⑦拟分包项目情况表;

⑧资格审查资料;

⑨承诺函;

⑩投标人须知前附表规定的其他材料。

(2)第二个信封(投标报价和工程量清单):

①投标函;

②已标价工程量清单;

③调价函及调价后的工程量清单(如有)。

④合同用款估算表。

3)投标报价组成

公路工程施工投标过程中,投标报价由施工成本、利润和税金、风险费用等组成。

11.评标委员会的组建

(1)评标委员会依法组建,负责评标活动,向招标人推荐中标候选人或者根据招标人的授权直接确定中标人。

(2)评标委员会成员名单一般应于开标前确定。

(3)评标委员会成员名单在中标结果确定前保密。

(4)评标委员会由招标人或其委托的招标代理机构熟悉相关业务的代表,以及有关技术、经济等方面的专家组成,成员人数为5人以上单数,其中技术、经济等方面的专家不得少于成员总数的2/3。

(5)确定评标专家,根据公路等级划分从相应建设项目的专家库中按专业随机抽取,对于技术复杂、专业性强、有特殊要求的也可以由招标人直接确定。

12.评标委员会的责任

(1)招标人组建的评标委员会应按照招标文件中规定的评标标准和方法进行评标工作,对招标人负责,从投标竞争者中评选出最符合招标文件各项要求的投标者,最大限度地实现招标人的利益。

(2)能够认真、公正、诚实、廉洁地履行职责。遵守职业道德,对所提出的评审意见承担个人责任。

(3)评标委员会成员不得与任何投标人或者与招标结果有利害关系的人进行私下接触,不得收受投标人、中介人、其他利害关系人的财物或者其他好处。

(4)评标委员会成员和与评标活动有关的工作人员不得透露对投标文件的评审和比较、中标候选人的推荐情况以及与评标有关的其他情况。

13. 评标定标的原则、评标程序

1)评标定标的原则

公平原则、公正原则、科学原则、择优原则。

2)评标程序及工作步骤

(1)组建清标工作组。

(2)组建评标委员会。

(3)初步评审。

(4)详细评审。

(5)撰写评标报告。

14. 否决投标

(1)投标人(包括联合体各成员)在交通运输部"全国公路建设市场信用信息管理系统"中的公路工程施工资质企业名录中,投标人名称和资质与该名录中的相应企业名称和资质不完全一致,将被否决投标。

(2)投标文件应对招标文件的实质性要求和条件未作出满足性或更有利于招标人的响应,视为投标文件存在重大偏差,投标人的投标将被否决。

(3)投标人根据招标人提供的工程量固化清单电子文件填报完成并打印的投标工程量清单中的投标报价和投标函大写金额报价不一致,报价金额出现差异,其投标将被否决。

(4)投标人提交的调价函多于一个,或对不允许调价的内容进行了调价,或调价函有附加条件,其投标将被否决。

(5)招标人设有最高投标限价的,投标人的投标报价超过最高投标限价,其投标将被否决。

(6)投标人不按规定要求提交投标保证金的,评标委员会将否决其投标。

(7)如果投标人在投标阶段发生合并、分立、破产等重大变化,或发生重大安全或质量事故,或由于其他任何情况,导致投标人不再具备资格预审文件规定的各项资格条件或其投标影响招标公正性时,投标人不在其投标文件中对上述情况进行如实说明,招标人一经查实,将视为投标人弄虚作假,其投标将被否决。

(8)招标人在核查投标人的资格预审申请文件和投标文件资料时,在评标期间发现投标人提供了虚假资料,其投标将被否决。

(9)除投标人须知前附表规定允许外,投标人递交备选投标方案,其投标将被否决。

(10)未按规定要求密封的投标文件,招标人将予以拒收。

(11)逾期送达的或未送达指定地点的投标文件,招标人将予以拒收。

(12)逾期未完成上传或未按规定加密的投标文件,招标人予以拒收。

(13)评标委员会可以要求投标人按照"投标人须知"的规定提供有关证明和证件的原件,以便核验。有一项不符合评审标准的,评标委员会应否决其投标。(适用于未进行资格预审的)

(14)评标委员会依据规定的评审标准对投标文件第一个信封(商务及技术文件)进行初步评审。有一项不符合评审标准的,评标委员会应否决其投标。

(15)投标报价有算术错误的,评标委员会对投标报价进行修正,投标人不接受修正价格的,评标委员会应否决其投标。修正后的最终投标报价若超过最高投标限价(如有),评标委员会应否决其投标。

(16)评标委员会发现投标人的报价明显低于其他投标报价,使得其投标报价可能低于其个别成本的,应要求该投标人作出书面说明并提供相应的证明材料。投标人不能合理说明或不能提供相应证明材料的,评标委员会应认定该投标人以低于成本报价竞标,并否决其投标。

(17)在评标过程中,若投标文件载明的信息与交通运输主管部门"公路建设市场信用信息管理系统"发布的信息不符,使得投标人的资格条件不符合招标文件规定的,评标委员会应否决其投标。

(18)投标人存在串通投标、弄虚作假、行贿等违法行为的,评标委员会应否决其投标。

15. 中标与合同生效

(1)除投标人须知前附表规定评标委员会直接确定中标人外,招标人依据评标委员会推荐的中标候选人确定中标人。

(2)在规定的投标有效期内,招标人以书面形式向中标人发出中标通知书,同时将中标结果通知未中标的投标人。

(3)中标人不能按要求提交履约担保的,视为放弃中标,其投标保证金不予退还,给招标人造成的损失超过投标保证金数额的,中标人还应当对超过部分予以赔偿。即投标人发生在投标有效期内撤销投标文件行为时,招标人可视为其严重违约而没收投标保证金。

(4)招标人和中标人应当自中标通知书发出之日起 30 天内,根据招标文件和中标人的投标文件订立书面合同。

四、施工合同订立及履行管理

详见《公路工程标准施工招标文件》(2018 年版)的相关规定。

五、工程监理招标和投标管理及其相关知识

1. 公路工程施工监理招标应具备的条件

(1)招标项目按照国家有关规定需要履行项目审批手续的,应当先履行审批手续,取得批准。进行施工监理招标的项目应满足下列条件:

①初步设计文件应当履行审批手续的,并已获得批准。

②建设资金已经落实或者资金来源已经落实。

③项目法人或者承担项目管理的机构已经依法成立。

(2)招标人应具备的条件与要求:

①工程施工监理招标人,应当是提出工程施工监理招标项目、进行招标的工程项目法人或者其他组织。

②招标人可以将整个工程项目的施工监理作为一个标段一次招标,也可以按不同专业、不同阶段分标段进行招标。招标人分标段进行施工监理招标的,标段划分应当充分考虑有利于对招标项目实施有效管理和监理企业合理投入等因素。

2. 施工监理招标方式

1)公开招标

公开招标属于非限制性竞争招标,其优点是能够充分体现招标信息公开性、招标程序规范性、投标竞争公平性,有助于打破垄断,实现公平竞争。公开招标可使建设单位有较大的选择范围,可在众多投标人中选择经验丰富、信誉良好、价格合理的工程监理机构,能够大大降低串标、围标、抬标和其他不正当交易的可能性。

公开招标的缺点是准备招标、资格预审和评标的工作量大,因此,招标时间长,招标费用较高。

2)邀请招标

邀请招标属于有限竞争性招标,也称为选择性招标。采用邀请招标方式,建设单位不需要发布招标公告,也不进行资格预审(但可组织必要的资格审查),使招标程序得到简化。这样,既可节约招标费用,又可缩短招标时间。

邀请招标虽然能够邀请到有经验和资信可靠的工程监理机构投标,但由于限制了竞争范围,选择投标人的范围和投标人竞争的空间有限,可能会失去技术和报价方面有竞争力的投标者,失去理想中标人,达不到预期竞争效果。

符合下列条件之一的项目,经有审批权的部门批准后,可以进行邀请招标:

(1)技术复杂、有特殊要求的或者受自然地域环境限制的,符合条件的潜在投标人数量有限的;

(2)公开招标的费用与工程监理费用相比,所占比例过大的;

(3)法律、法规规定不宜公开招标的。

3. 施工监理招标的程序

(1)招标人确定招标方式。采用邀请招标的,应当履行审批手续。

(2)招标人编制招标文件,并按照项目管理权限报县级以上地方交通运输主管部门备案;采用资格预审方式的,同时编制投标资格预审文件,预审文件中应当载明提交资格预审申请文件的时间和地点。

(3)发布招标公告。采用资格预审方式的,首先发售投标资格预审文件,资格预审评审完成后,向通过资格预审的投标人发送招标文件;采用邀请招标的,招标人直接发出投标邀请,发售招标文件。资格预审文件和招标文件的发售时间不得少于5个工作日。

(4)采用资格预审方式的,对潜在投标人进行资格审查,并将资格预审结果通知所有参加资格预审的潜在投标人,向通过资格预审的潜在投标人发出投标邀请书和发售招标文件。

采用资格预审的招标项目,潜在投标人编制资格预审申请文件的时间,自开始发售资格预审文件之日起至提交资格预审申请文件截止之日止,不得少于14日。

(5)必要时组织投标人考察招标项目工程现场,召开标前会议。

(6)接受投标人的投标文件。投标人编制投标文件的时间,自发售招标文件之日起至提交投标文件截止之日止不得少于20日。

(7)公开开标。

(8)采用资格后审方式的,招标人对投标人进行资格审查。

(9)组建评标委员会评标,编写评标报告,推荐中标候选人。

(10)确定中标人并进行公示。招标人应当自确定中标人之日起15日内,将招标投标情况的书面报告报送该项目具有招标监督职责的交通运输主管部门备案。

(11)招标人发出中标通知书。

(12)招标人与中标人签订公路工程施工监理合同。

招标人应当在与中标人签订合同后的5个工作日内,向中标人和未中标的投标人退还投标保证金。

4. 公路工程监理招标文件应包括的主要内容

(1)招标公告(或投标邀请书);

(2)投标人须知(包括项目概况、招标项目的资金来源和落实情况、招标范围、监理服务期限、质量要求和安全目标、投标人的资格要求、踏勘现场、标前会等);

(3)评标办法;

(4)合同条款及格式;

(5)委托人要求(根据招标对象是总监监理机构还是驻地监理机构对投标人投入现场的监理人员、监理设备的最低要求;对投标监理企业的业务能力、资质等级及交通和办公设施的要求);

(6)图纸和资料;

(7)投标文件格式,包括商务文件格式、技术建议书格式、财务建议书格式等;

(8)投标人须知前附表规定的其他资料。

5. 投标单位的条件

1)投标人应符合的条件

(1)公路工程施工监理投标人是依法取得交通运输主管部门颁发的监理企业相关资质,响应招标、参加投标竞争的监理企业。投标人应进入交通运输部"全国公路建设市场信用信息管理系统"中的公路工程施工监理资质企业名录。

(2)与招标人存在利害关系可能影响招标公正性的法人、其他组织或者个人,不得参加投标。单位负责人为同一人或者存在控股、管理关系的不同单位,不得参加同一标段投标或者未划分标段的同一招标项目投标。

(3)投标人应当按照招标文件的要求编制投标文件,并对招标文件提出的实质性要求和条件做出响应。

(4)投标人发生合并、分立、破产等重大变化的,应当及时书面告知招标人。投标人不再具备资格预审文件、招标文件规定的资格条件或者其投标影响招标公正性的,其投标无效。

2)联合体投标人应符合的条件

(1)联合体成员可以由两个及两个以上监理企业组成,联合体各方均应当具备承担招标项目的相应能力和招标文件规定的资格条件。由同一专业的监理企业组成的联合体,按照资质等级较低的企业确定资质等级。

(2)联合体各方应当签订共同投标协议,明确约定各方拟承担的工作和责任,并将共同投标协议连同投标文件一并提交招标人。联合体中标的,联合体各方应当共同与招标人签订合同，就中标项目向招标人承担。

(3)联合体各方在同一招标项目中以自己名义单独投标或者参与其他联合体投标的，相关投标无效。

6. 资格审查的方式和方法

1)资格审查方式

分为资格预审和资格后审。

(1)资格预审是招标人在发布资格预审公告后，发出投标邀请书前对潜在投标人的资质、信誉和能力进行的审查。招标人只向通过资格预审的潜在投标人发出投标邀请书和发售招标文件。

(2)资格后审是招标人在收到投标人的投标文件后，对投标人的资质、信誉和能力进行的审查。

2)资格审查方法

分为强制性条件审查法和综合评分审查法。

(1)强制性条件审查法是指招标人只对投标人或者潜在投标人的资格条件是否满足招标文件规定的投标资格、信誉要求等强制性条件进行审查，并得出"通过"或者"不通过"的审查结论，不对投标人或潜在投标人的资格条件进行具体量化评分的资格审查方法。

(2)综合评分审查法是指在投标人或者潜在投标人的资格条件满足招标文件规定的最低资格、信誉要求的基础上，招标人对投标人或者潜在投标人的施工监理能力、管理能力、履约情况和施工监理经验等进行量化评分并按照分值进行筛选的资格审查方法。

7. 监理评标的主要评标方法

评标可以使用固定标价评分法、技术评分合理标价法、综合评估法以及法律、法规允许的其他评标方法。

(1)固定标价评分法，是指由招标人按照价格管理规定确定监理招标标段的公开标价，对投标人的商务文件和技术建议书进行评分，并按照得分由高至低排序，确定得分最高者为中标候选人的方法。

(2)技术评分合理标价法，是指对投标人的商务文件和技术建议书进行评分，并按照得分由高至低排序，确定得分前两名中的投标价较低者为中标候选人的方法。

(3)综合评估法，是对投标人的商务文件、技术文件和报价文件进行评分，按照综合得分由高到低排序，推荐中标候选人。评标价的评分权重不宜超过10%，评标价得分应当根据评标价与评标基准价的偏离程度进行计算。

《公路工程建设项目招标投标管理办法》第四十三条规定，施工监理招标，应当采用综合评估法进行评标。

8. 监理投标文件的组成

投标文件应采用双信封形式。

1)第一个信封(商务及技术文件)

(1)投标函；

(2)授权委托书或法定代表人身份证明；

(3)联合体协议书;

(4)投标保证金;

(5)资格审查资料;

(6)技术建议书;

(7)投标人须知前附表规定的其他资料。

2)第二个信封(报价文件)

(1)投标函;

(2)监理服务费用清单;投标人在评标过程中作出的符合法律法规和招标文件规定的澄清确认,构成投标文件的组成部分。

3)监理技术文件的主要内容

(1)工程概述:主要对拟投监理标段的工程总体概况进行简单描述。

(2)监理工作范围:依据监理招标文件规定的监理服务的要求和范围,对拟投监理标段的监理工作安排、主要监理人员的岗位职责进行必要的阐述。

(3)现场监理机构设置与人员安排:通过框图形式,明确拟投监理标段的组织机构设置。

(4)监理仪器、设备和设施的配备:投标人根据拟投监理标段的现场工作需要,对其拟投入本工程的监理仪器、设备和设施的配备等情况做简要介绍。

(5)监理工作程序:结合监理工作的阶段划分,对工程质量控制、进度控制、施工安全控制、施工环境保护、费用控制、合同及其他事项管理、文件资料管理等方面进行监理工作的方法与流程的简要阐述。

(6)监理大纲(或监理方案)和措施。

(7)对投标工程监理工作的重点与难点分析:根据招标文件及现场考察,对工程监理工作需要特别给予重视的问题逐一论述并给出解决方法。

(8)对投标工程建议:为更好地完成该工程的监理工作,监理机构可根据以往的经验,对该工程监理工作提出建议。

9. 监理报价文件的构成

1)投标函

2)监理服务费用清单

(1)报价清单说明;

(2)监理服务费报价表。

表1　监理服务费用报价汇总表

表2　监理人员服务费报价表

表3　监理工程师办公设施费报价表

表4　监理工程师交通设施费报价表

表5　监理试验设施费报价表

表6　监理工程师生活设施费报价表

表 7　监理服务费用支付估算表

附件 1　监理人员工作计划安排表

附件 2　监理设施进出场时间表

10. 评标结果与评标报告

1)评标工作

(1)评标工作由招标人依法组建的评标委员会负责。

对国家和交通运输部重点公路建设项目,评标委员会的专家应当从交通运输部设立的监理专家库中随机抽取,或者根据交通运输部授权从省级交通运输主管部门设立的监理专家库中随机抽取;其他公路建设项目评标委员会的专家从省级交通运输主管部门设立的监理专家库中随机抽取。评标委员会由 5 人以上的单数组成,评标委员会中的技术、经济专家不得少于成员总数的 2/3。

(2)评标委员会应当按照招标文件确定的评标标准和方法,对投标文件进行评审和比较。未列入招标文件的评标标准和方法,不得作为评标的依据。

(3)监理评标应当采用综合评估法进行,对投标人的商务文件、技术文件、报价文件进行评分,按照综合得分高低排序,推荐中标人。施工评标可采用综合评估法或经评审的最低投标价法,综合评估法包括合理低价法、技术评分最低价法和综合评分法。

(4)评标委员会成员应当客观、公正地履行职务,遵守职业道德,对所提出的评审意见承担个人责任。评标委员会成员及参加评标的有关工作人员不得私下接触投标人,不得收受投标人的财物或者其他好处。

2)评标报告

评标委员会完成评标后,应当向招标人提交书面评标报告。评标报告应当包括以下内容:

(1)招标项目基本情况;

(2)评标委员会的成员名单;

(3)监督人员名单;

(4)开标记录情况;

(5)符合要求的投标人名单;

(6)否决的投标人名单以及否决理由;

(7)串通投标情形的评审情况说明;

(8)评分情况;

(9)经评审的投标人排序;

(10)中标候选人名单;

(11)澄清、说明事项纪要;

(12)需要说明的其他事项;

(13)评标附表。

11. 施工监理招标的程序

(1)招标人确定招标方式。采用邀请招标的,应当履行审批手续。

(2)招标人编制招标文件,并按照项目管理权限报县级以上地方交通运输主管部门备案;采用资格预审方式的,同时编制投标资格预审文件,预审文件中应当载明提交资格预审申请文件的时间和地点。

(3)发布招标公告。采用资格预审方式的,首先发售投标资格预审文件,资格预审评审完成后,向通过资格预审的投标人发送招标文件;采用邀请招标的,招标人直接发出投标邀请,发售招标文件。资格预审文件和招标文件的发售时间不得少于5个工作日。

(4)采用资格预审方式的,对潜在投标人进行资格审查,并将资格预审结果通知所有参加资格预审的潜在投标人,向通过资格预审的潜在投标人发出投标邀请书和发售招标文件。

采用资格预审的招标项目,潜在投标人编制资格预审申请文件的时间,自开始发售资格预审文件之日起至提交资格预审申请文件截止之日止,不得少于14日。

(5)必要时组织投标人考察招标项目工程现场,召开标前会议。

(6)接受投标人的投标文件。投标人编制投标文件的时间,自发售招标文件之日起至提交投标文件截止之日止不得少于20日。

(7)公开开标。

(8)采用资格后审方式的,招标人对投标人进行资格审查。

(9)组建评标委员会评标,编写评标报告,推荐中标候选人。

(10)确定中标人并进行公示。招标人应当自确定中标人之日起15日内,将招标投标情况的书面报告报送该项目具有招标监督职责的交通运输主管部门备案。

(11)招标人发出中标通知书。

(12)招标人与中标人签订公路工程施工监理合同。

招标人应当在与中标人签订合同后的5个工作日内,向中标人和未中标的投标人退还投标保证金。

12. 否决投标的情形

(1)投标人(包括联合体各成员)在交通运输部"全国公路建设市场信用信息管理系统"中的公路工程施工监理资质企业名录中,投标人名称和资质与该名录中的相应企业名称和资质不完全一致,将被否决投标。

(2)投标文件对招标文件的实质性要求和条件未作出满足性或更有利于招标人的响应,视为投标文件存在重大偏差,投标人的投标将被否决。

(3)招标人设有最高投标限价的,投标人的投标报价超过最高投标限价,将被否决投标。

(4)投标人不按规定要求提交投标保证金的,将否决其投标。

(5)投标人没有在其投标文件中对以下情况进行如实说明(进行资格预审的),如投标人在投标阶段发生合并、分立、破产等重大变化,或发生重大安全或质量事故,或由于其他任何情况,导致投标人不再具备资格预审文件规定的各项资格条件或其投标影响招标公正性时,将视为投标人弄虚作假,其投标将被否决。

(6)若在评标期间发现投标人提供了虚假资料,其投标将被否决。

(7)投标文件不对招标文件有关监理服务期、投标有效期、质量要求、安全目标、委托人要求、招标范围等实质性内容作出响应。

(8)投标文件不按规定密封,招标人将予以拒收。

(9)逾期送达的或未送达指定地点的投标文件,招标人将予以拒收。

(10)有关证明和证件的原件,有一项不符合评审标准的,评标委员会应否决其投标。

(11)评标委员会依据规定进行初步评审,有一项不符合评审标准的,评标委员会应否决其投标。

(12)投标人不接受修正价格的,评标委员会应否决其投标。

(13)修正后的最终投标报价若超过最高投标限价(如有),评标委员会应否决其投标。

(14)评标发现投标人的报价明显低于其他投标报价,使得其投标报价可能低于其个别成本的,投标人不能合理说明或不能提供相应证明材料的,评标委员会应认定该投标人以低于成本报价竞标,并否决其投标。

(15)投标人存在串通投标、弄虚作假、行贿等违法行为的,评标委员会应否决其投标。

六、工程监理合同及管理

1.公路工程施工监理合同文件

指合同协议书及各种合同附件、中标通知书、投标函、项目专用合同条款、公路工程专用合同条款、通用合同条款、委托人要求、监理服务费用清单、监理人有关人员和试验检测设备投入的承诺,以及其他构成合同组成部分的文件。

《公路工程标准施工监理招标文件》(2018年版)主要内容:

(1)公路工程施工监理通用合同条款,采用《标准监理招标文件》中的“通用合同条款”;

(2)公路工程施工监理专用合同条款:①公路工程专用合同条款;②项目专用合同条款;

(3)附件(监理服务的形式范围与内容、业主提供的监理工作条件、监理服务的费用与支付);

(4)《公路工程施工监理规范》(JTG G10—2016)合同事项管理。

2.合同文件的优先顺序

组成合同的各项文件应互相解释,互为说明。除项目专用合同条款另有约定外,解释合同文件的优先顺序如下:

(1)合同协议书及各种合同附件;

(2)中标通知书;

(3)投标函;

(4)项目专用合同条款;

(5)公路工程专用合同条款;

(6)通用合同条款;

(7)委托人要求;

(8)监理服务费用清单;

(9)监理人有关人员和试验检测设备投入的承诺;

(10)其他合同文件。

合同当事人针对各类合同文件所作出的补充和修改亦属于合同文件的组成部分,属于同一内容的文件,应以最新签署的为准。

七、工程监理机构及监理人员职责、监理工作制度及监理工作程序

1.监理机构设置

(1)监理机构的组织形式和规模,可根据公路工程的特点、规模、技术复杂程度、环境等因素确定。

(2)高速公路和一级公路可设置两级监理机构,即总监办和驻地办。《公路工程施工监理规范》(JTG G10—2016)第3.0.3条规定,公路工程项目监理均应设总监办,100km以上的高速公路、一级公路工程可设驻地办。因此,公路工程项目监理机构最多设置两级,也可以根据实际情况设置为一级。

(3)监理机构应建立工地试验室。公路工程具有路线长、交通不便、远离城镇等特点,一般情况下公路工程监理机构应建立工地试验室。当工程建设规模较小时,也可不建立工地试验室,采取"见证取样送检+试验外委"的方式来完成试验检测工作。

(4)监理组织一般有四种组织模式,即直线式监理组织、职能式监理组织、直线职能式监理组织、矩阵式监理组织。

2.监理人员配备及职责

1)监理人员配备

(1)监理机构的监理人员应由总监理工程师、驻地监理工程师、专业监理工程师、试验检测人员和必要的监理员等组成。监理人员的数量和专业结构,应根据监理内容、工程规模、合同工期和施工阶段等因素,并保证有效监理的原则确定。

(2)高速公路、一级公路等宜按每年每7500万元建安费配备监理工程师1名。根据工程特点和实际需要,上述配置可在0.8~1.2的系数范围内调整。其他等级公路,根据实际调整配备。

(3)总监办应配备1名总监理工程师和若干名专业监理工程师。

驻地办应根据工程复杂程度配备1名驻地监理工程师和若干名专业监理工程师。

监理工程项目无论大小,均需设置总监办统一组织实施监理工作。只设总监办、不设驻地办的,总监办应同时履行现行规范规定的驻地办相应职责。在此情形下,监理机构即为总监办。

①监理工程师:具备公路工程监理工程师资格、从事项目监理工作的人员。

②总监理工程师:简称"总监",具备公路工程监理工程师资格,负责全面履行项目监理职责的管理者。公路工程项目监理工作实行总监负责制。总监是总监办的负责人,是现场监理机构的最高管理者。

③驻地监理工程师:具备公路工程监理工程师资格,经总监授权,负责履行驻地办监理职责的管理者。驻地监理工程师任职条件要符合规范与招标文件的规定,要求从业登记在中标单位,不得随意变更。

④专业监理工程师：具有公路工程监理工程师或专业监理工程师资格，经总监理工程师或驻地监理工程师授权，负责实施某一专业或某一岗位监理工作的监理工程师。专业监理工程师具体负责实施某一专业或某一岗位的监理工作，具体分为路基、路面、桥梁、隧道、合同、测量、安全、试验、交通工程、环保绿化等专业监理工程师。在监理机构专业监理工程师岗位设置和人员配备时，应充分考虑监理工程师从业经历、资格证书专业与之相适应。

⑤试验检测工程师：通过相应的试验检测工程师执业资格考试认定，经总监理工程师或驻地监理工程师授权，负责试验检测工作的工程师。

⑥监理员：通过相应的监理业务水平认定、从事具体监理工作的人员。监理员是在专业监理工程师直接指导下在施工现场从事旁站等具体监理工作的人员，不同于监理机构中其他辅助人员。监理员需经过监理业务培训，经考试合格，取得相关主管部门认定的监理员培训证书。

⑦试验员：通过相应的试验检测业务水平认定、从事试验检测工作的人员。试验员是从事具体试验检测工作的人员，要求具有一定的试验检测操作技能。工地试验室的具体操作工作和现场检测见证等环节，一般由试验员完成。

⑧监理人员：从事项目监理工作的专业技术人员。监理人员包括总监理工程师、副总监理工程师或总监代表，驻地监理工程师、专业监理工程师、监理员（其中专业监理工程师负责某一具体专业或合同段的监理工作，以巡视为主；监理员配合监理工程师做好日常监理工作，以旁站为主）。

2）监理人员职责

（1）总监理工程师及总监办的主要职责：

①确定监理机构岗位职责及人员，建立工地试验室。

②主持编制监理计划，审批监理细则。

③主持召开第一次工地会议、监理交底会。

④审批施工组织设计及总体进度计划，审验主要原材料和混合料。

⑤签发工程开工令、支付证书、单位工程和合同段的停工令及复工令。

⑥组织检查施工单位质量、安全和环保等管理体系的建立及运行情况。

⑦审查交工验收申请，评定工程质量，参加交、竣工验收。

⑧审核工程分包、工程变更、工程延期和费用索赔等。

⑨参与或配合工程质量、安全事故的调查和处理。

⑩组织编写监理月报和监理工作报告，编制监理竣工资料。

⑪提供建设单位委托的其他工程管理咨询服务。

（2）驻地监理工程师及驻地办的主要职责：

①主持编制监理细则。

②主持召开工地会议。

③审批月进度计划，审查一般原材料和混合料。

④审批分部分项工程开工申请，签发分部分项工程停工令及复工令。

⑤核查施工单位测量、施工放线成果并进行复测。

⑥采取巡视、旁站、抽检和验收等方式，检查施工质量、安全和环保等情况。

⑦组织分项工程(中间)交工质量检验评定,进行分部工程质量评定。

⑧核算工程量清单,对已完工程进行计量。

⑨组织填写监理日志,编写监理工作报告,归集监理资料。

(3)专业监理工程师的主要职责:

①总监办专业监理工程师参与编制监理计划,驻地办专业监理工程师参与编写监理细则。

②审查施工单位提交的涉及责任岗位范围内的报审文件,并向总监理工程师或驻地监理工程师报告。

③检查进场的工程材料、构配件的质量。

④分项工程验收。

⑤进行工程计量。

⑥承担相应的安全监理职责,处理发现的质量问题及安全隐患,发现较大问题应及时向总监理工程师或驻地监理工程师报告。

⑦巡视检查,填写巡视记录,参与编写监理日志、安全监理日志和监理月报。

⑧指导、检查监理员工作,定期向总监理工程师或驻地监理工程师报告责任岗位范围内的工作。

(4)监理员(含试验员)的主要职责:

①旁站监理。

②配合专业监理工程师做好巡视工作。

③常规的检验、测量工作。

④专业监理工程师授权的工序检查。

⑤核查施工单位投入工程的人力、主要设备的使用及运行情况。

⑥发现问题,及时指出并向专业监理工程师报告。

3. 监理工作制度及监理工作程序管理

(1)公路工程监理机构应公平、诚信、科学、自律地开展监理与相关服务活动。

(2)监理工作的基本原则要求:处理问题要公平,履约要诚信,监理的方法和手段要科学,从业人员要廉洁自律。

(3)监理机构应依据监理、施工合同文件,设计文件和施工设计图纸,国家法律、法规,相关政策以及标准、规范、规程实施监理工作;同时,在施工监理进程中产生或发生的设计变更文件、会议纪要、工程签证单、工程量清单调整文件、工程结算书、工程索赔文件等其他有关工程管理文件也是开展监理工作的依据。

(4)监理机构在监理过程中发现施工存在质量问题或安全事故隐患的,应按照经建设单位批准的监理计划或监理细则制定的程序和方法及时处理,闭环管理。

①监理过程包括事前的审查、审批,事中的巡视、旁站、指令、抽检,事后的签认、验收(检验评定)等。

②在监理过程中发现施工存在质量问题或安全事故隐患的,应要求施工单位整改。情况严重的,应当要求施工单位暂时停止施工,并及时报告建设单位。

③未整改或整改不合格的,不得进行下一道工序施工,不得进行计量支付。

④施工单位拒不整改或不停止施工的,监理机构应及时向建设单位、交通运输主管部门及

有关部门等报告。

4. 公路水运工程监理工程师登记管理

《公路水运工程监理工程师登记管理办法》关于从业登记的规定如下。

出现下列情形,省级质监机构不得予以登记:

(1)申请人通过虚假手段获得监理资格证书的;

(2)提供虚假登记资料的;

(3)违反规定同时受聘于两家或两家以上企业的;

(4)信用评价周期内从业承诺履行状况很差(信用评价累计扣分大于或等于24分)的;

(5)仍在刑事、行政处罚期内的,或在职的国家公职人员。

八、监理计划、监理细则、监理月报和监理工作报告

1. 监理计划的内容

《公路工程施工监理规范》(JTG G10—2016)的"术语"部分,将"监理计划"定义为"由总监主持编制、开展监理工作的指导性文件"。

(1)工程概况。简述工程项目的名称、性质、等级、建设地点、自然条件与外部环境,工程项目组成及规模、特点,工程项目建设目的。

(2)监理工作的依据、范围、内容和目标。

①监理主要依据。开展监理工作所依据的法律、法规、规章,国家及有关部门颁发的技术标准,批准的工程建设文件,以及有关合同文件、设计文件等。

②监理范围和内容。建设单位委托的监理范围和服务内容等。

③工程项目的监理工作目标。工程质量、进度、费用、安全、环保等监理工作的目标。

(3)监理机构的组织形式,监理人员岗位职责,监理人员和设备及进退场计划。

①监理机构组织。监理机构的组织形式与部门设置,部门分工与协作,主要监理人员的配置和岗位职责等。

②明确各级监理人员岗位职责。

③根据工程项目工期要求与施工单位的进度计划,合理安排监理人员和设备的进退场计划。

(4)监理工作制度、监理程序及工作用表。

制定技术文件审核与审批、工程质量检验、工程计量与付款签证、会议、施工现场紧急情况处理、工作报告、工程验收等方面的具体方法和制度,制定监理工作基本程序和编制监理工作用表。

(5)工程质量、安全、环保、费用和进度等监理工作方案,应明确巡视、旁站、抽检和验收等具体计划要求,如巡视人员在不同情况下巡视的频次、巡视的范围和重点等具体的计划和要求。

①工程质量控制:

a. 质量控制的原则。

b. 质量控制的内容:根据监理合同,明确监理机构质量控制的主要工作内容和任务。

c. 质量控制的措施:明确质量控制程序和质量控制方法,并明确质量控制点、质量控制要点与难点。

d. 明确监理机构所应制定的质量控制制度。

②施工安全控制:

a. 施工安全控制的原则;

b. 施工安全控制的措施。

③环境保护与水土保持控制:

a. 环境保护与水土保持控制的原则;

b. 环境保护与水土保持控制的措施。

④工程投资控制:

a. 投资控制的原则;

b. 投资控制的内容:依据监理合同,明确投资控制的主要工作内容和任务;

c. 投资控制的措施:明确工程计量方法、程序和工程支付程序以及分析方法;明确监理机构所需制定的工程支付与合同管理制度。

⑤工程进度控制:

a. 进度控制的原则;

b. 进度控制的内容:根据监理合同,明确监理单位在施工中进度控制的主要内容;

c. 进度控制的措施:明确进度控制程序、控制制度和控制方法等。

⑥根据工程项目的组成、规模、特点,结合工程质量、安全、进度等的目标,明确监理巡视、旁站、抽检和验收等具体计划要求。

(6)合同管理和信息管理工作方案。

①合同管理:

a. 合同管理内容;

b. 变更的处理程序和监理工作方法;

c. 违约事件的处理程序和监理工作方法;

d. 索赔的处理程序和监理工作方法;

e. 分包管理的监理工作内容与程序;

f. 争议的调解原则、方法与程序;

g. 清场与撤离的监理工作内容。

②信息管理:

a. 信息管理程序、制度及人员岗位职责;

b. 文档清单及编码系统;

c. 文档管理计算机管理系统;

d. 文件信息流管理系统;

e. 文件资料归档系统;

f. 现场记录的内容、职责和审核;

g. 监理指令、通知、报告内容和程序。

(7)监理设施等。

保证监理机构正常、高效运行和满足合同要求,监理人员高质量工作所必需的监理设施设备配置情况。

2. 监理细则的内容

(1)《公路工程施工监理规范》(JTG G10—2016)第4.1.2条规定,对技术复杂、专业性较强的分部分项工程,应编制专项监理细则,并报总监审批。监理过程中,监理细则应根据工程实际变化情况进行补充、修改。

(2)《危险性较大的分部分项工程安全管理规定》(住房和城乡建设部令第37号)第十八条规定,监理单位应当结合危大工程专项施工方案编制监理实施细则,并对危大工程施工实施专项巡视检查。

(3)监理细则应包括下列主要内容:

①监理工程内容和特点;

②监理工作流程;

③监理工作要点;

④监理工作方法和措施;

⑤巡视、旁站和抽检等计划。

(4)监理细则是针对技术复杂、专业性较强的分部分项工程编制的,具有针对性,监理细则的工程内容是具体的监理工作方案,工程特点针对编制的监理细则的分部分项工程,不得涉及其他分部分项工程。该分部分项工程的监理工作流程、要点、方法和措施,需要具体明确、详细、操作性强。巡视的频次、旁站的分项工程及部位,抽检的项目、频率、数量以及监理人员具体安排要具体明确。监理细则应服从于同一工程项目监理计划的总体安排。

3. 监理月报、监理工作报告

(1)《公路工程施工监理规范》(JTG G10—2016)第9.2.7条规定,监理月报应包括下列主要内容:

①当月工程实施情况;

②当月监理工作情况;

③当月工程质量、安全、环保、费用、进度和合同事项管理等监理情况统计;

④发现施工存在的主要问题及处理情况;

⑤下月监理工作重点。

(2)《公路工程施工监理规范》(JTG G10—2016)第9.2.8条规定,监理工作报告应包括下列主要内容:

①工程概况;

②监理工作概况,包括组织机构、人员、设备和设施情况等;

③监理工作成效,包括质量、安全、环保、费用和进度监理及合同事项管理等措施,施工过程中检查情况,工程质量评定情况及问题和事故处理情况等;

④交工验收时存在的问题及处理情况;

⑤监理工作体会、说明和建议。

九、公路工程目标控制、施工及监理风险管理

1. 目标控制的概念、任务和几种常见的控制类型

1)目标控制

指对实现目标过程中出现或可能出现的偏差进行纠正,以保证目标实现的活动。

2)公路工程三大目标任务

质量、进度、费用的控制。

3)控制分类

可分为两大类,即主动控制和被动控制。

4)动态控制及其基本步骤和要点

(1)步骤分三步,即确定目标、检查成效、纠正偏差。

(2)动态控制是主体为实现一定的目标而采取的一种行为。要实现最优化控制,有两个条件,一是要有一个合格的主体,二是要有明确的系统目标。

(3)控制是按事先拟定的计划目标值进行的。控制活动就是检查实际发生的情况与计划目标值是否存在偏差,偏差是否在允许范围之内,是否应采取控制措施及采取何种措施以纠正偏差。

(4)控制的方法是检查、分析、监督、引导和纠正。

(5)控制是针对被控系统而言的,既要对被控系统进行全过程控制,又要对其所有要素进行全面控制。

(6)控制是动态的,宜以主动控制为主,被动控制为辅。

(7)工程项目的控制应强调目的性、及时性、有效性。

(8)控制是一个系统工程,包括组织、程序、手段、措施、目标和信息六个分系统,其中信息分系统贯穿于项目实施的全过程。

2. 公路工程施工监理的目标

公路工程监理的目标是控制,以合同为依据,采取技术、经济、组织、合同等措施,对工程质量、安全、环境保护、进度、费用实施有效的监理,从而确保工程项目总体目标合理地实现,使之达到合同文件规定的要求。

工程监理控制主要是质量、安全、环保、进度和费用控制等,监理目标控制首先确定质量、费用、进度和安全、环保目标值,然后采取各种有效措施和手段,对工程项目进行有效的监督管理,最后实现监理目标值。

3. 工程项目风险的概念及基本要素

1)风险

风险是指所有影响工程项目目标实现的不确定因素及其产生后果的集合。风险管理是指围绕工程项目总体目标,通过在参建各方管理的各个环节和过程中执行风险管理的基本流程,培育良好的风险管理文化,建立健全全面风险管理体系,从而为实现风险管理的总体目标提供合理保证的过程和方法。

2)工程风险

工程项目作为集经济、技术、管理、组织各方面的综合性社会活动,它在各个方面都存在着不确定性。这些事先不能确定的内部和外部的干扰因素,称为工程风险。

3)风险的要素

(1)风险由风险因素、风险事故和损失构成。

(2)风险因素是指引起或增加风险事故发生的机会或扩大损失幅度的条件,是风险事故发生的潜在原因;风险事故是造成生命财产损失的偶发事件,是造成损失的直接的或外在的原因,是损失的媒介;损失是指非故意的、非预期的和非计划的经济价值的减少。风险是由三者构成的统一体,风险因素引起或增加风险事故,风险事故发生可能造成损失。

(3)风险量的大小一般为5个等级,即VL、L、M、H、VH。

4)风险管理的目标、流程和风险控制对策

(1)目标具体为:

①决算投资不超过概算投资。

②实际工期不超过计划工期。

③实际质量满足合同要求质量。

④建设过程无重大安全事故。

(2)流程为风险识别、风险评价与分析、风险应对措施、风险控制等。其中识别是通过对经验数据的分析、风险调查、专家咨询以及实验论证等方式,认识工程风险,建立工程风险清单。

(3)控制对策有:

①回避;

②损失控制(预防损失和减少损失等);

③自留;

④转移,如保险、非保险(担保、分包、转让)。

十、工程质量控制

(一)质量监理的任务、目标和职责

1.质量监理的任务

(1)《公路水运工程质量监督管理规定》第十七条规定:

监理机构对施工质量负监理责任,应当按合同约定设立现场监理机构,按规定程序和标准进行工程质量检查、检测和验收,对发现的质量问题及时督促整改,不得降低工程质量标准。

公路水运工程交工验收前,监理单位应当根据有关标准和规范要求对工程质量进行检查验证,编制工程质量评定或者评估报告,并提交建设单位。

(2)《公路水运工程质量监督管理规定》第十八条规定:

施工、监理单位应当按照合同约定设立工地临时试验室,严格按照工程技术标准、检测规范和规程,在核定的试验检测参数范围内开展试验检测活动。

施工、监理单位应当对其设立的工地临时试验室所出具的试验检测数据和报告的真实性、

客观性、准确性负责。

2. 质量监理的目标

监理单位应当建立健全工程质量保证体系,制定质量管理制度,强化工程质量管理措施,完善工程质量目标保障机制。通过监理工程师对工程施工全过程的质量进行控制和管理,保证工程各部位都在合同规定的工期和费用内完成,并达到设计文件、合同文件和技术规范的规定和要求,从而保证公路建成后能安全、舒适、高效地投入使用。

3. 监理工程师在工程质量监理方面的主要职责

(1)确定监理机构岗位职责和人员,建立工地试验室。

(2)主持编制监理计划和监理实施细则。

(3)主持召开监理交底会、工地会议、专题会议。

(4)审批施工组织设计和进度计划,审查原材料和混合料。

(5)签发工程开工令,审批单位、分部、分项工程开工申请,签发工程停工令及复工令。

(6)组织检查施工单位质量管理体系的建立及运行情况。

(7)核查施工单位测量、施工放线成果并进行复测。

(8)采取巡视、旁站、抽检和验收等方式,检查施工质量情况。

(9)组织分项工程(中间)交工质量检验评定,进行工程质量评定。

(10)签认中间交工验收、审查交工验收申请,评定工程质量,参加交、竣工验收。

(11)参与或配合工程质量事故的调查和处理。

(12)组织编写监理工作报告,填写监理日志,归集监理资料,编制监理竣工资料。

(13)提供建设单位委托的其他工程管理服务。

(二)质量监理的依据和方法

公路工程实行"政府监督、法人管理、社会监理和企业自检"的质量保证体系。

1. 公路工程质量监理的依据

(1)国家和地方法律、法规;

(2)国家和地方行业有关标准、规范、规程;

(3)施工监理合同;

(4)施工合同;

(5)工程前期有关文件;

(6)工程设计文件和图纸;

(7)工程实施过程中有关的来往文函等。

2. 公路工程质量的监理方法

质量监理方法主要有事前控制、事中控制、事后控制,具体的方法有:

(1)旁站,指监理人员对旁站项目的施工过程进行的现场监督活动。

(2)巡视,指监理人员对施工现场进行的定期或不定期巡回检查活动。

(3)测量,指监理人员对施工各部位的平面位置、高程、几何尺寸等进行的检查和控制手段。

(4)试验与抽检,试验是监理工程师确认各种原材料和工程部位质量监理的主要依据。监理工程师按合同规定的抽检频率进行独立抽样试验。

(5)指令文件是监理工程师对施工单位发出的指示和要求的书面文件,用以向施工单位提出或指出施工单位存在的问题,或者要求和指示施工单位应做什么或如何做。

(6)随机抽查,指工程项目的监理人员对工程质量在施工单位自检合格的基础上进行复核的一种方式。

(7)检查核实,指监理人员在工程项目施工的全过程中,需要经常对施工单位的施工情况、所报送的各类报表、试验结果、质量数据进行检查核算和现场核实。

(8)关键工序控制,指在工程项目施工过程中对关键的工序进行的质量监理活动。

(9)计量和支付控制,即当工程项目施工质量达到规定的标准和要求时,监理工程师才可进行计量并签发支付证书,否则可拒绝计量并拒签支付证书。

3. 质量监理的主要监理工作程序

(1)审查工程分包。主要有按照合同约定审查工程分包计划、分包合同;审查分包单位的资质、业绩及履约情况等;发现非法分包、转包,应指令施工单位纠正并报告建设单位及有关单位。

(2)审批施工测量放线。主要为检查施工单位测量仪器是否按照规定进行校准;审查施工单位提交的施工测量数据、图表及放线成果并予以批复;对从基准点引出的控制桩的重点桩位复测不少于30%,经复测不符合规定时应要求其重新测设。

(3)审批原材料与混合料。主要为审查施工单位申报的原材料、混合料试验资料,对主要原材料独立取样进行平行试验,对主要混合料的配合比和路基填料的击实试验结果验证,审验合格,经批复方可在工程上使用。

(4)审批施工组织与人员配备。主要为审查分项工程的施工组织及配备,包括项目负责人,技术、质量、安全管理人员及主要施工操作人员等的配备是否符合合同要求并满足施工需要。

(5)审批施工机械设备。主要为审查施工单位进场的施工机械是否满足合同要求,重点审查机械设备是否满足施工质量、安全、环保、进度等要求;施工单位如果使用合同约定以外的施工机械设备,应要求施工单位另行提出使用申请,解释原因、对拟使用设备进行充分说明。

(6)审查施工方案及主要工艺。主要为审查施工单位提交的分部分项工程的施工方案及主要施工工艺是否符合有关技术标准;对技术复杂或采用新技术、新工艺、新材料、新设备的工程,应进行论证或根据试验结果进行审批。

(7)审批分部工程或主要分项工程的开工申请。主要审查施工单位上报的开工准备情况是否满足开工要求,主要有设备、人员、材料、测量、方法等。

(8)验收构、配件或设备。主要包括施工单位外购或定做用于永久工程的构、配件或设备,应要求施工单位提交产品合格证和自检报告;进场后对关键项目进行抽检,验收合格后方可使用。对现场不具备检测条件的,监理工程师应按合同约定到厂监督验收。

(9)巡视、检查工序施工。主要有正在施工的分部分项工程是否已经批准,质量检测、安全管理人员是否到位;特种作业人员是否持证上岗;现场使用的原材料或混合料、外购设备、施工机械设备、施工方法与工艺是否与批准的一致;质量、安全、环保和施工标准化等措施是否落实;是否按规定进行施工自检和工序交接等。

(10)旁站关键工序和部位施工。监理人员应对试验工程、重要隐蔽工程、完工后无法检测其质量或者返工会造成较大损失的工程进行旁站,旁站项目见《公路工程施工监理规范》(JTG G10—2016)附录A。旁站应重点对项目的工艺过程进行监督;当可能危及质量、安全、环境时,应予制止并及时向驻地监理工程师或总监理工程师报告;旁站人员应按监理规范如实、准确、详细做好旁站记录;旁站项目完工后,监理工程师组织检查验收,验收合格方可进行下道工序施工。

(11)抽检与检测试验。重点对施工过程使用的水泥、钢材、沥青、石灰、粉煤灰、砂砾、碎石等原材料及水泥混凝土、沥青混合料和无机结合料稳定材料等混合料进行抽检,抽检频率不低于规定施工检验频率的10%。对分项工程中的关键项目和结构主要结构尺寸的抽检频率不低于施工单位自检频率的20%。

(12)关键工序签认。对关键工序工程完工后无法再进行检验的,施工单位自检合格后监理工程师应检查验收,合格后予以签认。

(13)质量缺陷、隐患和质量事故处理。对于质量缺陷,监理机构应签发监理指令,要求施工单位整改;对于质量不合格的工程,监理机构应签发监理指令,要求施工单位返工处理;对可能危及结构安全或存在重大隐患的质量问题,应签发停工令并向建设单位报告;当发生质量事故时,监理机构应依法按有关规定报告处理;监理机构应建立质量问题处理台账。

(14)分项工程交工验收与质量检验评定。监理工程师收到施工单位报送的中间交工申请后,应检查各道工序的施工自检记录、交接单及监理工程师签认的关键工序交验单,检查质量保证资料的完整性,检查分项工程的质量自检和质量等级评定资料,监理工程师根据分项工程实测项目检验结果判定合格后,签认中间交工证书。

(三)公路工程施工质量监理的阶段划分与内容

公路工程施工质量监理划分为施工准备阶段、施工阶段、验收与缺陷责任期阶段。

1.施工准备阶段

监理合同签订之日至工程开工令确定的开工之日为施工准备阶段。

1)施工准备阶段的监理准备工作

(1)配备试验检测设备,建立工地试验室。

(2)熟悉合同文件。

(3)调查施工环境和条件。

(4)编制监理计划和监理细则。

(5)按规定填写工程质量责任登记表。

(6)按合同要求约定配备必要的工作、生活等设施。

2)施工准备阶段监理工作内容

(1)参加设计交底。

(2)审核工程划分,并报建设单位。

(3)初审施工单位的工程质量登记表,对施工单位的技术、质量等体系进行检查。

(4)核查工地试验室。

(5)审批施工组织设计。

(6)基准点复测,地面线抽查,核查工程量清单。

(7)召开监理交底会,工程开工前的安全生产条件核查,审核施工安全风险评估报告。

(8)签署开工预付款支付证书。

(9)召开第一次工地会议。

(10)签发合同工程开工令。

2. 施工阶段

主要指合同工程开工之日起至合同工程交工验收申请受理之日。施工阶段监理工作内容如下:

(1)审批施工单位提交的单位工程、分部工程和主要分项工程开工申请。

(2)审查施工测量成果和放线。对施工单位主体责任落实情况、施工合同执行情况和质量安全环保等保证体系运行情况进行监督检查。

(3)审批工程原材料与混合料。

(4)巡视、旁站和抽检。

(5)验收外购和委托生产的构配件或设备。

(6)验收隐蔽工程。

(7)中间交工验收。

(8)质量评定。

(9)质量问题处理。

3. 验收与缺陷责任期阶段

缺陷责任期是指签发交工证书后,因需继续完成工程剩余的工作项目,并检查本工程的使用质量所规定的期限,从合同工程交工验收申请受理之日起,至缺陷责任终止证书签发之日止,一般为 2 年。其监理工作内容有:

(1)应按规定审查施工单位提出的合同段交工验收申请,审核施工单位编制的竣工图,应根据监理工作情况及工程质量评定结果,对是否同意交工验收进行审查并签署意见。

(2)按工程验收办法等规定完成合同段工程质量评定、归集整理工程监理资料、编写监理工作报告,并提交建设单位。

(3)参加交工验收工作,协助建设单位检查施工合同执行情况,并接受对监理合同执行情况的检查。

(4)合同段交工证书签发后,监理工程师应审核施工单位提交的合同段交工结账单,并在规定期限内签认合同段交工结账证书,报建设单位审批。

(5)在缺陷责任期,监理工程师应检查施工单位遗留问题整改情况;应检查工程质量,要求施工单位对工程质量缺陷进行修复,并调查缺陷产生的原因,确认责任和修复费用。

(6)在合同缺陷责任期结束、收到施工单位提交的终止缺陷责任申请后,监理工程师应进行审查。对符合合同约定的,总监应在规定期限内签发合同缺陷责任终止证书,并向建设单位提交缺陷责任期监理工作总结。

(7)参加竣工验收工作,提交监理工作报告和工程监理资料,配合竣工验收检查。

(四)监理试验室

1.监理试验室的任务与职责

(1)根据监理合同约定,配备试验监理人员和试验仪器设备,建立监理试验室。监理试验室须报交通质监机构检查验收和备案。

(2)监理试验室应按照工程情况,编制监理试验计划或监理试验细则。

(3)监理试验室应监督和检查施工单位试验室建设情况,对施工单位试验室备案材料进行审查或审批。

(4)监理试验室应审批施工单位申报的原材料和混合料试验资料。

(5)在整个工程实施阶段,监理试验室要不定期检查施工单位试验室运行情况,检查施工单位试验项目、试验方法、检验频率是否符合要求。

(6)监理试验室要对施工单位申报的各项标准试验进行验证,对原材料、工程构配件和分项工程中的有关项目进行抽检。

(7)监理试验室要检查施工单位的试验资料,归集整理监理试验资料。

2.监理试验室的基本试验工作

监理试验室的基本试验工作包括验证试验、标准试验、工艺试验、抽样试验和验收试验。

(1)验证试验是对材料或商品构件进行预先检测,判定其是否可以用于工程。

(2)标准试验是对各项工程的内在品质进行施工前的数据采集,它是控制和指导施工的科学依据。标准试验包括各种标准击实试验、集料的级配试验、混合料的配合比试验、结构的强度试验等。

(3)工艺试验是指在项目开工之前对路基、路面、桥梁等及某些分项工程的施工工艺进行的预先试验。

(4)抽样试验是对各项工程实施中的内在品质进行符合性的抽样检查。

(5)验收试验是对已完工程的工程实体进行全面验收和评定。

(五)公路工程质量问题、缺陷和工程质量事故

1.公路工程质量问题和缺陷

直接经济损失在一般质量事故以下的为质量问题和缺陷。

公路工程质量问题和缺陷应以监理指令或文件形式书面要求施工单位进行修复,监理工程师对修复过程采用巡视、旁站、平行检验等方式实施监理;工程质量缺陷修复完成并经施工单位自检合格后,监理工程师应进行验收;验收合格后,再报请建设单位、接养单位等相关单位现场验收。

监理单位应调查分析造成工程质量缺陷的原因,提出监理意见:

(1)施工单位原因造成的工程质量缺陷,由施工单位承担修复和查验费用。

(2)非施工单位原因造成的工程质量缺陷,修复发生的费用,由建设单位组织施工单位、监理单位召开协调会议,确定工程计量与计价方法,由监理单位核算工程量、支付价格,经建设单位批准后,向施工单位支付工程缺陷修复和查验费用及合理的利润。

2. 工程质量事故

1)公路工程质量事故的分类与分级

(1)质量事故的概念。

公路水运建设工程质量事故是指公路水运建设工程项目在缺陷责任期结束前,由于施工或勘察设计等原因使工程不满足技术标准及设计要求,并造成结构损毁或一定直接经济损失的事故。

(2)质量事故的等级划分。

根据交通运输部《公路水运建设工程质量事故等级划分和报告制度》第四条规定,判断直接经济损失或工程结构损毁情况(自然灾害所致除外),公路水运建设工程质量事故分为特别重大质量事故、重大质量事故、较大质量事故和一般质量事故四个等级;直接经济损失在一般质量事故以下的为质量问题。

①特别重大质量事故,是指造成直接经济损失1亿元以上的事故。

②重大质量事故,是指造成直接经济损失5000万元以上1亿元以下,或者特大桥主体结构垮塌、特长隧道结构坍塌,或者大型水运工程主体结构垮塌、报废的事故。

③较大质量事故,是指造成直接经济损失1000万元以上5000万元以下,或者高速公路项目中桥或大桥主体结构垮塌、中隧道或长隧道结构坍塌、路基(行车道宽度)整体滑移,或者中型水运工程主体结构垮塌、报废的事故。

④一般质量事故,是指造成直接经济损失100万元以上1000万元以下,或者除高速公路以外的公路项目中桥或大桥主体结构垮塌、中隧道或长隧道结构坍塌,或者小型水运工程主体结构垮塌、报废的事故。

上述所称的"以上"包括本数,"以下"不包括本数。

(3)质量事故的报告与处理。

根据交通运输部《公路水运建设工程质量事故等级划分和报告制度》第五条规定,工程项目交工验收前,施工单位为工程质量事故报告的责任单位;自通过交工验收至缺陷责任期结束,由负责项目交工验收管理的交通运输主管部门明确项目建设单位或管养单位作为工程质量事故报告的责任单位。

根据交通运输部《公路水运建设工程质量事故等级划分和报告制度》第六条规定,一般及以上工程质量事故均应报告。事故报告责任单位应在应急预案或有关制度中明确事故报告责任人。事故报告应及时、准确,任何单位和个人不得迟报、漏报、谎报或瞒报。

事故发生后,现场有关人员应立即向事故报告责任单位负责人报告。事故报告责任单位应在接报2小时内,核实、汇总并向负责项目监管的交通运输主管部门及其工程质量监督机构报告。接收事故报告的单位和人员及其联系电话应在应急预案或有关制度中予以明确。

重大及以上质量事故,省级交通运输主管部门应在接报2小时内进一步核实,并按工程质量事故快报统一报交通运输部质量监督管理部门;出现新的经济损失、工程损毁扩大等情况的应及时续报。省级交通运输主管部门应在事故情况稳定后的10日内汇总、核查事故数据,形成质量事故情况报告,报交通运输部工程质量监督管理部门。

对特别重大质量事故,交通运输部将按《交通运输部突发事件应急工作暂行规范》,由交通运输部应急办会同部工程质量监督管理部门及时向国务院应急办报告。

根据交通运输部《公路水运建设工程质量事故等级划分和报告制度》第七条规定,工程质量事故发生后,事故发生单位和相关单位应按照应急预案规定及时响应,采取有效措施防止事故扩大。同时,应妥善保护事故现场及相关证据,任何单位和个人不得破坏事故现场。因抢救人员、防止事故扩大及疏导交通等原因需要移动事故现场物件的,应做出标识,保留影像资料。

2)质量事故处理的原则

质量事故处理,实行"四不放过"的原则:

(1)事故原因没有查清不放过。

(2)事故责任人没有严肃处理不放过。

(3)事故责任者和群众没有受到教育不放过。

(4)防范措施落实不到位不放过。

3)质量事故的监理处理程序

(1)指令暂停施工,并采取安全措施,防止事故的进一步扩大。

(2)要求施工单位进行调查,提交质量事故报告,并报告建设单位。

(3)审批施工单位提交的处理方案,并提出处理意见,要求相关单位完善处理方案。

(4)事故技术方案批准后,监督施工单位严格按照方案施工。

(5)事故处理完成后,进行工程检查和验收。具备复工条件的,监理工程师审查并报建设单位同意后,签发复工令及时复工。

(六)公路工程施工质量评定和验收

1. 质量检验评定

公路工程质量检验评定应按分项工程、分部工程、单位工程、合同段、建设项目逐级进行。监理工程师评定从分部工程开始。

1)公路工程质量检验评定

分项工程完工后,根据现行《公路工程质量检验评定标准　第一册　土建工程》(JTG F80/1)和《公路工程质量检验评定标准　第二册　机电工程》(JTG 2182)进行检验,对工程质量进行评定,隐蔽工程在隐蔽前检查合格;分部工程、单位工程完工后,应汇总评定所属分项工程、分部工程质量资料,检查外观质量,对工程质量进行评定。

2)分项工程的评定

分项工程应按基本要求、实测资料、外观质量和质量保证资料等检验项目分别检查。

(1)分项工程质量应在所使用的原材料、半成品、成品及施工控制要点等符合基本要求的规定,无外观质量缺陷且质量保证资料真实齐全时,方可进行检验评定。

(2)基本要求的检查要对分项工程所列逐项分别进行,经检查不符合规定时,不得进行工程质量的检验评定;分项工程所用的各种原材料的品种、规格、质量及混合料配合比和半成品、成品应符合有关技术标准并符合设计要求。

(3)实测项目要按规定的检查方法和频率进行随机抽样检验并计算合格率。

(4)检测项目合格率的判断主要为:关键项目的合格率应不低于95%(机电工程100%);一般项目的合格率应不低于80%;有规定极限值的检查项目,任一检测值不应突破规定极值;

按现行《公路工程质量检验评定标准　第一册　土建工程》(JTG F80/1)和《公路工程质量检验评定标准　第二册　机电工程》(JTG 2182)规定方法进行评定的检查项目都应满足要求,否则该检查项目不合格。

(5)外观质量检查应全面进行,并满足要求,否则该检验项目为不合格。

(6)工程应有真实、准确、齐全、完整的原始记录、试验检测数据、质量检验结果等质量保证资料。

(7)检验项目为不合格的,应进行整修或返工处理直至合格,否则应判定该项工程不合格。

3)工程质量等级的判定

(1)工程质量等级分为合格与不合格。

(2)分项工程质量评定合格应符合:检验记录应完整;实测项目应合格;外观质量应满足要求。

(3)分部工程质量评定合格应符合:评定资料应完整;所含分项工程及实测项目应合格;外观质量应满足要求。

(4)单位工程质量评定合格应符合:评定资料应完整;所含分部工程应合格;外观质量应满足要求。

(5)评定不合格的分项工程、分部工程、单位工程,经返工、加固、补强或调测,满足设计要求后,可重新进行检验评定。

(6)所含单位工程合格,该合同段评定为合格;所含合同段合格,该建设项目评定为合格。

2. 工程验收

公路工程验收分为交工验收和竣工验收两个阶段。交工验收又有中间交工验收。

1)交工验收与竣工验收的组织

交工验收由项目法人组织进行,属于项目管理机构行为。交工验收是检查施工合同的执行情况,评价工程质量是否符合技术标准及设计要求,是否可以移交下一阶段施工或是否满足通车要求,对各参建单位工作进行初步评价。

竣工验收由交通运输主管部门按项目管理权限负责,竣工验收是综合评价工程建设成果,对工程质量、参建单位和建设项目进行综合评价。

2)交工验收应具备的条件

(1)合同约定的各项内容已完成。

(2)施工单位按现行《公路工程质量检验评定标准　第一册　土建工程》(JTG F80/1)、《公路工程质量检验评定标准　第二册　机电工程》(JTG 2182)及相关规定的要求对工程质量自检合格。

(3)监理工程师对工程质量的评定合格。

(4)质量监督机构按规定的公路工程质量鉴定办法对工程质量进行检测,并出具检测意见。

(5)竣工文件已按规定的内容编制完成。

(6)施工单位、监理单位已完成本合同段的工作总结。

(7)公路工程各合同段符合交工验收条件后,经监理工程师同意,由施工单位向项目法人提出申请,项目法人应及时组织对该合同段进行交工验收。

3)交工验收的主要工作内容

(1)检查合同执行情况。

(2)检查施工自检报告、施工总结报告及施工资料。

(3)检查监理单位独立抽检资料、监理工作报告及质量评定资料。

(4)检查工程实体,审查有关资料,包括主要产品质量的抽(检)测报告。

(5)核查工程完工数量是否与批准的设计文件相符,是否与工程计量数量一致。

(6)对合同是否全面执行、工程质量是否合格作出结论,按交通运输主管部门规定的格式签署合同段交工验收证书。

(7)按交通运输部规定的办法对设计单位、监理单位、施工单位的工作进行初步评价。

4)竣工验收应具备的条件

(1)通车试运营2年后。

(2)交工验收提出的工程质量缺陷等遗留问题已处理完毕,并经项目法人验收合格。

(3)工程决算已按规定的办法编制完成,竣工决算已经审计,并经交通运输主管部门或其授权单位认定。

(4)竣工文件已按合同约定的内容完成。

(5)对需进行档案、环保等单项验收的项目,已经有关部门验收合格。

(6)各参建单位已按规定的内容完成各自的工作报告。

(7)质量监督机构已按规定的公路工程质量鉴定办法对工程质量检测鉴定合格,并形成工程质量鉴定报告。

5)竣工验收的主要工作内容

(1)成立竣工验收委员会。

(2)听取项目法人、设计单位、施工单位、监理单位的工作报告。

(3)听取质量监督机构的工作报告及工程质量鉴定报告。

(4)检查工程实体质量、审查有关资料。

(5)按规定的办法对公路工程质量进行评分,并确定工程质量等级。

(6)按规定的办法对参建单位进行综合评价。

(7)对建设项目进行综合评价。

(8)形成并通过竣工验收鉴定书。

十一、工程进度控制

1.进度计划的内容编制要求、原则、依据与控制目标

1)进度计划的内容

(1)工程项目的合同工期;

(2)完成各单位工程及各施工阶段所需要的工期、最早开始和最迟完成时间;

(3)各单位工程及各施工阶段所需完成的工程量及现金流量S曲线图;

(4)各单位工程及各施工阶段所需配备的人力和机械数量;

（5）各单位工程或分部工程的施工方案和施工方法等。

2）进度计划的编制要求

进度计划应有文字说明、进度图表和保证措施等。总体进度计划的编制可采用横道图、斜条图、进度曲线或网络计划图。

3）进度计划的编制原则

（1）合理安排施工顺序，保证在劳动力、材料物资以及资金消耗量最少的情况下，按规定工期完成拟建工程施工任务。

（2）采用可靠的施工方法，确保工程项目的施工在连续、稳定、安全、优质、均衡的状态下进行。

（3）节约施工成本。

4）进度计划的编制依据

（1）工程项目承包合同及招标投标书；

（2）工程项目全部设计施工图纸及变更洽商资料；

（3）工程项目所在地区位置的自然条件和技术经济条件；

（4）工程项目有关概算和预算资料、指标、劳动力定额及机械台班定额等；

（5）工程项目拟采用的主要施工方案及措施、施工顺序、流水段划分等；

（6）工程项目需用的主要资源，主要包括劳动力状况、机具设备能力、物资供应来源条件等；

（7）建设单位及上级主管部门对施工的要求；

（8）现行规范、规程和技术经济指标等有关技术规定。

5）进度控制目标

进度控制一般包括编制进度计划、进度执行情况检查、调整计划三个阶段，进度控制就是在施工过程循环进行计划工期、偏差分析、调整计划三个方面的工作。进度控制目标就是确定一个合理的工期。

2. 公路工程施工组织的基本方法及其特点

（1）顺序作业法：按工艺流程和施工程序（步骤）确定的先后顺序进行施工操作。

特点：单位资源需要量小，工期长，大部分工作面空闲，组织管理简单。

（2）平行作业法：根据工程或技术的需要，将工程分为若干施工段（或工点），各施工段同时投入施工队伍同时组织施工。

特点：工期短，工作面充分合理，但资源用量集中，组织管理复杂。

（3）流水作业法：将不同工程对象的同一施工工序交给对应专业施工队（组）执行，各专业队（组）在统一计划安排下，依次在各个作业面上完成指定的操作。

特点：工期适中，工作面充分利用，专业队施工连续，资源用量均衡。

3. 流水施工组织原理

1）空间参数的确定

（1）施工段（m）：在组织流水施工时，通常把施工对象划分为劳动量相等或大致相等的若干个段,这些段称为施工段。每一个施工段在某一段时间内只供给一个施工过程使用。

通过自然形成及人为划分,施工段的数目过多会引起资源集中,过少会拖延工期。

(2)工作面(A):某专业工种在施工时所必须具备的活动空间,称为该工种的工作面。

工作面是表明施工对象上可能安置一定工人操作或布置施工机械的空间大小,所以,工作面是用来反映施工过程(工人操作、机械布置)在空间上布置的可能性。

工作面的大小要求紧前工序结束后能为紧后工序提供作业空间。

2)工艺参数的确定

(1)施工过程数(工序数)(n):是施工组织中不可分割的、施工技术上相同的施工过程。工序划分应使各道工序的持续时间相差不致太大,以利于专业队分工比较合理。

(2)流水强度(流水能力)(v):单位时间完成的工程数量,等于专业队的工人数或机械台数与产量定额的乘积。

3)时间参数的计算

(1)流水节拍(t):指某道工序在施工段上完成工序操作的持续时间。

流水节拍计算的三种方法:①根据投入的劳动力或机械数量计算;②根据合同分解的阶段工期要求确定;③根据有关定额和施工经验或实际的劳动生产率确定。

(2)流水步距(K):指相邻专业队相继投入同一施工段开始操作的时间间隔。流水步距数 = 工序数 - 1。

流水步距的计算采用累计数列错位相减取大差法,即采用相邻两施工工序在每个施工段的持续时间(即流水节拍)累加数列错位相减,取最大值作为流水步距的方法。

4. 工程进度监理的基本方法

1)横道图法(甘特图)

以时间为横坐标,以各分项工程或施工工序为纵坐标,按一定的先后施工顺序和工艺流程,用带时间比例的水平横道线表示对应项目或工序持续时间的施工进度计划图表。

可以采用不同的线形来反映各工序的进度执行状况。

2)工程进度曲线

工程进度曲线又称现金流动曲线或S曲线。

工程进度曲线是以工期为横轴,以累计完成的工程费用的百分比或累计完成的工程量的百分比为纵轴的图表化曲线。

3)斜条图法

又称垂直图法或垂直坐标表示法。以工期为纵坐标,以里程或工程位置为横坐标。各分项工程或施工工序的施工进度则相应地以不同形式的斜条线表示。由于时间为纵轴,所以图上曲线斜率越大,则施工进度越慢。

4)网络计划图法

网络计划图是以加注工作持续时间的箭线和节点组成的有向、有序的网状流程图表示的施工进度计划。

网络图分为四类:双代号网络图、单代号网络图、时标网络图、单代号搭接网络图。

5. 双代号网络计划图

1）双代号网络计划图的构成

（1）箭线。

①表示一项工作（广义的）。

②凡占时间的施工过程均应按一项工作看待。

③在无时标图中，形状长短及粗细与工作持续时间无关，应用水平直线或折线绘制。

④方向表示工作进行方向，箭尾表示工作开始，箭头表示工作结束。

⑤虚箭线（不占时间，不耗资源，无工作名称）。

（2）节点。

①表示工作间的衔接关系。

②节点具有瞬时性。

③包括内向箭线（汇集节点）及外向箭线（分枝节点）。

④包括起始节点，中间节点，终止节点。

（3）线路与关键线路。

①线路：由网络图起点按箭线方向到终点能够通行的路线。

②关键线路：网络图所有线路中总持续时间最长的线路。

2）工作关系的表示方法

（1）工作逻辑关系的表示方法。

工作逻辑关系：工作进行时客观存在的一种先后顺序关系，即：

①本工作必须在哪些工作之前进行。

②本工作必须在哪些工作之后进行。

③本工作可以与哪些工作平行进行。

（2）虚箭线的应用。

①用于解决工作间逻辑关系的连接。

②用于解决工作关系的逻辑断路问题。

③应用于当两项或两项以上的工作同时开始或同时结束时。

④应用于不同工程项目之间工作有联系时。

3）绘制双代号网络图的基本规则

（1）一张网络图只允许一个起始节点和一个终止节点。

（2）一对节点间只允许有一条箭线。

（3）不允许出现闭合回路。

（4）不允许出现线段、双向箭头，应避免使用反向箭线。

（5）布局应合理，尽量避免箭线交叉。

6. 网络计划时间参数的计算

1）时间参数分类

（1）控制性时间参数。

最早时间系列参数：工作的最早可能开始时间（ES）、工作的最早可能完成时间（EF）、节点的最早可能实现时间(ET)。

最迟时间系列参数:工作的最迟必须开始时间(LS)、工作的最迟必须完成时间(LF)、节点的最迟必须实现时间(LT)。

(2)协调性时间参数。

工作的总时差(TF)。工作的局部时差(自由时差)(FF)。

2)时间参数的计算假定

(1)工作的持续时间是已知的。

(2)工作的所有时间均以单位时间终了时刻为计算标准。

3)时间参数计算方法

图算、机算及表算。

4)关键线路及其确定

(1)线路枚举法(总持续时间最长的线路)。

一张网络图至少有一条最长的线路,此线路中没有任何机动时间,是网络计划按期完成的关键。

(2)关键工作法(关键工作组成的线路)。

关键线路上的工作称为关键工作。其没有任何机动时间,工作的总时差为零。

(3)关键节点法(关键工作组成的线路)。

7.施工进度实施控制与调整

1)进度计划审批

监理工程师对进度计划的审查内容主要有以下几方面:

(1)与合同工期、阶段性目标的响应性与符合性;

(2)工序间衔接的合理性;

(3)劳动力、机械、材料、施工设备等资源配置的充分性;

(4)与其他相关项目计划的协调性;

(5)进度计划完成的可行性及防范措施;

(6)要求建设单位或相关方提供资金、施工场地等条件的合理性。

2)监理工程师对进度计划的审查步骤

(1)阅读文件,列出问题,进行调查了解。

(2)针对问题,与施工单位进行讨论或澄清。

(3)对有问题的部分进行分析,向施工单位提出修改意见。

(4)审查批准施工单位修改后的进度计划。

3)监理工程师审批进度的权限与时限

应在合同规定或满足施工需要的合理时间内审批;总监理工程师审批总体进度计划,驻地监理工程师审批年度、月度进度计划,并对总监理工程师负责。

4)施工进度计划的检查

(1)监理人员应对承包人资源投入、工程是否按计划进行等工程实施进展情况进行跟踪检查,并做好相关记录。

(2)项目监理机构应按业主项目管理要求审核与工程进度有关的报表,并将工程实际进度与计划进度进行比较和分析。

(3)当实际进度与计划进度出现实质性偏差时,项目监理机构应督促施工单位及时采取相应的整改措施;当关键路线工期滞后时,总监理工程师应签发监理指令单,要求施工单位采取保证合同工期的措施,并向项目监理机构报送相应的监理指令回复单,项目监理机构应检查有关措施的落实情况并签署意见。

(4)项目监理机构应通过工地例会、有关工程进度的专题会议等形式,协调解决影响工程进度的有关问题。

5)施工进度计划的调整

通过对实际进度与施工进度计划的比较,发现了进度偏差。如果这种偏差严重到无法确保工程按期完工,就有必要对计划进行调整。

(1)缩短关键线路的持续时间

通过增加关键线路上工作的人力和设备等施工力量,以缩短关键工作持续时间。

(2)改变网络计划的逻辑关系

改变网络计划的逻辑关系进行工期优化,要求通过重新考虑施工作业方式、采用不同施工方法和设备、合理安排施工顺序来缩短网络计划的工期。

6)工程施工中的进度检查方法

方法包括计划执行中跟踪检查,数据的加工处理。实际进度检查方式为前锋线法,文字符号等。

8.进度拖延的处理方法

1)工程进度拖延分类

工程进度拖延分两大类:一类为合理的拖延,它非属于施工单位责任造成的,可以获得工期延长,即通常称为工程延期;另一类为不合理的拖延,它完全属于施工单位的责任,不能获得工期的延长,即通常称为工程延误。

2)工程进度拖延的处理方法

(1)根据延误的影响分为发生在关键线路上的延误(包括新关键线路)和非关键线路上的延误。

(2)如果由于非施工单位原因造成的施工单位延误,且这种延误造成误期,施工单位必须提出延期申请,并在规定的时间内提出延期具体资料,以供监理工程师审查处理。

延期获得批准必须同时符合以下条件:符合合同规定;事件发生在关键线路上,或发生在非关键线路上但延误时间超过总时差会造成进度计划的拖延,符合实际情况。

(3)如果由于施工单位自身原因引起的误期,则监理工程师不能批准其延期。对施工单位原因造成的延误处理包括:停止付款、对施工单位收取一定金额的拖期违约损失偿金、终止合同等。

(4)进度计划的调整方法:关键线路调整方法,非关键线路时差的调整方法,增减工作,调整逻辑关系,调整工作持续时间,调整资源投入。

(5)处理措施:组织措施、技术措施、经济措施、合同措施。

十二、工程费用控制

(一)概预算费用的组成与计算

1. 建筑安装工程费的组成与计算

1)直接费

直接费是指施工过程中耗费的构成工程实体和有助于工程形成的各项费用,包括人工费、材料费、施工机械使用费。人工费、材料费、施工机械使用费三项是工程造价中的主要组成部分,按实物量法计算。

直接费是建筑安装工程费的主体部分,它的高低直接决定了工程造价的高低。直接费的多少取决于设计质量、施工方法、概(预)算定额、工程所在地的人工工日单价、材料预算价格、机械台班单价等因素。

2)设备购置费

设备购置费指为满足公路初期运营、管理需要购置的构成固定资产标准的设备和虽低于固定资产标准但属于设计明确列入设备清单的设备的费用。包括渡口设备,隧道照明、消防、通风的动力设备,公路收费、监控、通信、路网运行监测、供配电及照明设备等。

(1)设备购置费应列出计划购置的清单(包括设备的规格、型号、数量),以设备预算价计入。

(2)设备购置费包括设备原价、运杂费、运输保险费、采购及保管费,各种税费按编制期有关部门规定计算。

(3)需要安装的设备,按建筑安装工程费的有关规定计算设备的安装工程费。

3)措施费

措施费包括冬季施工增加费、雨季施工增加费、夜间施工增加费、特殊地区施工增加费、行车干扰施工增加费、施工辅助费、工地转移费7项。分别以定额人工费和定额施工机械使用费之和或定额直接费为基数按费率取费计算。

(1)冬季施工增加费

冬季施工增加费指按照公路工程施工及验收规范所规定的冬季施工要求,为保证工程质量和安全生产所需采取的防寒保温设施、工效降低和机械作业率降低以及技术操作过程的改变等所增加的有关费用。

冬季施工增加费根据各类工程的特点,规定各气温区的取费标准。为了简化计算手续,采用全年平均摊销的方法。

计算基数:定额人工费和定额施工机械使用费。

(2)雨季施工增加费

雨季施工增加费指雨季期间施工为保证工程质量和安全生产所需采取的防雨、排水、防潮和防护措施、工效降低和机械作业率降低以及技术操作过程的改变等,所需增加的有关费用。

雨季施工增加费根据各类工程的特点,规定各雨量区及各雨季期的取费标准。为了简化计算手续,采用全年平均摊销的方法。

计算基数:定额人工费和定额施工机械使用费。

(3)夜间施工增加费

夜间施工增加费指根据设计、施工技术规范和合理的施工组织要求,必须在夜间施工或必须昼夜连续施工而发生的夜班补助费、夜间施工降效、施工照明设备摊销及照明用电等费用。

计算基数:定额人工费和定额施工机械使用费。

(4)特殊地区施工增加费

特殊地区施工增加费包括高原地区施工增加费、风沙地区施工增加费和沿海地区施工增加费三项。

①高原地区施工增加费:

指在海拔 2000m 以上地区施工,由于受气候、气压的影响,致使人工、机械效率降低而增加的费用。

计算基数:定额人工费和定额施工机械使用费。

②风沙地区施工增加费:

指在沙漠地区施工时,由于受风沙影响,按照施工及验收规范的要求,为保证工程质量和安全生产而增加的有关费用。

计算基数:定额人工费和定额施工机械使用费。

③沿海地区施工增加费:

指工程项目在沿海地区受海风、海浪和潮汐的影响,致使人工、机械效率降低等所需增加的费用。

计算基数:定额人工费和定额施工机械使用费。

(5)行车干扰施工增加费

行车干扰施工增加费指由于边施工边维持通车,受行车干扰的影响,致使人工、机械效率降低而增加的费用。

计算基数:定额人工费和定额施工机械使用费。

(6)施工辅助费

施工辅助费包括生产工具用具使用费、检验试验费和工程定位复测、工程点交、场地清理等费用。

①生产工具用具使用费:

指施工所需不属于固定资产的生产工具、检验、试验用具及仪器、仪表等的购置、摊销和维修费,以及支付给生产工人自备工具的补贴费。

②检验试验费:

指施工企业对建筑材料、构件和建筑安装工程进行一般鉴定、检查所发生的费用,包括自设试验室进行试验所耗用的材料和化学药品的费用,以及技术革新和研究试验费。但不包括新结构、新材料的试验费和建设单位要求对具有出厂合格证明的材料进行检验、对构件破坏性试验及其他特殊要求检验的费用。

③高填方和软基沉降监测、高边坡稳定监测、桥梁施工监测、隧道施工监控量测、超前地质预报等施工监控费含在施工辅助费中,不得另行计算。

计算基数:定额直接费。

(7)工地转移费

工地转移费是施工企业迁至新工地的搬迁费用,内容包括:

①施工单位职工及随职工迁移的家属向新工地转移的车费、家具行李费、途中住宿费、行程补助费、杂费等。

②公物、工具、施工设备器材、施工机械的运杂费,以及外租机械的往返费及施工机械、设备、公物、工具的转移费等。

③非固定工人进退场的费用。

计算基数:定额人工费和定额施工机械使用费。

4)企业管理费

企业管理费包括:基本费用、主副食运费补贴、职工探亲路费、职工取暖补贴和财务费用五项。

(1)基本费用:管理人员工资、办公费、差旅交通费、固定资产使用费、工具用具使用费、劳动保险费、职工福利费、劳动保护费、工会经费、职工教育经费、保险费、工程排污费、税金以及其他。其他费用包括:技术转让费、技术开发费、竣(交)工文件编制费、招投标费、业务招待费、绿化费、广告费、公证费、定额测定费、法律顾问费、审计费、咨询费以及施工标准化、规范化、精细化管理等费用。

(2)主副食运费补贴。

(3)职工探亲路费。

(4)职工取暖补贴。

(5)财务费用。

财务费用指施工企业为筹集资金提供投标担保、预付款担保、履约担保、职工工资支付担保等所发生的各种费用。包括企业经营期间发生的短期贷款利息净支出、汇兑净损失、调剂外汇手续费、金融机构手续费,以及企业筹集资金发生的其他财务费用。

计算基数:定额直接费。

5)规费

规费包括:养老保险费,失业保险费,医疗保险费,住房公积金,工伤保险费。

计算基数:人工费(含施工机械人工费)。

6)利润

利润指施工企业完成所承包的工程获得的盈利。

计算基数:定额直接费+措施费+企业管理费。

7)税金

税金指国家税法规定应计入建筑安装工程造价的增值税销项税额。

计算基数:直接费+设备购置费+措施费+企业管理费+规费+利润。

8)专项费用

专项费用包括施工场地建设费和安全生产费。

(1)施工场地建设费

施工场地建设费包括:

①按照工地建设标准化要求进行承包人驻地、工地试验室建设,钢筋集中加工、混合料集

中拌制、构件集中预制等所需的办公、生活居住房屋(包括职工家属房屋及探亲房屋),公用房屋(如广播室、文体活动室、医疗室)和生产用房屋(如仓库、加工厂、加工棚、发电站、空压机站、停机棚、值班室等)等费用。

②包括场区平整(山岭重丘区的土石方工程除外)、场地硬化、排水、绿化、标志、污水处理设施、围墙隔离设施等的费用,不包括钢筋加工的机械设备、混合料拌和设备及安拆、预制构件台座、预应力张拉设备、起重及养护设备,以及概(预)算定额中临时工程的费用。

③包括以上范围内的各种临时工作便道(包括汽车、人力车道)、人行便道,工地临时用水、用电的水管支线和电线支线,临时构筑物(如水井、水塔等)、其他小型临时设施等的搭设或租赁、维修、拆除、清理的费用;但不包括红线范围内贯通便道、进出场的临时道路、保通便道。

④工地试验室所发生的属于固定资产的试验设备和仪器等折旧、维修或租赁费用。

⑤施工扬尘污染防治措施费指裸露的施工场地覆盖防尘网,施工便道和施工场地洒水或喷洒抑尘剂,运输车辆的苫盖和冲洗、环境敏感区设置围挡,防尘标识设置,环境监控与检测等所需的费用。

⑥文明施工、职工健康生活的费用。

计算基数:定额直接费+措施费+企业管理费+规费+利润+税金。

(2)安全生产费

安全生产费包括完善、改造和维护安全设施设备费用,配备、维护、保养应急救援器材、设备费用,开展重大危险源和事故隐患评估和整改费用,安全生产检查、评价、咨询费用,配备和更新现场作业人员安全防护用品支出,安全生产宣传、教育、培训费用,安全设施及特种设备检测检验费用,施工安全风险评估、应急演练等有关工作及其他与安全生产直接相关的费用。

计算基数:建筑安装工程费。

建筑安装工程费各项费用计算程序与方式见表1-1。

建筑安装工程费各项费用计算程序及计算方式 表1-1

序号	项目	说明及计算式
(一)	定额直接费	Σ人工消耗量×人工基价+Σ(材料消耗量×材料基价+机械台班消耗量×机械台班单价)
(二)	定额设备购置费	Σ设备购置数量×设备基价
(三)	直接费	Σ人工消耗量×人工单价+Σ(材料消耗量×材料预算单价+机械台班消耗量×机械台班预算单价)
(四)	设备购置费	Σ设备购置数量×预算基价
(五)	措施费	(一)×施工辅助费费率+定额人工费和定额施工机械使用费之和×其余措施费综合费率
(六)	企业管理费	(一)×企业管理费综合费率
(七)	规费	各类工程人工费(含施工机械人工费)×规费综合费率
(八)	利润	[(一)+(五)+(六)]×7.42%
(九)	税金	[(三)+(四)+(五)+(六)+(七)+(八)]×9%

续上表

序　　号	项　　目	说明及计算式
(十)	专项费用	
	施工场地建设费	[(一)+(五)+(六)+(七)+(八)+(九)]×累进费率
	安全生产费	建筑安装工程费(不含安全生产费本身)×(≥1.5%)
(十一)	定额建筑安装工程费	(一)+(二)×40%+(五)+(六)+(七)+(八)+(九)+(十)
(十二)	建筑工程工程费	(三)+(四)+(五)+(六)+(七)+(八)+(九)+(十)

2. 其他费用

1)土地使用及拆迁补偿费

土地使用及拆迁补偿费包含永久占地费、临时占地费、拆迁补偿费、水土保持补偿费、其他费用。

土地使用及拆迁补偿费应根据设计文件确定的建设工程用地和临时用地面积及其附着物的情况,以及实际发生的费用项目,按国家有关规定及工程所在地的省(自治区、直辖市)颁布的有关规定和标准计算。

2)建设项目管理费

建设项目管理费包括建设单位(业主)管理费、建设项目信息化费、工程监理费、设计文件审查费和竣(交)工验收试验检测费。

计算基数:以定额建筑安装工程费为基数,累进制计算。

3)建设期贷款利息

建设期贷款利息指工程项目使用的贷款部分在建设期内应计取的贷款利息,包括各种金融机构贷款、建设债券和外汇贷款等的利息。

计算基数:Σ(年初付息贷款本息累计+本年度付息贷款额÷2)×年利率。

4)基本预备费

(1)在进行技术设计、施工图设计和施工过程中,在批准的初步设计和概算范围内所增加的工程费用。

(2)在设备订货时,由于规格、型号改变的价差,材料货源变更、运输距离或方式的改变以及因规格不同而代换使用等原因发生的价差。

(3)在项目主管部门组织竣(交)工验收时,验收委员会(或小组)为鉴定工程质量必须开挖和修复隐蔽工程的费用。

计算基数:建筑安装工程费+土地使用及拆迁补偿费+工程建设其他费。

(二)工程量清单

(1)定义:招标单位按照有关规定将工程进行分解,所形成的工程数量表。

(2)作用:便于招标单位编制标底(招标控制价),为所有的投标人提供一个报价计算的共同基础,标价后的工程量清单、合同价格,是办理中期支付和结算以及处理工程变更计价、索赔的依据。

(3)组成:工程量清单说明、投标报价说明、计日工说明、其他说明,工程量清单。

(4)招标文件部分规定,工程量清单中所列工程数量是估算的或设计的预计数量,仅作为投标报价的共同基础,不能作为最终结算与支付的依据。

(5)工程量清单中所列工程量的变动,不会降低或影响合同条款的效力,也不会免除施工单位按规定的标准进行施工和修复缺陷的责任。

(6)图纸中所列的工程数量表及数量汇总表仅是提供的资料,不是工程量清单的外延。当图纸与工程量清单所列数量不一致时,以工程量清单所列数量作为报价的依据。

(三)工程计量

1. 类型

监理单位单独计量;施工单位独立计量;监理单位与施工单位联合计量。

2. 依据

(1)质量合格证书;

(2)工程量清单前言和工程量计量规则;

(3)设计图纸;

(4)测量数据。

3. 程序

(1)提交计量申请。

(2)发出计量通知。

(3)进行工程计量。

(4)复核工程计量结果。

(5)业主付款。

业主收到监理签认的支付证书后,按规定的时间支付费用给施工单位。

4. 内容

(1)工程量清单中的全部项目;

(2)合同文件中规定的项目;

(3)工程变更项目。

5. 时间

一般情况下,单价子目按月计量;总价子目计量周期按照批准的支付分解报告确定。

6. 方式与方法

1)方式

工程实地测量与实地勘察、图纸计算、现场记录资料和监理工程师的签认,三者结合。

2)方法

(1)断面法:用于取土坑和路堤土方的计量;

(2)图纸法:混凝土体积、钢筋长度、钻孔灌注桩的桩长等;

(3)钻孔取样法:主要用于道路面层结构的计量;

(4)分项计量法:根据工序或部位将一个项目分成若干子项,对完成的各子项计量支付;

(5)均摊法:对清单中的合同价按合同工期每月平均计量,适用于临时道路、桥梁的修建和养护,办公室的维修;

(6)凭证法:根据合同中要求施工单位提供的票据进行计量支付。

7. 公路工程各类分项工程的计量规则

《公路工程标准施工招标文件》(2018 年版・第三册)明确规定了工程计量规则。

(四)工程费用支付

1. 费用支付的基本原则

(1)支付必须以工程计量为基础。

(2)支付必须以技术规范和报价单为依据。

(3)支付必须及时。

(4)支付必须以日常记录和合同条款为依据。

(5)支付必须遵循严格的程序。

2. 付款证书和支付时间

1)进度付款证书和支付时间

14 天内完成核查,28 天内将进度应付款支付给施工单位,违约金支付时间从应付而未付该款额之日算起(不计复利)。

2)交工付款证书及支付时间

14 天内完成核查、审核完毕,将应支付款支付给施工单位;不按期支付的,按合同向施工单位支付违约金。

3)最终结清证书和支付时间

14 天内完成核查、审核完毕,将应支付款支付给施工单位。

3. 进度付款证书的最低金额

根据项目招标文件专用条款的规定执行。

4. 支付方法

按合同约定应增加和扣减的金额主要包括:增加和扣减的变更金额、增加和扣减的索赔金额、预付款和扣减的返还预付款、扣减和退还的质量保证金、根据合同应增加和扣减的其他金额。

5. 监理工程师在费用支付中的职责与权限

1)职责

监理工程师的主要职责就是核查付款申请单和出具付款证书。一方面,监理工程师必须按时核查施工单位的付款申请单,以便施工单位能够及时获得各种应收的款项;另一方面,监理工程师必须根据合同文件的要求和原则进行核查,向建设单位证明施工单位在每一阶段所完成各项工作的实际价值,为建设单位所支付的每一笔资金严格把关。总之,监理工程师只有站在公正的立场才能确保建设单位和施工单位双方的利益。

2)权限

(1)核查施工单位提交的各类付款申请单、向施工单位出具经监理工程师签认的付款证书。

(2)对付款证书中存在错漏或重复的,有权予以修正。

(3)对不符合技术规范和合同条款要求的工程子目和施工活动,有权暂时拒绝支付。

(4)复核需要进行价格调整的材料单价和采购数量。

(5)商定或确定变更单价和索赔所产生费用。

(6)其他有关支付方面的权力,例如,指示使用计日工、指令动用暂列金额以及有关质量保证金、按合同条款约定对工程量清单中所列的专业工程进行估价等。

6.常用支付表格

包括中期支付证书、付款申请、清单支付报表、合同工程月计量申报表、工程计量申请书、中间计量支付汇总表及其清单外支付项目的计算、汇总表等。

7.费用支付的清单支付项目和合同支付项目

清单支付项目:单价子目的支付、总价子目的支付、暂估价、暂列金额、计日工。

合同支付项目:开工预付款、材料设备预付款、质量保证金、工程变更费用、索赔费用、价格调整、逾期交工违约金、提前竣工奖金、逾期付款违约金。

1)开工预付款

开工预付款是一项由建设单位提供给施工单位,用做开工费用的提前付款。

施工单位签订了合同协议书并提交了预付款保函后,在当期支付证书中支付预付款的70%,在承诺的主要设备进场后,再支付30%。

除专用合同条款另有约定外,施工单位应在收到预付款的同时向建设单位提交预付款保函。

开工预付款在期中支付证书的累计金额未达到合同价格的30%之前不予扣回,在达到合同价格30%之后开始按工程进度以固定比例(即每完成合同价格的1%,扣回开工预付款的2%)分期从各月的期中支付证书中扣回,全部金额在期中支付证书的累计金额达到合同价格的80%时扣完。

2)工程变更

除专用合同条款另有约定外,在履行合同中发生以下情形之一,应按照通用合同条款有关规定进行变更:

(1)取消合同中任何一项工作,但被取消的工作不能转由建设单位或其他人实施,由于施工单位违约造成的情况除外。

(2)改变合同中任何一项工作的质量或其他特性。

(3)改变合同工程的基线、高程、位置或尺寸。

(4)改变合同中任何一项工作的施工时间或改变已批准的施工工艺或顺序。

(5)为完成工程需要追加的额外工作。

3)索赔

索赔是指在合同的履行过程中,作为合同中合法的权利一方,因对方不履行或未能正确履行合同所规定的义务而受到损失,向对方提出赔偿要求的过程。索赔分为时间索赔和费用索赔。

十三、安全生产管理的监理工作

(一)安全监理基本知识

1. 建设工程安全监理的相关法律法规和方针政策

1)法律法规

(1)《中华人民共和国安全生产法》;

(2)《建设工程安全生产管理条例》;

(3)《公路水运工程安全生产监督管理办法》;

(4)《安全生产事故隐患排查治理暂行规定》;

(5)《公路水路行业安全生产风险管理暂行办法》;

(6)《公路水路行业安全生产隐患治理暂行办法》;

(7)《公路水运工程生产安全事故应急预案》;

(8)《生产经营单位安全培训规定》;

(9)《生产安全事故应急预案管理办法》;

(10)《公路桥梁和隧道施工安全风险评估指南》《高速公路路堑高边坡工程施工安全风险评估指南》;

(11)《特种设备安全监察条例》;

(12)交通运输部、应急管理部关于发布《公路水运工程淘汰危及生产安全施工工艺、设备和材料目录》的公告等。

2)方针政策

(1)方针:安全第一,预防为主,综合治理。

(2)三同时:安全设施必须与主体工程同时设计、同时施工、同时投入生产和使用。

(3)四不放过:事故原因未查清不放过;事故责任人未受到处理不放过;事故责任人和周围群众没有受到教育不放过;事故没有制订切实可行的整改措施不放过。

3)规章制度

(1)施工安全技术措施审查制度;

(2)专项施工方案审查制度;

(3)安全事故隐患督促整改制度;

(4)重大安全隐患报告制度;

(5)按照强制性标准实施监理制度;

(6)安全生产条件审查制度;

(7)安全生产检查与评价制度;

(8)安全生产会议制度;

(9)安全生产专项费用审查制度;

(10)安全生产应急管理制度;

(11)特殊工种、特种设备复核制度;

(12)"平安工地"考核评价制度;

(13)生产安全事故报告制度；
(14)危险性较大工程安全监理制度；
(15)双重预防机制建设制度；
(16)夜间施工安全检查制度；
(17)安全生产责任制及考核制度；
(18)监理人员安全生产教育培训制度；
(19)“一岗双责”岗位责任制度；
(20)职业健康管理制度；
(21)交通安全管理制度；
(22)驻地安全管理制度；
(23)安全档案管理制度；
(24)安全生产信息报送制度；
(25)试验仪器设备安全操作规程；
(26)安全监理交底制度；
(27)安全生产许可制度；
(28)安全生产费用保障制度；
(29)安全生产管理机构和专职人员制度；
(30)特种作业人员持证上岗制度；
(31)安全技术措施制度；
(32)安全生产技术交底制度；
(33)消防安全责任制度；
(34)防护用品及设备管理制度；
(35)起重机械和设备设施验收登记制度；
(36)三类人员考核任职制度；
(37)安全事故应急救援制度；
(38)工艺、设备、材料的淘汰制度。

2.工程安全监理的依据和工作内容

1)依据

(1)国家法律法规及建设工程相关标准；
(2)建设工程勘察设计文件；
(3)建设工程监理合同及其他合同文件；
(4)行业工程施工安全技术规范，如《公路工程施工安全技术规范》(JTG F90—2015)。

2)工作内容

(1)工程开工前，监理工程师应审查施工单位编制的施工组织设计中的安全技术措施或专项施工方案是否符合工程建设强制性标准，应同时审查应急预案、桥梁和隧道等施工安全风险评估报告。对危险性较大工程的专项施工方案需要专家进行论证、审查的，应检查施工单位组织专家审查论证情况，审查合格后方可同意工程开工。

(2)监理工程师应审查分包合同中是否明确了施工单位与分包单位各自在安全生产方面

的责任,检查施工单位安全生产责任制、安全生产规章制度的建立和落实情况,以及重大危险源安全管理和生产安全事故隐患排查治理情况;核查施工单位项目负责人、专职安全生产管理员和特种作业人员资格,以及施工机械设备和设施的安全许可验收手续。

(3)监理工程师应检查监督施工单位是否按专项施工方案组织施工。若发现施工单位未按有关安全法律、法规和工程强制性标准施工,违规作业时,应予以制止。对危险性较大的工程作业等要定期巡视检查,如发现安全事故隐患,应立即书面指令施工单位整改;情况严重的应签发工程暂停令要求施工单位暂停施工,并及时报告建设单位。施工单位拒不整改或者不停止施工的,监理工程师应及时向有关主管部门报告。

(4)督促施工单位进行安全生产自查工作、落实施工生产安全技术措施,参加施工现场的安全生产检查。

(5)建立施工安全监理台账。监理机构应建立施工安全监理台账,并由专人负责。监理人员应将每次巡视、检查、旁站中,发现的涉及施工安全的情况、存在的问题、监理的指令及施工单位处理的措施和结果及时记入台账。总监理工程师和驻地监理工程师应定期检查施工安全监理台账记录情况。

(6)对照《交通运输安全生产重大风险清单》明确的重大风险,结合实际情况,深化细化实化重大风险清单及管控措施,建立各级重大风险基础信息清单、责任分工清单、防控措施清单、监测监控清单和应急处置清单等五个清单。

3.安全生产的管理原则和应处理好的五种关系

1)原则

(1)以人为本,坚持人民至上、生命至上,把保护人民生命安全摆在首位的原则;

(2)管行业必须管安全、管业务必须管安全、管生产经营必须管安全的原则;

(3)预防为主;

(4)动态安全管理;

(5)安全具有否决权;

(6)科学严谨、依法依规、实事求是、注重实效的事故调查处理原则。

2)安全生产应处理好的五种关系

(1)安全与危险并存;

(2)安全与生产的统一;

(3)安全与质量的包涵;

(4)安全与进度互保;

(5)安全与效益的兼顾。

4.监理机构应建立的五项安全管理制度

(1)安全技术措施监理审查制度;

(2)专项施工方案审查制度;

(3)安全隐患督促整改制度;

(4)重大安全隐患报告制度;

(5)法律法规与强制性标准实施监理制度。

(二)安全风险管理

1. 危险源、事故、损失、安全风险的概念

(1)危险源指可能导致人身伤害和(或)健康损害和(或)财产损失的根源、状态或行为,或它们的组合。

(2)事故指造成死亡、疾病、伤害、损坏或者其他损失的意外情况。

(3)损失是指由于一个或多个意外事件的发生,在某一特定条件和特定企业内外产生的多种损失的综合。

(4)安全风险是指生产安全事故或健康损害事件发生的可能性和后果的组合。

2. 事故五要素及其事故要素作用的七种组合

1)事故发生的五个基本要素

不安全状态、不安全行为、起因物、致害物、伤害方式。

2)事故要素作用的七种组合

E-型:不安全状态,不安全行为,起因物,致害物,伤害方式。

D-1 型:不安全状态,起因物,致害物。

D-2 型:不安全行为,起因物,致害物,伤害方式。

D-3 型:不安全状态,不安全行为,起因(致害)物,伤害方式。

C-1 型:不安全状态,起因(致害)物,伤害方式。

C-2 型:不安全行为,起因(致害)物,伤害方式。

B-型:不安全行为(起因、致害物),伤害方式。

3. 预防工程安全事故的基本方法

加强安全教育,做好安全交底,做好现场检查,做好安全技术对策。

4. 安全事故应急预案体系的构成

1)综合应急预案

综合应急预案,是指生产经营单位为应对各种生产安全事故而制定的综合性工作方案,是本单位应对生产安全事故的总体工作程序、措施和应急预案体系的总纲。

2)专项应急预案

专项应急预案,是指生产经营单位为应对某一种或者多种类型生产安全事故,或者针对重要生产设施、重大危险源、重大活动防止生产安全事故而制定的专项性工作方案。专项应急预案应制定明确的救援程序和具体的应急救援措施。

3)现场处置方案

现场处置方案,是指生产经营单位根据不同生产安全事故类型,针对具体场所、装置或者设施所制定的应急处置措施。现场处置方案应具体、简单、针对性强。现场处置方案应根据风险评估及危险性控制措施逐一编制,做到事故相关人员应知应会、熟练掌握,并通过应急演练做到迅速反应、正确处置。

5. 公路水运工程生产安全事故等级标准

公路水运工程生产安全事故是指在列入国家或地方基本建设计划的公路水运基础设施新

建、改建、扩建、拆除和加固活动中发生的生产安全事故。

事故按照人员伤亡、涉险人数、经济损失等因素,一般分为四级:特别重大(Ⅰ级)事故、重大(Ⅱ级)事故、较大(Ⅲ级)事故和一般(Ⅳ级)事故。根据生产安全事故造成的人员伤亡或者直接经济损失,事故一般分为以下等级:

(1)特别重大事故:造成30人以上死亡,或者100人以上重伤(包括急性工业中毒,下同),或者1亿元以上直接经济损失的事故。

(2)重大事故:造成10人以上30人以下死亡,或者50人以上100人以下重伤,或者5000万元以上1亿元以下直接经济损失的事故。

(3)较大事故:造成3人以上10人以下死亡,或者10人以上50人以下重伤,或者1000万元以上5000万元以下直接经济损失的事故。

(4)一般事故:造成3人以下死亡,或者10人以下重伤,或者1000万元以下直接经济损失的事故。

上述所称的"以上"包括本数,所称的"以下"不包括本数。

6. 事故隐患的分级、排查和治理

安全生产事故隐患(简称"事故隐患")是指违反安全生产法律、法规、规章、标准、规程和安全生产管理制度的规定,或者因其他因素在生产经营活动中存在可能导致重大事故发生的物的危险状态、人的不安全行为和管理上的缺陷。

(1)事故隐患分为一般事故隐患和重大事故隐患。

一般事故隐患是指危害和整改难度较小,发现后能够立即整改排除的隐患。重大事故隐患是指危害和整改难度较大,应当全部或者局部停产停业,并经过一定时间整改治理方能排除的隐患,或者因外部因素影响致使生产经营单位自身难以排除的隐患。

(2)隐患排查是指生产经营单位组织安全生产管理人员、工程技术人员和其他相关人员对本单位的事故隐患进行排查,并对排查出的事故隐患,按照事故隐患的等级进行登记,建立事故隐患信息档案。

(3)隐患治理就是指消除或控制隐患的活动或过程。对排查出的事故隐患,应当按照事故隐患的等级进行登记,建立事故隐患信息档案,并按照职责分工实施监控治理。对于一般事故隐患,由于其危害和整改难度较小,发现后应当由生产经营单位(企业、项目、班组等)负责人或者有关人员立即组织整改或者限期整改隐患。对于重大事故隐患,由生产经营单位主要负责人组织制定并实施事故隐患治理方案,在没有完成治理前,还要有临时性的措施和应急预案,治理完成后还要书面申请并接受审查。

7. 工程安全事故处理的依据和调查处理程序

1)工程安全事故处理的依据

(1)《中华人民共和国安全生产法》;

(2)《建设工程安全生产管理条例》;

(3)《安全生产许可证条例》;

(4)《公路水运工程安全生产监督管理办法》。

2)工程安全事故调查处理程序

(1)事故发生后及时报告;

(2)迅速抢救伤员并保护事故现场;

(3)组织事故调查组;

(4)进行现场勘查;

(5)分析事故原因、确定事故性质;

(6)写出事故调查报告;

(7)事故审理与结案。

(三)安全监理程序和主要内容

1.施工单位应编制安全专项施工方案的危险性较大的工程

根据《公路工程施工安全技术规范》(JTG F90—2015),需编制安全专项施工方案的工程(表1-2):

(1)基坑开挖、支护、降水工程;

(2)滑坡处理和填、挖方路基工程;

(3)基础工程;

(4)大型临时工程;

(5)桥涵工程;

(6)隧道工程;

(7)起重吊装工程;

(8)拆除、爆破工程。

监理工程师应对危险性较大的分部分项工程施工前的安全生产条件进行审核批复,并将审核结果报送建设单位。

危险性较大的工程　　表1-2

序号	类　别	需编制专项施工方案	需专家论证、审查
1	基坑开挖、支护、降水工程	(1)开挖深度不小于3m的基坑(槽)开挖、支护、降水工程; (2)深度小于3m但地质条件和周边环境复杂的基坑(槽)开挖、支护、降水工程	(1)深度不小于5m的基坑(槽)的土(石)方开挖、支护、降水; (2)开挖深度虽小于5m,但地质条件、周围环境和地下管线复杂,或影响毗邻建(构)筑物安全,或存在有毒有害气体分布的基坑(槽)的土方开挖、支护、降水工程
2	滑坡处理和填、挖方路基工程	(1)滑坡处理; (2)边坡高度大于20m的路堤或地面斜坡坡率陡于1:2.5的路堤,或不良地质地段、特殊岩土地段的路堤; (3)土质挖方边坡高度大于20m、岩质挖方边坡高度大于30m,或不良地质、特殊岩土地段的挖方边坡	(1)中型及以上滑坡体处理; (2)边坡高度大于20m的路堤或地面斜坡坡率陡于1:2.5的路堤,且处于不良地质地段、特殊岩土地段的路堤; (3)土质挖方边坡高度大于20m、岩质挖方边坡高度大于30m且处于不良地质地段、特殊岩土地段的挖方边坡

续上表

序号	类　别	需编制专项施工方案	需专家论证、审查
3	基础工程	(1)桩基础; (2)挡土墙基础; (3)沉井等深水基础	(1)深度不小于15m的人工挖孔桩或开挖深度不超过15m,但地质条件复杂或存在有毒有害气体分布的人工挖孔桩工程; (2)平均高度不小于6m且面积不小于1200m^{2}的砌体挡土墙的基础; (3)水深不小于20m的各类深水基础
4	大型临时工程	(1)围堰工程; (2)各类工具式模板工程; (3)支架高度不小于5m;跨度不小于10m,施工总荷载不小于10kN/m^2;集中线荷载不小于15kN/m; (4)搭设高度24m及以上的落地式钢管脚手架工程;附着式整体和分片提升脚手架工程;悬挑式脚手架工程;吊篮脚手架工程;自制卸料平台、移动操作平台工程;新型及异型脚手架工程; (5)挂篮; (6)便桥、临时码头; (7)水上作业平台	(1)水深不小于10m的围堰工程; (2)高度不小于40m墩柱、高度不小于100m索塔的滑模、爬模、翻模工程; (3)支架高度不小于8m;跨度不小于18m,施工总荷载不小于15kN/m^2;集中线荷载不小于不20kN/m; (4)50m及以上落地式钢管脚手架工程,用于钢结构安装等满堂承重支撑体系,承受单点集中荷载7kN以上; (5)猫道、移动模架
5	桥涵工程	(1)桥梁工程中的梁、拱、柱等构件施工; (2)打桩船作业; (3)施工船作业; (4)边通航边施工作业; (5)水下工程中的水下焊接、混凝土浇筑等; (6)顶进工程; (7)上跨或下穿既有公路、铁路、管线施工	(1)长度不小于40m的预制梁的运输与安装,钢箱梁吊装; (2)跨度不小于150m的钢管拱安装施工; (3)高度不小于40m的墩柱、高度不小于100m的索塔等的施工; (4)离岸无掩护条件下的桩基施工; (5)开敞式水域大型预制构件的运输与吊装作业; (6)在三级及以上通航等级的航道上进行的水上水下施工; (7)转体施工

续上表

序号	类　别	需编制专项施工方案	需专家论证、审查
6	隧道工程	(1)不良地质隧道； (2)特殊地质隧道； (3)浅埋、偏压及邻近建筑物等特殊环境条件隧道； (4)Ⅳ级及以上软弱围岩地段的大跨度隧道； (5)小净距隧道； (6)瓦斯隧道	(1)隧道穿越岩溶发育区、高风险断层、沙层、采空区等工程地质或水文地质条件复杂地质环境；Ⅴ级围岩连续长度占总隧道长度10%以上且连续长度超过100m；Ⅵ级围岩的隧道工程； (2)软岩地区的高地应力区、膨胀岩、黄土、冻土等地段； (3)埋深小于1倍跨度的浅埋地段；可能产生坍塌或滑坡的偏压地段；隧道上部存在需要保护的建筑物地段；隧道下穿水库或河沟地段； (4)Ⅳ级及以上软弱围岩地段跨度不小于18m的特大跨度隧道； (5)连拱隧道；中夹岩柱小于1倍隧道开挖跨度的小净距隧道；长度大于100m的偏压棚洞； (6)高瓦斯或瓦斯突出隧道； (7)水下隧道
7	起重吊装工程	(1)采用非常规起重设备、方法，且单件起吊重量在10kN及以上的起重吊装工程； (2)采用起重机械进行安装的工程； (3)起重机械设备自身的安装、拆卸	(1)采用非常规起重设备、方法，且单件起吊重量在100kN及以上的起重吊装工程； (2)起吊重量在300kN及以上的起重设备安装、拆卸工程
8	拆除、爆破工程	(1)桥梁、隧道拆除工程； (2)爆破工程	(1)大桥及以上桥梁拆除工程； (2)一级及以上公路隧道拆除工程； (3)C级及以上爆破工程、水下爆破工程

2. 施工准备阶段安全监理审查的内容

工程开工前，监理工程师应审查施工单位编制的施工组织设计中的安全技术措施或专项施工方案是否符合强制性标准规定，按照《公路水运工程平安工地建设管理办法》有关要求进行安全生产条件核查，审查合格后方可同意开工，审查的重点包括：

(1)安全管理和安全保证体系的组织机构，包括项目经理、专职安全管理人员、特种作业人员配备的数量及安全资格培训持证上岗情况。

(2)是否制定了施工安全生产责任制、安全管理规章制度、安全操作规程。

(3)施工单位的安全防护用具、机械设备、施工机具是否符合国家有关安全规定。

(4)是否制定了施工现场临时用电方案的安全技术措施和电气防火措施。

(5)施工现场布置是否符合有关安全要求。

(6)生产安全事故应急救援预案的制定情况，针对重点部位和重点环节制定的工程项目危险源监控措施和应急预案，施工安全风险评估报告情况。

(7)施工人员安全教育计划、安全交底安排。

(8)安全技术措施费用的使用计划。

3. 施工阶段安全监理的内容

(1)监督施工单位按照施工组织设计中的安全技术措施和专项施工方案组织施工,及时制止违规施工作业。

(2)定期巡视检查施工过程中的危险性较大工程专项施工方案的实施情况。

(3)核查施工现场施工起重机械、整体提升脚手架、模板等自升式架设设施和安全设施的验收手续。

(4)检查施工现场各种安全标志和安全防护措施是否符合强制性标准要求,并检查安全生产费用的使用情况。

(5)检查施工单位的安全事故隐患排查治理情况,督促施工单位进行安全自查工作,并对施工单位自查情况进行抽查,参加建设单位组织的安全生产专项检查。

(6)负责建立安全监理台账,包括每次巡视、检查、旁站中发现的涉及施工安全的情况、存在的问题、监理的指令及施工单位处理的措施和结果及时记入台账。

4. 监理工程师对施工过程巡视检查的重点

(1)检查施工单位在工程项目上的安全生产规章制度和安全监督机构的建立健全及专职安全生产管理人员配备情况,督促施工单位检查各分包单位的安全生产规章制度的建立情况。

(2)定期巡视检查施工过程中的危险性较大工程作业情况。

(3)核查施工现场施工起重机械、整体提升脚手架、模板等自升式架设设施和安全设施等验收记录,并由安全监理人员签收备案。

(4)检查施工现场各种安全标志和安全防护措施是否符合强制性标准要求,并检查安全生产费用的使用情况。

(5)监督施工单位按照施工组织设计中的安全技术措施和专项施工方案的组织施工,及时制止违章、违规施工作业。

(6)督促施工单位进行安全自查工作,抽查施工单位自查情况,参加建设单位组织的安全生产专项检查。

(7)定期检查监理计划、监理实施细则、旁站方案中所确定的工程安全生产的关键部位、关键环节,特别是可能发生高空坠落、坍塌、物体打击、机械伤害、触电的施工作业情况。

5. 监理计划中安全监理部分内容

监理计划中必须包含安全监理方案部分的内容。监理计划是开展建设工程安全监理活动的纲领性文件,是指导监理机构开展安全监理工作的指导性文件,直接指导监理机构的监理业务工作。

十四、环境保护管理的监理工作

1. 施工环境保护监理的概念及任务

施工环境保护监理是指监理单位受建设单位的委托,依据法律法规、环境影响评价文件、监理合同等,依法对施工单位在施工过程中影响环境的活动进行监督管理,确保各项环保措施满足公路施工环境保护的要求。

环境保护监理任务主要是对污染环境、破坏生态的行为进行监督管理(环保达标);对配套环保工程进行监理。

2. 公路施工期对环境的影响因素

(1)对生态环境的影响因素:水土流失、植被破坏。

(2)对声环境的影响因素:夜间机械噪声、行车噪声。

(3)对水环境的影响因素:生活、施工水污染。

(4)对大气环境的影响因素:扬尘、废气等。

(5)对社会环境的影响因素:城镇公路施工围挡、文明施工措施、绿化工程、临时用地、农田设施破坏等。

3. 施工环境保护监理的工作内容及方式

(1)环保监理人员对施工活动中的环境保护工作按照施工进程实施动态监理。工程环境监理的工作方式以巡视为主,以便及时调整环保监控力度。环保工程监理在质量、安全、合同、计量到支付等方面都与其他工程监理相似。

(2)监理过程中如发现环境污染和生态破坏等情况,监理工程师应立即通知施工单位限期整改。

(3)一般性或操作性的问题可以采取口头通知形式。口头通知无效或有污染隐患时,应签发书面的监理通知,要求施工单位整改,并根据施工单位的书面回复检查整改结果,严重的环境问题,还应同时向建设单位汇报。如整改情况不理想,可以发布停工指令。

4. 施工环境保护监理的工作制度

(1)日常工作制度;

(2)例会制度;

(3)报告制度(月报或年报);

(4)文件审核、审批制度;

(5)函件来往制度;

(6)人员培训制度;

(7)工作记录制度。

5. 公路施工环境保护监理文件

(1)监理计划中施工环境保护内容;

(2)施工环境保护监理工作形式的文件;

(3)监理总结报告中施工环境保护内容。

6. 施工环境保护的监理工作

(1)施工准备阶段的环境保护监理工作:

①参加设计交底,熟悉环评报告和设计文件,了解工程建设项目的具体环保目标。

②审查施工单位的施工组织设计和开工报告,审查施工组织设计中是否按施工合同约定制定了防止、减少环境污染和生态破坏的措施。对环保实施方案提出审查意见。

③审查施工单位的临时用地方案是否符合环保要求,临时用地的恢复计划是否可行。

④审查施工单位的环保管理体系是否责任明确,切实有效。

⑤参加第一次工地会议,对工程建设项目的环保目标和环保措施提出要求。

(2)施工阶段的环境保护监理工作:

监理工程师在巡视、旁站中,应随时检查施工单位制定的环境保护措施的落实情况,如发现施工中存在违反有关环保规定、未按合同要求落实环保措施的情况,监理工程师应书面指令施工单位整改;情况严重的应签发工程暂停令要求施工单位暂时停工,并及时报告建设单位。

监理人员应检查施工单位环保措施的落实情况,包括下列主要内容:

①是否落实了施工环保责任人,是否对施工人员进行了环保教育。

②施工场地布设、材料堆场设置和公路废旧材料处理是否符合环保要求。

③施工通道、临时便道、料场等在干燥易扬尘时是否洒水降尘。

④施工废渣、废料、废水和生活垃圾等的处置是否符合设计要求。

⑤是否落实水土保持措施,是否在拟定的取弃土场作业,取弃土完工后是否进行了防护和植被恢复。

(3)交、竣工阶段的环境保护监理工作:

①整理施工环境保护监理竣工资料。

②编制工程环境保护监理总结报告。

③提出工程试运行前所需的环保部门的各种批件,并予以协助办理。

④收集保存竣工环保验收时所需的资料。

(4)缺陷责任期监理工作:

①监理工程师定期检查施工单位对环保遗留问题整改计划的实施,并根据工程具体情况建议施工单位对整改计划进行调整。

②监理工程师检查已实施的环保达标工程和环保工程,对交工验收后发生的环保问题或工程质量缺陷及时进行调查和记录,并指示施工单位进行环境恢复或工程修复。

③监理工程师督促施工单位按合同及有关规定完成环保施工资料。

(5)环境监测工作:

施工期的环境监测工作由建设单位委托有资质的环境监测单位开展,也称外部监督监测;环保监理工程师根据需要收集监测数据,对常规污染因子及突发污染事故进行监测,也称内部监理监测。

一般定期监测的项目为空气质量,包括二氧化氮(NO_2)、一氧化碳(CO)、总悬浮颗粒物(TSP)三项,必要时可以监测二氧化硫(SO_2)。

(6)对绿化工程、声屏障工程、城镇公路施工围挡等环保工程施工质量进行检查、验收。

(7)其他环保措施的监理。

十五、工程文件档案管理、交(竣)工资料编制

1. 基本要求

(1)监理资料应随监理过程及时归集,系统化整理,按规定组卷、编列案卷目录。监理

资料是过程记录，随着工程实施进展，在监理工作过程中要及时、完整、系统的归集和整理。

(2)监理资料的分类、系统化排列、卷内目录和案卷目录等参照有关档案管理规定。

监理单位监理资料专职人员随工程监理过程要及时按监理资料类别、具体资料名称进行梳理。

(3)按照涉及工程的范围，监理资料按照类别归集，要以合同段、单位工程、分部工程、分项工程划分，施工顺序等进行系统排列。

公路工程监理资料包括监理管理文件、质量监理文件、安全监理文件、环保监理文件、费用与进度监理文件、合同事项管理，以及监理日志、巡视记录、旁站记录、监理月报、监理工作报告等其他监理文件和影像资料。

根据公路工程竣工文件材料立卷归档管理的规定，组成的案卷划分为永久、长期、短期三种保管期限，并依据交通运输部门有关保密规定，标明案卷密级；按照公路工程竣工文件材料立卷归档管理办法的要求及公路工程建设主管部门或建设单位编制的工程资料管理办法进行组卷、编列案卷目录。

(4)卷内文件材料按以下要求进行排列：

①管理型文件材料按问题或重要程度排列。

②技术文件材料按管理、依据、施工记录、检测试验、评定、证明顺序排列。

③设备文件材料按依据、设备开箱验收、随机图样、设备安装调试和设备运行维修等材料排列。

④竣工图按里程桩号、专业、图号排列。

⑤卷内文件材料一般文字材料在前，图样在后。

(5)案卷应由案卷封面和卷脊、卷内文件目录、卷内文件及备考表组成。

(6)案卷封面项目组成：

①案卷题名，应包括公路工程建设项目的名称、起讫里程。单位工程(含分部分项工程)名称及文件名称，如属桥梁、隧道等工程项目，还应同时标明结构、部位的名称。案卷题名应能准确反映出案卷的基本内容。

②编制单位，是指案卷形成单位。

③编制日期，是指案卷形成日期。

④保管期限，填写其划定的保管期限。

⑤密级，依据保密规定填写。

⑥档号，填写档案分类号和案卷顺序号。

(7)卷内文件目录组成：

①顺序号，填写文件排列的顺序号，用阿拉伯数字从1起依次标注。

②文件编号或图样图号，填写文件材料的原始编号或图号。

③责任者，填写文件材料的直接形成部门或主要责任人，可采取通用的标准简称。

④文件题名，应填写文件材料标题的全称，没有标题的或标题不能说明文件材料内容的，应自拟标题。

⑤日期，是指文件材料的形成日期。

⑥页次,填写每份文件首页上标注的页号,最终标注起止号。页号的编号方法是在有文字或图样材料正面的右下角、反面的左下角填写页号。如所归档文件属符合档案保管要求的成本成册的材料,已编有页号的只需在卷内文件目录页次中填写册数。

(8)卷内目录排列在卷内文件材料的首页之前。

(9)备考表排列在卷内文件材料的尾页之后。其内容应标明卷内文件材料的件数、页数以及在组卷和案卷使用过程中需要说明的问题。

(10)归档文件材料,必须书写工整,字迹、线条清楚,纸张便于长期保管,格式统一。禁止使用圆珠笔、铅笔等字迹不易长久保存的书写工具书写。凡由易褪色书写材料制成的文件材料应复印保存。

2. 监理档案的存放、保管和移交

监理资料移交时间参见公路工程验收办法、建设项目文件材料立卷归档管理办法等的规定,以及交、竣工验收和档案专项验收的要求。

1)监理档案存放和保管

(1)监理资料管理人员应经过专业培训,具备相应专业知识与工作能力。

(2)监理资料管理人员调离该岗位之前,必须进行工作交接,留有交接记录,确保监理资料文件管理的延续性。

(3)监理资料应保存在固定地点,环境适宜,防止损坏和丢失。保存地点如需调整,总监理工程师应安排专人在监理资料转移前后分别对监理资料进行清点并留存记录。

2)监理档案移交

(1)监理单位应将工程监理资料按合同约定的时间、套数移交给建设单位,并办理移交手续。

(2)属于档案馆接收范围的工程监理档案文件,由建设单位汇总,监理单位要参加由档案管理部门对工程监理档案资料进行的预验收。

3. 未列入监理资料归档的其他监理文件

监理工作中,尚有许多过程记录、管理文件和影像资料等没有列入监理资料要求进行归档和提交,监理单位也要负责分类整理保存,并根据需要在竣工前移交建设单位。

1)未列入监理资料归档的监理资料整理

按照《交通档案管理办法》及《公路建设项目文件材料立卷归档管理办法》的相关要求,对未列入监理资料归档的监理资料进行分类整理。

2)监理资料提交

监理单位将整理的未列入监理资料归档的监理资料,按时向建设单位提交,并办理移交手续。

4. 公路工程项目文件归档范围(监理部分)

根据《公路工程竣(交)工验收办法实施细则》(交公路发〔2010〕65 号)文件附件 2“公路工程项目文件归档范围　第三部分　监理资料”,包括以下内容:

(1)监理管理文件;

(2)工程质量控制文件:质量控制措施、规定及往来文件,监理独立抽检资料,交工验收工程质量评定资料;

(3)工程进度计划管理文件;

(4)工程合同管理文件;

(5)其他文件;

(6)其他资料,如监理日志,安全监理日志,测量原始记录,会议记录、纪要,工程照片,音像资料。监理单位及人员情况,各级监理人员的工作范围、责任划分、工作制度等。

十六、工程合同及其他事项的管理

(一)工程变更

1. 工程变更规定

监理单位应按下列规定处理工程变更:

(1)监理单位应按权限审核、办理施工单位提出的工程变更申请。

(2)对涉及修改工程设计文件的工程变更,应报建设单位组织处理。

(3)监理单位可向建设单位提出工程设计变更的建议。

(4)监理单位可对建设单位要求的工程变更提出意见。

(5)由于工程变更发生的费用变化应按施工合同约定执行。

2. 工程变更内容

包括施工变更和设计变更。

由监理单位提出工程变更建议的,向建设单位提出书面变更建议,说明建议工程变更的范围和内容、理由,以及实施该变更对合同价格和工期的影响。建设单位同意变更的,由监理单位向施工单位发出变更指令。建设单位不同意变更的,监理单位无权擅自发出变更指令。

3. 工程变更程序和步骤

当某一方提出工程变更时,监理单位可按如下程序和步骤处理。

(1)接受变更提出方的工程变更通知或申请。工程变更通知或申请应以书面形式为准。

(2)监理单位根据合同规定处理工程变更,其主要内容包括:

①变更工程项目、部位或合同文件的某些内容;

②变更原因、依据及有关文件、图纸、资料等;

③工程变更对质量、进度、费用、施工环境及相关方面影响的评价;

④工程变更的相关合同事宜;

⑤施工单位根据此变更安排组织施工等方面的建议;

⑥施工单位提交此项工程变更的费用估价报告。

(3)搜集资料,调查现场。监理单位根据工程变更通知或申请,应搜集相关的合同文件、水文地质、地形、施工记录及有关的法规、规定等资料,并对施工现场进行调查。

(4)工程变更核查。监理单位以施工合同和实际调查取得的资料为依据,对工程变更进行核查。核查内容主要包括:工程变更设计图纸和相关基础资料,以及工程变更对环境和相关方面的影响;工程变更施工方案及其对相关工程施工以及工期的影响;计算变更工程单价,评价工程变更对工程总合同造价的影响。

工程变更的核查工作,一般由专业监理工程师与合同监理工程师承担,根据建设单位对监理单位的授权由驻地监理工程师审核(或审定)或总监理工程师审核(或审定),工程变更审核意见报建设单位备案(或审定)。

(5)协商价格。监理单位应根据施工单位提交的工程变更费用估价报告,会同建设单位和施工单位就工程变更费用评审及确定支付单价进行协商,对协商一致的单价可确定为工程支付单价。

变更的估价原则为:除专用合同条款另有约定外,因变更引起的价格调整按照以下方式处理。①已标价工程量清单中有适用于变更工作的子目的,采用该子目的单价。②已标价工程量清单中无适用于变更工作的子目,但有类似子目的,可在合理范围内参照类似子目的单价,由监理人按通用合同条款第3.5款商定或确定变更工作的单价。③已标价工程量清单中无适用或类似子目的单价,可按照成本加利润的原则,由监理人按通用合同条款第3.5款商定或确定变更工作的单价。

(6)签发工程变更令。经审查工程变更资料齐全、变更要求合理、变更工程单价确定,并按监理服务协议授权和监理制度规定完备了有关手续,总监理工程师应及时签发工程变更令。

4.设计变更类别、审批权限及申报资料

按《公路工程设计变更管理办法》(交通部令2005年第5号),公路工程设计变更分为重大设计变更、较大设计变更和一般设计变更。

(1)有下列情形之一的属于重大设计变更:

①连续长度10km以上的路线方案调整的;

②特大桥的数量或结构形式发生变化的;

③特长隧道的数量或通风方案发生变化的;

④互通式立交的数量发生变化的;

⑤收费方式及站点位置、规模发生变化的;

⑥超过初步设计批准概算的。

(2)有下列情形之一的属于较大设计变更:

①连续长度2km以上的路线方案调整的;

②连接线的标准和规模发生变化的;

③特殊不良地质路段处置方案发生变化的;

④路面结构类型、宽度和厚度发生变化的;

⑤大中桥的数量或结构形式发生变化的;

⑥隧道的数量或方案发生变化的;

⑦互通式立交的位置或方案发生变化的;

⑧分离式立交的数量发生变化的;

⑨监控、通信系统总体方案发生变化的;

⑩管理、养护和服务设施的数量和规模发生变化的;

⑪其他单项工程费用变化超过 500 万元的；

⑫超过施工图设计批准预算的。

(3)一般设计变更是指除重大设计变更和较大设计变更以外的其他设计变更。

(4)重大设计变更由交通运输部负责审批。较大设计变更由省级交通运输主管部门负责审批。项目法人负责对一般设计变更进行审查,并应当加强对公路工程设计变更实施的管理。

(5)提交设计变更资料的要求:

①接收工程设计变更申请表(施工单位及监理机构用工程联系单),应具备以下资料(申请表的附件):设计变更申请书,包括拟变更设计的工程名称、工程的基本情况、原设计单位、设计变更提出人、设计变更的类别、变更的主要内容、变更的主要理由等。

②对设计变更申请的调查核实情况,合理性论证情况。

③有关部门要求提交的其他资料。

(6)报送设计变更文件时应提交的材料:

①设计变更申请(有关单位对设计变更申请的批复意见);

②设计变更说明;

③设计变更的勘察设计图纸及原设计相应图纸;

④工程量、投资变化对照清单和相关投资费用计算文件;

⑤影像资料及其他有效支撑性材料。

5. 设计变更费用的确定

(1)变更工程费用应严格按合同约定的计算办法进行核算,确定工程设计变更新增单价执行工程项目的相关规定。

(2)实行施工总承包,除出现以下情形外,增加费用由建设单位负责支付给施工单位,减少费用则从施工单位总承包费用中扣减。

①发生不可抗力。

②国家、省级政府重大政策调整。

③地方政府提出的合理可行的变更申请(如增加天桥、通道等),经建设单位同意实施的设计变更。

④建设单位对建设内容、标准等设计方案有重大调整或变更的,且单个方案变更投资规模增减超过 500 万元。

⑤受地质等自然条件制约,并经上级交通运输主管部门确定,有重大技术调整,且单个方案变更投资规模增减超过 500 万元。

⑥涉及减少或增加费用的各类变更,必须经建设单位同意。

(3)如建设单位要求进行变更而施工单位未执行的,或施工单位擅自变更减少的,建设单位将从施工单位总承包费用中扣减相应金额。同时要求施工单位及时完善该减少费用的变更资料。

(4)按照施工合同约定或依据法规规定的程序经过审批的设计变更,产生的变更费用纳入决算,其他设计变更产生的费用则包括在项目合同总承包费用中。

6. 设计变更管理

(1)所有设计变更均应严格按照合同文件规定及相关政策、法规的规定履行、办理变更手续,完善设计变更资料,并将变更文件整理归档。

(2)设计变更的勘察设计一般由原勘察设计单位承担。经原勘察设计单位书面同意,也可选择其他具有相应资质的勘察设计单位承担;在特殊情况下,为保证工程进度或使设计变更工程的按时完工,建设单位有权选择其他有相应资质的勘察设计单位进行变更设计。设计变更勘察设计单位应当及时完成勘察设计,形成设计变更文件,并对设计变更文件承担相应责任。

(3)设计变更工程的施工原则上由原施工单位承担。原施工单位不具备承担设计变更工程的施工资质或能力时,建设单位可按相关规定选择具有相应资质和能力的其他施工单位承担。

(4)设计变更经建设单位审查批准后,由总监理工程师签发设计变更令。

(5)工程变更会议。施工单位向监理机构申请,监理机构审查确认后报建设单位,建设单位组织监理机构、勘察设计代表、施工单位等召开专题会议,必要时邀请相关专家参加会议,与会人员经充分讨论,达成共识,形成会议纪要。

(二)费用索赔

监理机构应受理施工单位在索赔事件首次发生的28天内提交的费用索赔意向通知书,收集整理与索赔有关的资料,对索赔原因、费用测算等进行审核,编制费用索赔审核意见报告报建设单位。

费用索赔的分类:施工单位提出的费用索赔(建设单位违约);建设单位提出的费用索赔(施工单位违约)。有关费用索赔和豁免的规定是施工合同和费用管理的重要内容,总监办的职责应按合同约定进行。

1.费用索赔的提出

施工单位根据合同的有关约定,通过监理机构向建设单位索要合同价以外的费用或工期,作为对自身经济利益损失和影响的补偿。

2.费用索赔的申报程序

施工单位费用索赔的申报程序:提出费用索赔意向、按期提供清单、正式上报费用索赔申请。

1)提出费用索赔意向

施工单位应在知道或应当知道索赔事件发生后28天内,向监理人递交索赔意向通知书,并说明发生索赔事件的事由。

施工单位的书面费用索赔意向书需要阐述原因和保留费用索赔的权利,即完成了费用索赔的意向通知。

如果施工单位没有将费用索赔意向按规定时间通知监理机构,监理机构不接受该项费用索赔要求。

如果施工单位按规定通知了监理机构,监理机构应调查费用索赔原因,做好记录,并采取必要措施,避免索赔事态扩大或减少索赔费用。

2)按期提供清单

施工单位在费用索赔意向通知监理机构后,应按期向监理机构提交一份清单,详细说明施工单位认为应得的额外费用以及按总监的指示所进行的附加工作等，直至费用索赔事件结束。

3）正式上报费用索赔申请

在索赔事件影响结束后的28天内，施工单位应向监理人递交最终索赔通知书，说明最终要求索赔的追加付款金额和延长的工期，并附必要的记录和证明材料。正式的费用索赔申请必须填报费用索赔申请报表，并附上费用索赔事件的详细说明，与之相关的费用索赔意向通知书，有关的函件、图纸、报告、照片、分析计算书、试验室的试验结果等。如果施工单位的正式费用索赔申请中没有详细的证明材料，监理机构应要求施工单位补充详细的资料。

3. 费用索赔的审批程序

监理机构在做出费用索赔审批之前，应组织建设单位与施工单位协商确定索赔事宜。

监理机构在收到施工单位的费用索赔意向通知后，及时进行费用索赔事件的调查、原始资料的收集，调查费用索赔发生的原因、时间以及经过，做好详细记录，并要求施工单位提供有关资料、记录、数据等索赔相关证明材料。

监理机构提出审查意见报建设单位审核，经建设单位与施工单位协商确定生效。

4. 处理费用索赔的一般方法

费用索赔涉及并非施工单位自身原因或施工单位应承担的风险所造成的经济损失，所以在处理费用索赔时，监理机构应对施工单位所申报索赔的发生经过、原因和有关的合同依据以及索赔费用等进行详细审查。

1）搜集资料、做好记录

在处理费用索赔时，监理机构应首先审查其费用索赔的事件是否发生、发生的原因是什么、施工单位和监理机构曾经采取了什么措施等。上述调查主要依据监理工程师的工地记录等原始资料进行。

2）查证合同依据

经调查如果施工单位所申报的费用索赔事件确实发生，则应查证合同依据，根据合同条款并结合技术规范等有关规定，对费用索赔事件的发生经过、原因做进一步的认证，以证实由非施工单位自身原因或施工单位应承担的风险所致。

3）计算索赔费用

如果施工单位的费用索赔申请事实成立，且符合合同文件的规定，就应对施工单位的索赔费用进行审查，通过监理工程师计算确定索赔的金额。索赔费用的计算包括两部分内容，即数量和费率。

对于施工单位所申报的费用索赔，应审查监理机构和施工单位的原始记录，审核是否有事实依据，凡是没有事实依据以及由于施工单位自身原因所造成的费用索赔数量均不予考虑。

5. 确定费率和计算索赔费用

1）采用工程量清单中的单价

对于索赔项目与工程量清单中某项目的性质一致或基本一致的索赔费用，可采用工程量清单中的单价（扣除利润等费率）或从工程量清单中有关单价推算出的价格（扣除利润等费率）计算索赔费用。

2)采用协商费率

协商费率就是在监理机构的参与下,由建设单位与施工单位根据交通运输部及行业、地方正式颁布的有关定额或有关标准,如交通运输部颁布的《公路工程预算定额》(JTG/T 3832—2018)等协商,采用一个各方均认可的费率来计算索赔费用。

3)按有关票据计算

在计算索赔费用时,对于一些在费用索赔事件发生期间,施工单位实际直接发生的且不需要采用费率来计算的费用,可按施工单位出示的正式票据中的金额进行计算,如水电费、设备的租用费等。

4)确定索赔金额

监理机构在确认工程量后,签署延期与索赔批复文件,并签认中期支付证书予以支付。

(三)工程延期

监理机构应对符合施工合同约定的延期意向或事件进行现场调查,并应在施工单位提出工程延期申请后,对延期原因和拟采取措施等进行审核并报建设单位。

(1)监理机构批准符合施工合同约定的工程延期应同时满足下列条件:

①施工单位在施工合同约定的期限内提出工程延期。

②因非施工单位原因造成施工进度滞后。

③施工进度滞后影响施工合同约定的工期。

(2)对符合施工合同约定的工程延期意向或事件,监理机构应及时安排监理人员进行现场调查,分析原因,评估影响,做好监理记录。

(3)适时召开专题会议进行讨论、研究,并形成会议纪要。

(4)施工单位提出工程延期申请后,监理机构依据监理记录、有关会议的会议纪要,审核延期申请文件,分析延期原因,提出审核意见报建设单位。

(5)对于施工单位自身原因造成的延期,在分析延期原因和评估其对工期的影响的基础上,签发监理指令单要求施工单位采取有效措施,加快工程进度,保证合同工期,并报建设单位。

(四)施工分包管理

1.公路工程施工分包管理的规定

1)分包的条件

(1)鼓励公路工程施工进行专业化分包,但必须依法进行。禁止施工单位以劳务合作的名义进行施工专业分包。

(2)施工单位可以将适合专业化队伍施工的专项工程分包给具有相应资格的单位。不得分包的专项工程,建设单位应当在招标文件中予以明确。

(3)分包人不得将承接的分包工程再进行分包。

(4)根据《公路工程施工分包管理办法》(交公路规〔2021〕5号),分包人应当具备如下条件:

具有经工商登记的法人资格;具有与分包工程相适应的注册资金;具有从事类似工程经验

的管理与技术人员;具有(自有或租赁)分包工程所需的施工设备。

(5)施工单位对拟分包的专项工程及规模,应当在投标文件中予以明确。

未列入投标文件的专项工程,施工单位不得分包。但因工程变更增加了有特殊性技术要求、特殊工艺或者涉及专利保护等的专项工程,且按规定无须再进行招标的,由施工单位提出书面申请,经建设单位书面同意,可以分包。

2)分包合同备案

施工单位和分包人应当按照交通运输主管部门制定的统一格式依法签订分包合同,并履行合同约定的义务。分包合同必须遵循承包合同的各项原则,满足承包合同中的质量、安全、进度、环保以及其他技术、经济等要求。施工单位应在工程实施前,经监理工程师审查同意后的分包合同报建设单位备案。

3)转包、违法分包的认定条件

禁止将承包的公路工程进行转包。

施工单位未在施工现场设立项目管理机构和派驻相应人员对分包工程的施工活动实施有效管理,并且有下列情形之一的,属于转包:

(1)施工单位将承包的全部工程发包给他人的;

(2)施工单位将承包的全部工程肢解后以分包的名义分别发包给他人的;

(3)法律、法规规定的其他转包行为。

4)公路工程禁止违法分包

有下列情形之一的,属于违法分包:

(1)施工单位未在施工现场设立项目管理机构和派驻相应人员对分包工程的施工活动实施有效管理的;

(2)施工单位将工程分包给不具备相应资格的企业或者个人的;

(3)分包人以他人名义承揽分包工程的;

(4)施工单位将合同文件中明确不得分包的专项工程进行分包的;

(5)施工单位未与分包人依法签订分包合同或者分包合同未遵循承包合同的各项原则,不满足承包合同中相应要求的;

(6)分包合同未报建设单位备案的;

(7)分包人将分包工程再进行分包的;

(8)法律、法规规定的其他违法分包行为。

2. 工程分包的监理审查

(1)监理机构审查工程分包计划和合同时,依据如下:

①施工单位对拟分包的专项工程及规模,在投标文件中予以明确的情况统计表。

②建设单位在招标文件中予以明确不得分包的专项工程的统计表。

(2)监理机构依据建设单位在招标文件中予以明确不得分包的专项工程,不得同意施工单位将这类工程进行分包的计划和拟签署的合同。

(3)监理机构依据施工单位在投标文件中未予以明确分包的专项工程,不同意施工机构将这类工程进行分包的计划和拟签署的合同。

监理机构依据施工单位在投标文件中予以明确分包的专项工程,审查施工单位提交的分包人的条件,分包人条件不满足的,不同意这类工程的分包计划和拟签署的合同。

(4)因工程变更增加了有特殊性技术要求、特殊工艺或者涉及专利保护等的专项工程,且按规定无须再进行招标的,由施工单位提出书面申请,经建设单位书面同意,可以分包。

(5)在监理过程中,发现施工单位有转包和违法分包行为的,监理机构应及时签发监理工作指令,要求施工单位纠正并同时报建设单位。

十七、工程参与各方的质量、安全责任和义务

1.质量管理责任和义务

全面落实参与各方的工程质量责任,特别要强化建设单位的首要责任和勘察、设计、施工单位的主体责任。严格执行工程质量终身责任制,健全企业负责、政府监管、社会监督的工程质量安全保障体系。

(1)各从业单位应当建立健全工程质量保证体系,制定质量管理制度,强化工程质量管理措施,完善工程质量目标保障机制。公路水运工程施行质量责任终身制。建设、勘察、设计、施工、监理等单位应当书面明确相应的项目负责人和质量负责人。从业单位的相关人员按照国家法律法规和有关规定在工程合理使用年限内承担相应的质量责任。

(2)建设单位对工程质量负管理责任,应当科学组织管理,落实国家法律、法规、工程建设强制性标准的规定,严格执行国家有关工程建设管理程序,建立健全项目管理责任机制,完善工程项目管理制度,严格落实质量责任制。

建设单位应当与勘察、设计、施工、监理等单位在合同中明确工程质量目标、质量管理责任和要求,加强对涉及质量的关键人员、施工设备等方面的合同履约管理,组织开展质量检查,督促有关单位及时整改质量问题。

(3)施工单位对工程施工质量负责,应当按合同约定设立现场质量管理机构、配备工程技术人员和质量管理人员,落实工程施工质量责任制。

施工单位应当严格按照工程设计图纸、施工技术标准和合同约定施工,对原材料、混合料、构配件、工程实体、机电设备等进行检验;按规定进行班组自检、工序交接检、专职质检员检验的质量控制程序;对分项工程、分部工程和单位工程进行质量自评。检验或者自评不合格的,不得进入下道工序或者投入使用。

施工单位应当加强施工过程质量控制,并形成完整、可追溯的施工质量管理资料,主体工程的隐蔽部位施工还应当保留影像资料。对施工中出现的质量问题或者验收不合格的工程,应当负责返工处理;对在保修范围和保修期限内发生质量问题的工程,应当履行保修义务。

(4)勘察、设计、施工单位应当依法规范分包行为,并对各自承担的工程质量负总责,分包单位对分包合同范围内的工程质量负责。

(5)监理单位对施工质量负监理责任,应当按合同约定设立现场监理机构,按规定程序和标准进行工程质量检查、检测和验收,对发现的质量问题及时督促整改,不得降低工程质量标准。

公路水运工程交工验收前,监理单位应当根据有关标准和规范要求对工程质量进行检查

验证,编制工程质量评定或者评估报告,并提交建设单位。

(6)施工、监理单位应当按照合同约定设立工地临时试验室,严格按照工程技术标准、检测规范和规程,在核定的试验检测参数范围内开展试验检测活动。

施工、监理单位应当对其设立的工地临时试验室所出具的试验检测数据和报告的真实性、客观性、准确性负责。

2.安全生产责任和义务

(1)从业单位应当建立健全安全生产责任制,明确各岗位的责任人员、责任范围和考核标准等内容。从业单位应当建立相应的机制,加强对安全生产责任制落实情况的监督考核。

(2)建设单位对公路水运工程安全生产负管理责任。依法开展项目安全生产条件审核,按规定组织风险评估和安全生产检查。根据项目风险评估等级,在工程沿线受影响区域作出相应风险提示。

建设单位不得对勘察、设计、监理、施工、设备租赁、材料供应、试验检测、安全服务等单位提出不符合安全生产法律、法规和工程建设强制性标准规定的要求。不得违反或者擅自简化基本建设程序。不得随意压缩工期。工期确需调整的,应当对影响安全的风险进行论证和评估,经合同双方协商一致,提出相应的施工组织和安全保障措施。

(3)监理单位应当按照法律、法规、规章、工程建设强制性标准和合同文件进行监理,对工程安全生产承担监理责任。

监理单位应当审核施工项目安全生产条件,审查施工组织设计中安全措施和专项施工方案。在实施监理过程中,发现存在安全事故隐患的,应当要求施工单位整改;情节严重的,应当下达工程暂停令,并及时报告建设单位。施工单位拒不整改或者不停止施工的,监理单位应当及时向有关主管部门书面报告,并有权拒绝计量支付审核。

监理单位应当如实记录安全事故隐患和整改验收情况,对有关文字、影像资料应当妥善保存。

(4)施工单位应当按照法律、法规、规章、工程建设强制性标准和合同文件组织施工,保障项目施工安全生产条件,对施工现场的安全生产负主体责任。施工单位主要负责人依法对项目安全生产工作全面负责。

建设工程实行施工总承包的,由总承包单位对施工现场的安全生产负总责。分包单位应当服从总承包单位的安全生产管理,分包单位不服从管理导致生产安全事故的,由分包单位承担主要责任。

施工单位应当推进本企业承接项目的施工场地布置、现场安全防护、施工工艺操作、施工安全管理活动记录等方面的安全生产标准化建设,并加强对安全生产标准化实施情况的自查自纠。

施工单位应当根据施工规模和现场消防重点建立施工现场消防安全责任制度,确定消防安全责任人,制定消防管理制度和操作规程,设置消防通道,配备相应的消防设施、物资和器材。

施工单位对施工现场临时用火、用电的重点部位及爆破作业各环节应当加强消防安全检查。

施工单位应当将专业分包单位、劳务合作单位的作业人员及实习人员纳入本单位统一管理。新进人员和作业人员进入新的施工现场或者转入新的岗位前,施工单位应当对其进行安全生产培训考核。

施工单位采用新技术、新工艺、新设备、新材料的,应当对作业人员进行相应的安全生产教育培训,生产作业前还应当开展岗位风险提示。

施工单位应当建立健全安全生产技术分级交底制度,明确安全技术分级交底的原则、内容、方法及确认手续。

分项工程实施前,施工单位负责项目管理的技术人员应当按规定对有关安全施工的技术要求向施工作业班组、作业人员详细说明,并由双方签字确认。

施工单位应当按规定开展安全事故隐患排查治理,建立职工参与的工作机制,对隐患排查、登记、治理等全过程闭合管理情况予以记录。事故隐患排查治理情况应当向从业人员通报,重大事故隐患还应当按规定上报和专项治理。

(5)事故发生单位应当依法如实向项目建设单位和负有安全生产监督管理职责的有关部门报告。不得隐瞒不报、谎报或者迟报。

发生生产安全事故,施工单位负责人接到事故报告后,应当迅速组织抢救,减少人员伤亡,防止事故扩大。组织抢救时,应当妥善保护现场,不得故意破坏事故现场、毁灭有关证据。

事故调查处置期间,事故发生单位的负责人、项目主要负责人和有关人员应当配合事故调查,不得擅离职守。

作业人员应当遵守安全施工的规章制度和操作规程,正确使用安全防护用具、机械设备。发现安全事故隐患或者其他不安全因素,应当向现场专(兼)职安全生产管理人员或者本单位项目负责人报告。

作业人员有权了解其作业场所和工作岗位存在的风险因素、防范措施及事故应急措施,有权对施工现场存在的安全问题提出检举和控告,有权拒绝违章指挥和强令冒险作业。

在施工中发生可能危及人身安全的紧急情况时,作业人员有权立即停止作业或者在采取可能的应急措施后撤离危险区域。

十八、工程监理及施工信用评价、工地试验检测信用评价

(一)公路水运工程监理信用评价办法

信用评价是指交通运输主管部门依据有关法律法规和合同文件等,对监理企业和监理工程师从业承诺履行状况的评定。

监理企业和监理工程师在工程项目监理过程中的行为,监理企业在资质许可、定期检验、资质复查、资质变更、投标活动以及履行监理合同等过程中的行为,监理工程师在岗位登记、业绩填报、履行合同等过程中的行为,属于从业承诺履行行为。

1)纳入信用评价的范围

(1)在交通运输主管部门或其质量监督机构受理的举报事件中查实存在违法违规问题的监理企业和监理工程师。

(2)在重大质量事故中涉及的监理企业和监理工程师。

(3)在较大及以上等级安全生产责任事故中涉及的监理企业和监理工程师。

(4)从业过程中根据规定为“直接定为D级”行为的监理企业。

2)信用评价采信的基础资料

(1)交通运输主管部门及其质量监督机构文件(含督查、检查、通报文件)和执法文书。

(2)质量监督机构发出的监督意见通知书、停工通知书、质量安全问题整改通知单。

(3)工程其他监管部门稽查、督查(察)、检查等活动中形成的检查文件。

(4)举报投诉调查处理的相关文件和专家鉴定意见。

(5)质量、安全事故调查处理及责任认定相关文件。

(6)项目业主有关现场监理机构和监理人员履约、质量和安全问题的处理意见。

(7)总监办、驻地办有关质量安全问题的处理意见。

(8)项目业主向质量监督机构提供的项目监理人员履约情况(包括合同规定监理人员、实际到位人员及人员变更情况等内容)。

3)监理企业信用评价实行信用综合评分制

监理企业信用评价分为AA、A、B、C、D五个等级。

4)监理工程师信用评价实行累计扣分制

评价周期内,对监理工程师失信行为扣分进行累加。

(二)公路水运工程试验检测信用评价办法

(1)信用评价是指交通运输主管部门对持有公路水运检测工程师或试验检测员证书的试验检测从业人员,以及取得试验检测等级证书并承担工程质量鉴定、验收、评定、监测及第三方检测业务的试验检测机构的从业承诺履行状况等诚信行为的综合评价。

(2)试验检测机构信用评价实行信用综合评分制。试验检测机构信用评价分为AA、A、B、C、D五个等级。

(3)试验检测工程师信用评价实行随机检查累计扣分制,工地试验室授权负责人实行定期检查累计扣分制。

十九、平安工地建设

平安工地是经依法、核准或备案的公路水运基础设施建设项目在施工期间开展的平安工地建设活动。严格按照《公路水运工程平安工地建设管理办法》(交安监发〔2018〕43号)文件执行。

(一)《公路水运工程平安工地建设管理办法》主要内容

平安工地建设管理主要包括工程开工前的安全生产条件审核,施工过程中的平安工地建设、考核评价等。

1.平安工地建设内容

平安工地建设管理目的是为加强公路水运工程平安工地建设,引导和激励从业单位加强安全生产工作,落实安全生产责任,提升安全管理水平。

(1)公路水运工程建设项目应当保障安全生产条件,落实安全生产责任,建立项目安全生产管理体系,实现安全管理程序化、现场防护标准化、风险管控科学化、隐患治理常态化、应急救援规范化,并持续改进。

(2)公路水运工程建设项目应当具备法律、法规、规章和工程建设强制性标准规定的安全生产条件,并在项目招(投)标文件、合同文本,以及施工组织设计和专项施工方案中予以明确。从业单位应当保证本单位所应具备的安全生产条件必需的资金投入,任何单位和个人不得降低安全生产条件。

(3)公路水运工程项目从业单位应当依法依规制定完善全员安全生产责任制,明确各岗位的责任人员、责任范围和考核标准等内容,并进行公示。施工、监理机构项目负责人安全生产责任考核结果应作为合同履约考核内容,每年定期向建设单位报送。

(4)公路水运工程项目从业单位应当贯彻执行安全生产法律法规和标准规范,以施工现场和施工班组为重点,加强施工场地布设、现场安全防护、施工方法与工艺、应急处置措施、施工安全管理活动记录等方面的安全生产标准化建设。

(5)项目从业单位应当建立健全事故隐患排查治理制度,明确事故隐患排查、告知(预警)、整改、评估验收、报备、奖惩考核、建档等内容,逐级明确事故隐患治理责任,落实到具体岗位和人员。按规定对隐患排查、登记、治理、销号等全过程予以记录,并向从业人员通报。

(6)公路水运工程从业单位应当按要求制定相应的项目综合应急预案、专项应急预案和现场处置方案,并定期组织演练。依法建立项目应急救援组织或者指定工程现场兼职的、具有一定专业能力的应急救援人员,定期开展专业培训。结合工程实际编制应急资源清单,配备必要的应急救援器材、设备和物资,进行经常性维护、保养和更新。

(7)平安工地考核评价。

完善平安工地考核评价机制,明确施工单位是平安工地建设的主体,建设单位是施工、监理合同段平安工地建设考核评价的主体,交通运输主管部门监督抽查建设单位的考核管理行为,推进平安工地建设。平安工地考核结果分为合格、不合格两类,不合格的合同段应整改,直至合格。平安工地考核评价还包括了不合格的一票否决。

2.《公路水运工程平安工地建设考核评价指导性标准》内容

1)目的

为强化公路水运工程安全生产管理,规范从业行为,落实安全责任,深入推进平安工地建设管理,确保平安工地考核评价工作有序开展。

2)考核评价程序

(1)施工单位负责组织平安工地建设,在合同段开工后、交工验收前,每月应当按照《公路水运工程平安工地建设考核评价指导性标准》(简称本标准)至少开展一次自查自纠,每季度至少开展一次自我评价,自评结果经监理机构审核后报建设单位。

工程项目开工、危险性较大的分部分项工程开工前,施工单位应当将合同约定的安全生产条件落实情况向监理机构、建设单位申报。

(2)项目建设单位负责施工、监理合同段平安工地建设情况的考核评价工作,每半年应当按照本标准对项目全部的施工、监理合同段平安工地建设情况进行考核评价,并对自身安全管理行为进行自我评价。

工程项目开工前,建设单位应按照本标准要求组织开展安全生产条件审核,对审核记录及结论负责,同时将审核结果报直接监管的交通运输主管部门。

危险性较大的分部分项工程开工前,监理机构按照本标准要求及时开展安全生产条件审核,并将审核结果报建设单位。

(3)直接监管的交通运输主管部门按照本标准,结合年度安全督查计划,每年对辖区内高速公路和大型水运工程平安工地建设管理情况至少组织一次监督抽查,同时根据建设单位报送的平安工地建设考核评价情况,抽查一定比例的施工、监理合同段。具体抽查比例由省级交通运输主管部门确定,但最低不少于10%。

(二)平安工地建设监理

1. 落实责任

明确监理各岗位的安全管理职责。按规定建立健全安全管理制度。在编制监理计划或实施细则时,要包含安全管理内容。

2. 审查审批

(1)监理机构应按规定对施工组织设计中的安全技术措施进行审查和审批。

(2)及时对施工单位上报的专项施工方案进行审查审批;及时对危险性较大的分部分项工程专项施工方案进行审查审批,并监督实施。

(3)严格审核危险性较大的分部分项工程安全生产条件,并将审核结果报建设单位。

(4)按规定对风险评估报告进行审核,对合同段施工专项应急预案和现场处置方案进行审查,监督检查演练情况。做好风险预控工作。

(5)按规定对安全生产费用提取、使用情况进行核查、计量和审批。审查安全生产费用使用凭证。建立监理安全生产费用管理的监理台账。

3. 安全检查与督促整改

(1)安全检查。检查施工单位安全生产责任制建立、落实和考核情况;检查施工单位进场的施工机械、设备、材料以及人员履约、持证上岗等符合合同约定;监督施工单位开展风险辨识、评估;审核施工单位制订的重大风险管控措施;定期组织安全检查及事故隐患排查;建立监理安全检查台账,并且台账要清晰,可追溯性好。检查中发现问题时应要求施工单位整改;发现重大事故隐患应发监理指令,要求施工单位立即停工整改,要跟踪督办,并履行报告职责,对重大事故隐患的检查和复查应附影像资料。对检查发现的问题,及时监督施工单位整改。对施工单位不能立即整改的安全问题和事故隐患,要求施工单位制定整改计划,监督执行,并对整改结果进行检查,确保安全问题得到完全解决和事故隐患已排除。对有关部门通报施工单位存在的问题,认真监督施工单位整改。对有关部门检查通报的监理管理问题,主动积极改正。

(2)考核评价。定期对施工单位开展平安工地建设情况进行检查复核,检查复核资料要真实、准确。根据检查复核发现的问题及时监督施工单位整改,并形成监督整改记录。

4. 强化监理人员管理

(1)按照监理合同配置持证安全监理人员,编制监理人员名册,提供监理人员上岗及离岗记录。

(2)开展监理人员内部培训教育。制订监理安全管理培训教育计划,按计划对进场的监理人员定期组织安全培训教育。

(3)认真填写安全监理日志。按规定旁站和巡视,记录准确、详细、连续。

5. 落实交通运输主管部门安全生产专项工作

监理机构应严格落实交通运输主管部门安排的安全生产专项工作,制订相应的工作方案或计划,督促施工单位落实安全生产专项工作。按照制订的方案或计划严格执行落实到位。

6. 加强安全档案资料管理

安全资料要归档及时、齐全,台账明晰。推动施工单位平安工地建设,提升监理工作效能。

根据本标准,监理工作效能得分为所监理的各施工合同段考核评价得分平均值的40%。监理机构应推动平安工地建设的主体责任单位(施工单位)积极开展平安工地建设。

二十、创建品质工程

为贯彻落实国务院《质量发展纲要(2011—2020年)》,推进公路水运品质工程建设,提升公路水运工程质量,为人民群众安全便捷出行和社会物资高效畅通运输提供更加可靠的保障,2015年10月交通运输部提出打造公路水运品质工程的理念。

根据《交通运输部关于打造公路水运品质工程的指导意见》(交安监发〔2016〕216号,以下简称《指导意见》),打造品质工程是公路水运建设贯彻落实新发展理念和建设“四个交通”的重要载体,是深化交通运输基础设施供给侧结构性改革的重要举措,是今后一个时期推动公路水运工程质量和安全水平全面提升的有效途径,是推进实施现代工程管理和技术创新升级的不竭动力,对进一步推动我国交通运输基础设施建设向强国迈进具有重要意义。

品质工程是践行现代工程管理发展的新要求,追求工程内在质量和外在品位的有机统一,以优质耐久、安全舒适、经济环保、社会认可为建设目标的公路水运工程建设成果。《指导意见》给出了品质工程的6项具体内涵。

内涵一是四个理念,在建设理念上,体现以人为本、本质安全、全寿命周期管理、价值工程等理念;内涵二是五化管理,在管理举措上,体现精益建造导向,突出责任落实和诚信塑造,深化人本化、专业化、标准化、信息化和精细化;内涵三是五个提升,在工程技术上,展现科技创新与突破,先进技术理论和方法得以推广运用,包括先进适用的新技术、新工艺、新材料、新装备和新标准的探索与完善;内涵四是四个质量,在质量管理上,以保障工程耐久性为基础,体现建设与运营维护相协调、工程与自然人文相和谐,工程实体质量、功能质量、外观质量和服务质量均衡发展;内涵五是三个安全,在安全管理上,以追求工程本质安全和风险可控为目标,促进工程结构安全、施工安全和使用安全协调发展;内涵六是三个成效,在环保生态上,工程建设坚持可持续发展,体现在生态环保、资源节约和节能减排等方面取得明显成效。归纳起来就是在建设理念、管理举措、技术进步方面有新作为,在工程质量、安全、可持续发展方面取得新成效。

(一)创建品质工程的主要措施

2018年2月,交通运输部办公厅印发《品质工程攻关行动试点方案(2018—2020年)》(交办安监〔2018〕18号），提出开展为期3年的品质工程攻关行动，提炼、推广先进工程技术管理经验，完善有关工程质量安全技术标准，全面提升工程质量安全管理水平。从工程设计水平、工程管理水平、科技创新能力、工程质量水平、安全保障水平、绿色环保水平和软实力7个方面以及26条具体措施，打造公路水运品质工程。

1. 提升工程设计水平

1）强化系统设计

以工程质量安全耐久为核心，强化工程全寿命周期设计，明确耐久性指标控制要求。坚持需求和目标引导设计，系统考虑工程建设施工和运营维护，加强可施工性、可维护性、可扩展性、环境保护、灾害防御、经济性等系统设计，实现工程建设可持续发展。加强设计效果跟踪评估，及时调整优化设计，提高设计服务水平。

2）注重统筹设计

以推进模块化建设为方向，深入推广标准化设计，鼓励构件设计标准化和通用化。切实加强精细化设计，注重工程薄弱环节设计的协调统一，统筹考虑施工的可操作性和维护的便捷性。努力推行宽容设计，充分考虑工程使用状态的不利情形，对可能的风险做好防范设计。加强生态选线选址，推行生态环保设计和生态防护技术。

3）倡导设计创作

以用户体验安全、舒适、便捷为目标，强化工程及配套服务设施的人性化设计，体现地域和人文特点及传统特色文化，追求自然朴实，融入工程美学和景观设计，体现工程与自然人文的和谐、融合与共享；坚持因地制宜，突出功能实效，避免刻意追求“新、奇、特”或盲目追求“之最”和“第一”。

2. 提升工程管理水平

1）推进建设管理专业化

深化工程建设管理模式改革，强化建设单位专业化管理能力建设。健全专业化分包管理制度，加强分包管理，着力提高专业化施工能力。鼓励应用“质量、健康、安全、环境”四位一体管理体系（QHSE管理体系），推进管理标准化。

2）推进工程施工标准化

立足于推进工程现代化组织管理模式，积极推广工厂化生产、装配化施工，着力推进施工工艺标准化，施工管理模式体系化，施工场站建设规范化，逐步推进工程建设向产业化方向发展。

3）推进工程管理精细化

倡导工程全寿命周期集成化管理，强化主体结构与附属设施的施工精细化管理，推动实施精益建造，提升工程整体质量。建立“实施有标准、操作有程序、过程有控制、结果有考核”的标准化管理体系。

4）推进工程管理信息化

探索“互联网+交通基础设施”发展新思路，推进大数据与项目管理系统深度融合，逐步实现工程全寿命周期关键信息的互联共享。推进建筑信息模型（BIM）技术，积极推广工艺监测、安全预警、隐蔽工程数据采集、远程视频监控等设施设备在施工管理中的集成应用，推行

"智慧工地"建设，提升项目管理信息化水平。

5）推进班组管理规范化

建立健全施工班组管理制度，强化班组能力建设。加强施工技术交底，实行班前教育和工后总结制度。推行班组首次作业合格确认制，强化班组作业标准化、规范化和精细化。全面推行班组人员实名制管理，强化班组的考核与奖惩，夯实基层基础工作。

3. 提升科技创新能力

1）积极推广应用"四新技术"

强化科研与设计施工联动，开展集中攻关和"微创新"，大力推广性能可靠、先进适用的新技术、新材料、新设备、新工艺，淘汰影响工程质量安全的落后工艺工法和设施设备，推动工程技术提升。

2）发挥技术标准先导作用

坚持品质工程目标导向，鼓励参建单位采用先进工艺标准，切实提升工程质量。鼓励社会团体、企业联盟开展技术创新，制定提升质量、提高效率的工艺标准。完善具有自主知识产权的先进技术标准，推进优势及特色标准国际化，实施工程标准"走出去"。

3）探索建立全产业链继承与创新体系

总结特色有效的传统工艺和工法，针对工程设计、施工、管养、材料、装备等全产业链开展技术创新与集成创新，推进信息技术和工程建养技术深度融合，打造以信息化、智能化和绿色建造为特征的工程全产业链创新体系，实现资源共享、优势互补。

4. 提升工程质量水平

1）落实工程质量责任

健全工程质量责任体系，明确界定建设、勘察、设计、施工和监理机构等责任主体质量责任，推动企业建立关键人履职标准和各岗位工作规范，建立岗位责任人质量记录档案，强化考核和责任追究，实现质量责任可追溯，推动落实质量责任终身制。

2）推进质量风险预防管理

工程项目应强化质量风险预控管理，加强质量风险分析与评估，完善质量风险控制措施和运行机制。健全施工组织设计编制、审查和执行落实体系，严格专项施工方案论证审查制度，强化技术方案分级分类审核责任，全面推行首件工程制，夯实工程质量管理基础。

3）加强过程质量控制

工程项目建立质量目标导向管理机制，严格执行工序自检、交接检、专检"三检制"。加强设计符合性核查评价，深入实施质量通病治理，实施成品及半成品验收标识、隐蔽工程过程影像管理等措施，强化质量形成全过程闭环可追溯。积极应用先进检测技术和装备，建立工程质量信息化动态管理平台，加强过程质量管控。

4）强化工程耐久性保障措施

加强工程耐久性基础研究工作，创新施工工艺，加强关键结构、隐蔽工程和重要材料的质量检验和控制，切实提高工程耐久性。

5. 提升安全保障水平

1)加强工程安全风险管理基础体系建设

推行工程安全生产风险管理,建立安全风险分级管控和隐患治理双重预防体系,推动重大安全风险管控和重大事故隐患治理清单化、信息化、闭环化动态可追溯管理,夯实安全管理基础。

2)提升工程结构安全

树立本质安全理念,强化桥梁隧道、港口工程等的施工和运行安全风险评估工作,切实加强工程结构安全关键指标的实时监测与分析,积极探索智能预警技术,确保工程结构安全状态可知、可控。

3)深化平安工地建设

加强施工安全标准化建设,推进危险作业"机械化换人、自动化减人",提高机械化作业程度。推行安全防护设备设施工具化、定型化、装配化。落实安全生产责任,健全安全工作制度,强化安全管理和风险预控,加强隐患排查治理,提升针对性应急处置能力,确保施工安全。

4)提升工程安全服务水平

加强公路交通安全评价,强化公路管理和服务设施的科学合理配置,加强道路、桥梁、隧道、港口等安全运行监测与预警系统建设,提高工程运行管理水平和应急服务能力。建立健全工程巡查排险机制,提升工程安全防护设施和管理服务设施的有效性。

6. 提升绿色环保水平

1)注重生态环保

严格落实生态保护和水土保持措施,加强生态脆弱区域的环境监测和生态修复,降低公路水运工程建设对陆域、水生动植物及其生存环境的影响。

2)注重资源节约

节约利用土地资源,因地制宜采取有效措施减少耕地和基本农田占用。高效利用临时工程及临时设施,注重就地取材,积极应用节水、节材施工工艺,实现资源节约与高效利用。综合考虑工程性质、施工条件、旧料类型及材质等因素,推进废旧材料再生循环利用。

3)注重节能减排

积极应用节能技术和清洁能源,使用符合国家标准的节能产品。加强设备使用管理,选用能耗低、工效高、工艺先进的施工机械设备,淘汰高能耗老旧设备。优化施工组织,合理安排工序,提高设备使用效率,降低施工能耗。

7. 提升品质工程软实力

1)加强管理人员素质建设

从业单位加强人才培养制度建设,强化管理人员的岗位考核和继续教育,创新人才激励与保障机制,着力培养和锻炼一支具备现代工程管理能力、专业技能、良好职业道德的工程管理骨干队伍。

2)提升一线工人队伍素质

从业单位应落实培训主体责任,按规定严格实行"上岗必考、合格方用"的培训考核制度。开展职业技能竞赛,建立优秀技工激励机制,推行师徒制模式,鼓励企业建立稳定的技术工人队伍。保障员工合法权益,注重人文关怀,提供体面工作的基本条件。

3)培育品质工程文化

积极培育以"提升质量、保障安全"为核心,"以人为本、精益求精、全心投入"为主要特征的品质工程文化。大力弘扬工匠精神,广泛宣传、积极推动全员参与品质工程创建活动,形成"人人关心品质、人人创造品质、人人分享品质"的浓郁的文化氛围。

4)实施品牌战略

将品质工程作为工程项目和企业创建品牌的重要载体,引导企业把品质工程作为自身信誉和荣誉的价值追求。通过打造品质工程,提升中国交通和企业品牌形象,增强企业核心竞争力。

(二)创建品质工程的监理内容

1.评价标准

依据交通运输部办公厅文件《交通运输部办公厅关于印发公路水运品质工程评价标准(试行)的通知》(交办安监〔2017〕199号),交通运输部组织编制并发布了《公路水运品质工程评价标准(试行)》(以下简称《评价标准》)。

《评价标准》分为示范创建项目品质工程评价标准、交竣工品质工程示范项目评价标准、农村公路(三四级公路)品质工程示范项目评价标准三类,均由基本要求、评价指标、加分指标、总体评价四部分构成。

(1)基本要求作为控制指标。其中有一项不满足要求的,工程项目不具备申报资格。

(2)评价指标是对项目落实《指导意见》各项措施取得的失效进行量化评分,由二级或三级指标体系构成,相应评分方法见评价说明。评价指标满分为1000分。申报部级品质工程项目的,高速公路和大型水运工程评价指标分数不得低于800分,其他工程评价指标分数不得低于700分。

(3)加分指标是鼓励项目结合自身优势和功能属性开展重点攻坚与创新突破,对管理或技术创新取得明显优于同类工程水平且示范作用显著的做法进行加分。同时,对交工或竣工项目获得国家、省部级奖项或荣誉进行加分。其中示范创建项目和农村公路(三四级公路)加分指标满分为200分,交竣工项目加分指标满分为300分。

(4)总体评价是对项目在打造品质工程中的特色做法、主要经验、实施效果、示范作用等方面的概括性评价,不设分值。对于申报部级品质工程项目的,省级交通运输主管部门负责提出项目总体评价的初步意见,由部组织专家组根据核实情况做出最终总体评价。

(5)项目总得分为评价指标得分和加分指标得分之和。

(6)公路水运品质工程除符合本标准的规定外,还应符合工程建设强制性标准等有关要求。

2.监理工作内容

示范创建项目品质工程评价指标由三级指标体系组成,包括工程设计、工程管理、科技创新、工程质量、安全保障、绿色环保、软实力等一级指标7项,二级指标22项和三级指标52项,分项指标92项。

按照示范创建项目品质工程评价指标,监理单位在工程管理、工程质量、安全保障、绿色环保、软实力 5 个方面打造品质工程，总分共计 374 分。

（1）提升监理工作的专业化、精细化，提升工程管理水平。

监理单位应打造品质工程的目标、关键措施等纳入监理规划，明确管理目标。建立健全监理单位的管理机构，岗位设置合理，岗位责任清晰明确，管理人员专业化、技能化水平高。积极推行 QHSE 管理体系，管理制度完善、运行有效，推进管理专业化。

监理单位应明确质量、安全的提升目标，围绕精细化管理，建立过程控制和结果考核的精细化管理机制。制定重点部位、隐蔽工程、附属工程等精细化施工监理措施，监理项目质量考核责任制和工程质量档案。开展质量通病系统治理，将质量通病防治工作纳入质量控制目标，及时检查、通报质量隐患，督促施工单位整改治理，并留有佐证资料。组织开展先进管理、工艺、装备、产品、技术等交流与推广，梳理管理和实体标杆示范。实现精细化管理，提升工程管理水平。

（2）建立健全监理单位的质量管理体系，加强质量风险预防管理，强化过程质量控制，提升工程质量水平。

监理单位应建立质量关键人（总监、副总监、专业监理工程师）质量责任登记制度，明确质量关键人的岗位职责，落实关键人履职责任。建立责任人质量履职信息档案，实现质量责任可追溯，落实质量责任终身制。进而建立健全质量管理体系。

监理单位应加强质量风险预防管理。监理单位应检查督促施工单位开展工程质量风险评估，建立工程质量重点、难点分析清单，制定有针对性的质量控制、监测措施。监理单位在检查中发现的质量隐患，要及时督促施工单位整改到位，并建立工程中问题处置清单。监理单位应做好施工组织设计和重大专项施工方案论证、审查、审批工作，做到制度健全，审批手续规范、及时。检查施工单位在施工现场是否严格按审批方案执行。监理单位应建立方案执行检查档案，抓好施工方案落实程度。

监理单位应加强过程质量控制：

①在质量形成全过程的监理记录应真实完整、闭环可追溯，隐蔽工程形成过程佐证资料齐全。

②推行首件工程制。制订首件工程、典型施工的实施监理细则；督促检查施工单位制订项目关键工程的首件工程或典型施工计划清单，做好实施工程的监理台账。监理单位应对首件工程的实施进行监理总结，建立齐全的首件工程监理档案。及时审查审批施工单位的首件或典型施工成果，指导后续工程实施。

③监理单位应建立完善的原材料和产品质量管理制度，督促施工单位优先选用认证产品，实施成品和半成品验收标识，建立原材料、半成品、产品、商品混凝土的质量档案，并实现质量可追溯。监理单位应配合建设单位、施工单位建立材料供应商质量考核评价和清退机制，打造稳定可靠的材料和产品质量。

（3）落实施工安全举措，提升安全保障水平。

监理单位应深化平安工地建设，督促施工单位加强施工安全标准化建设，推进危险作业“机械化换人、自动化减人”，提高机械化作业程度。推行安全防护设备设施工具化、定型化、装配化。建立安全风险分级管控和隐患治理双重预防体系，推动重大安全风险管控和重大事故隐患治理清单化、信息化、闭环化动态可追溯管理，夯实安全管理基础。

(4)注重生态环保、资源节约和节能减排,提升绿色环保水平。

监理单位应督促施工单位严格落实生态保护和水土保持措施,加强生态脆弱区域的环境监测和生态修复,降低公路水运工程建设对陆域、水生动植物及其生存环境的影响。节约利用土地资源,因地制宜采取有效措施减少占用耕地和基本农田。高效利用临时工程及临时设施,注重就地取材,积极应用节水、节材施工工艺,实现资源节约与高效利用。综合考虑工程性质、施工条件、旧料类型及材质等因素,推进废旧材料再生循环利用。注重节能减排,积极应用节能技术和清洁能源,使用符合国家标准的节能产品。加强设备使用管理,选用能耗低、工效高、工艺先进的施工机械设备,淘汰高能耗老旧设备。优化施工组织,合理安排工序,提高设备使用效率,降低施工能耗。

(5)加强监理人员素质建设,培育品质工程文化,提升品质工程软实力。

监理单位应加强人才培养制度建设,强化监理人员的岗位考核和继续教育,创新人才激励与保障机制,着力培养和锻炼一支具备现代工程管理能力、专业技能、良好职业道德的工程管理骨干队伍。监理单位应落实培训主体责任,按规定严格实行"上岗必考、合格方用"的培训考核制度。开展职业技能竞赛,建立优秀技工激励机制,推行师徒制模式,鼓励企业建立稳定的技术工人队伍。保障员工合法权益,注重人文关怀,提供体面工作的基本条件。积极培育以"提升质量、保障安全"为核心,"以人为本、精益求精、全心投入"为主要特征的品质工程文化。大力弘扬工匠精神,广泛宣传、积极推动全员参与品质工程创建活动,形成"人人关心品质、人人创造品质、人人分享品质"的浓郁的文化氛围。实施品牌战略,将品质工程作为工程项目和企业创建品牌的重要载体,引导企业把品质工程作为自身信誉和荣誉的价值追求。通过打造品质工程,提升中国交通和企业品牌形象,增强企业核心竞争力。

二十一、淘汰危及生产安全的施工工艺、设备和材料

为防范化解公路水运重大事故风险,推动相关行业淘汰落后工艺、设备和材料,提升本质安全生产水平,2020年10月30日,交通运输部会同应急管理部制定并印发了《公路水运工程淘汰危及生产安全施工工艺、设备和材料目录》(2020年第89号)。公告中要求在规定的实施期限后,全面停止使用《目录》所列"禁止"类施工工艺、设备和材料,不得在限制的条件和范围内使用本《目录》所列"限制"类施工工艺、设备和材料。

第二部分　案例分析例题及参考答案

一、监理基本理论、法规、监理规范与合同管理类案例

案　例　一

【背景材料】 某高速公路项目，建设单位与路桥监理公司签订了监理合同。总监理工程师组织了监理人员在进驻施工现场前熟悉相关资料，认真审核施工单位提交的有关文件、资料等。开工后，发生了以下事件：

事件1：由于强夯工程量无法在合同中准确确定，因此在施工合同中约定，按施工图预算方式计价，施工单位必须严格按照施工及施工合同约定的内容及技术规范要求施工，工程量由监理工程师负责现场计量。根据该工程的合同特点，监理工程师制订的工程量计量与工程款支付程序要点如下：

(1)施工单位对已完工的分项工程在7天内向监理工程师申请质量认证，取得质量合格证书后，再提出计量申请报告。

(2)监理工程师在接到计量申请报告后7天内核实已完成的工程数量，并在计量前24h通知施工单位，施工单位要为计量提供便利条件并派专人参加计量工作，如果施工单位不派人参加计量工作，监理工程师按照规定的计量方法自行计量，计量结果有效。计量工作结束后，监理工程师签发计量证书。

(3)施工单位凭质量合格证书和计量证书向监理工程师提出付款申请。

(4)监理工程师审核申报材料，确定支付款额，并向建设单位提供付款证明材料。

(5)建设单位根据施工单位取得的质量证书和计量证书以及付款证明材料，对工程价款进行支付与结算。

同时，工程开工前施工单位向建设单位提交了施工组织设计并得到了监理工程师的批准。

事件2：施工到沥青路面时，因2合同段运输路面材料的道路被当地村民挖断，为了工期不延误，材料只能从1合同段快完工的一段路上运进2合同段。为此，建设单位召集两个合同段相关人员开会，要求1合同段调整施工安排，于8月30日前完成该段施工。9月1日起，2合同段从该路段运进材料。1合同段至9月20日才完成该路段施工，致使2合同段工期延误，1合同段的该路段在交工后缺陷期未满已发生破坏。

【问题】

1. 监理工程师在施工准备阶段应熟悉的主要资料有哪些？

2. 监理工程师在施工单位进入施工现场到工程开工这一阶段的主要工作是什么？

3. 事件1中：

(1)在工程施工过程中，当进行到施工图所规定的处理范围边缘时，施工单位在取得在场

的监理工程师认可的情况下,为了使夯击质量得到保证,将夯实范围适当扩大,施工完成后,施工单位将扩大范围内的工程数量向监理工程师汇报并提出额外计量要求,但遭到拒绝。请回答监理工程师拒绝施工单位的要求是否合理,为什么?

(2)工程施工过程中,施工单位根据监理工程师指令就部分工程进行了变更施工。请回答本合同中变更部分的合同单价应根据什么原则进行确定?

4. 事件2中:

(1)建设单位做法是否妥当,为什么?

(2)2合同段工期延误由谁负责,2合同段是否可以获得延期或索赔?为什么?

(3)1合同段中的该段路被损坏应由谁负责,由谁维修?

【参考答案】

第1问:

监理工程师应熟悉的资料有:有关技术标准、合同文件、监理计划、工程设计文件等。

第2问:

根据《公路工程施工监理规范》(JTG G10—2016),施工准备阶段的主要工作内容包括:①编制监理计划、监理细则。②熟悉工程相关资料、审查图纸。③了解现场,核查施工环境和条件。④填写工程质量责任登记表,如实登记监理人员。⑤配备必要的试验仪器设备,建立工地试验室。⑥审查、批复施工组织设计。⑦审核单位、分部分项工程划分并报建设单位。⑧审查施工单位工程质量责任登记表,检查施工单位各保证体系建立情况。⑨主持召开监理交底会、第一次工地会议。⑩核查开工申请,签发开工令。⑪参加设计交底。⑫参加工程交桩。⑬办理预付款签证。⑭审查施工单位试验人员及设备等。

第3问:

事件1中:

(1)监理工程师拒绝扩大范围的工程量计量是合理的,其原因是:该部分工程量超出了施工图的要求,也就是超出了工程合同约定的工程计量范围,所以监理工程师无权处理合同以外的工程计量内容。而监理工程师认可的是施工单位保证质量技术措施,一般在建设单位没有批准追加相应工程内容引起的增加费用的情况下,技术措施费用应由施工单位自己承担。

(2)本合同变更单价的确定可按以下原则处理:①已标价工程量清单中有适用于变更工作的子目的,采用该子目的单价。②已标价工程量清单中无适用于变更工作的子目,但有类似子目的,可在合理范围内参照类似子目的单价,由监理人征得建设单位同意和当事人商定或确定变更工作的单价。③已标价工程量清单中无适用或类似子目的单价,可在综合考虑施工单位在投标时所提供的单价分析表的基础上,由监理人征得建设单位同意,商定或确定变更工作的单价。④如果本工程的变更指示是因施工单位过错、施工单位违反合同或施工单位责任造成的,则这种违约引起的任何额外费用应由施工单位承担。

第4问:

事件2中:

(1)建设单位做法不妥当。①调整施工安排即改变了工程已规定的施工顺序和时间安排,属于"工程变更",只有通过监理工程师才能作出变更工程的指示。②工程完工后应通过交工(或竣工)验收,才能交付使用。而1合同段的该路段完成施工后未经交工(或竣工)验收提前使用。

(2)2 合同段工期延误不是该承包人原因造成的,可以获得延期,并且建设单位提供的运输通道受到破坏,改变的通道又未及时提供,延误是因为建设单位应负责的情况所造成的。所以,2 合同段可以要求索赔。

(3)1 合同段该段路未经交工(或竣工)验收,提前使用,表示建设单位已接受并批准工程。建设单位应按合同约定承担此类风险“所造成的损失或损害”。施工单位也应履行缺陷责任期义务、负责维修该段损坏路段,但维修费用应查明原因,属于质量问题的,应由施工单位负责,否则由建设单位承担。

【答案解析】

第 1 问:根据《公路工程施工监理规范》(JTG G10—2016)施工准备阶段监理规定,监理机构应组织监理人员熟悉有关技术标准、合同文件、监理计划和工程设计文件等。当发现施工图设计文件有差错时,应及时报告建设单位。

第 2 问:本条主要考核的是监理单位施工准备阶段的主要工作内容,根据《公路工程施工监理规范》(JTG G10—2016)的规定,如上述答案所述。

第 3 问:

(1)根据《公路工程标准施工招标文件》(2018 年版)工程量清单计量规则,强夯应依据图纸所示位置和处理面积,按图示路堤底面积以平方米为单位计量。除非合同另有规定,工程量清单中有标价的单价和总额价均已包括了为实施和完成合同工程所需的劳务、材料、机械、质检(自检)、安装、缺陷修复、管理、保险、税费、利润等费用,以及合同明示或暗示的所有责任、义务和一般风险。

施工单位为了使夯击质量得到保证,将夯实范围适当扩大,是施工单位的技术措施,技术措施费用应由施工单位自己承担。

(2)根据《公路工程标准施工招标文件》(2018 年版)公路工程专用合同条款第 15.4 款“变更的估价原则”的规定,除项目专用合同条款另有约定外,因变更引起的价格调整按照所述答案规定。

第 4 问:根据《公路工程标准施工招标文件》(2018 年版)公路工程专用合同条款第 15.1 款(2),改变合同中任何一项工作的施工时间或改变已批准的施工工艺或顺序,都属于变更的内容,故建设单位不应直接要求施工单位变更,应由监理工程师指令才行。

根据《公路工程标准施工招标文件》(2018 年版)公路工程通用合同条款第 7.1 款规定,除专用合同条款外,发包人应根据合同工程的施工需要,负责办理取得出入施工工地的专用和临时道路的通行权,以及取得为工程建设所需修建场外设施的权利,并承担相关费用,村民断路,是发包人应承担的风险。

根据《公路工程标准施工招标文件》(2018 年版)公路工程通用合同条款第 12.5 款规定,因承包人原因造成工程质量达不到合同约定验收标准的,承包人承担损失。

案　例　二

【背景材料】　某高速公路建设项目包括路基和路面工程(80km),大型桥梁(5 座),建设单位把路基路面工程和桥梁工程分别发包给了两个施工单位,并签订了施工承包合同。建设单位委托某监理咨询公司负责该项目的施工监理工作,并签订了监理委托合同。

事件1:监理合同中部分内容如下:

(1)在施工期间,任何工程变更均须经过监理单位审查、认可,并发布变更指令后才有效,实施变更。

(2)监理单位应在建设单位的授权范围内对委托的工程项目实施施工监理。

(3)监理单位有发布开工令、停工令、复工令的权力,不需征得其他人同意。

(4)监理单位为本工程项目的最高管理者。

(5)监理单位应维护建设单位的权益。

(6)监理单位主要进行质量控制,而进度与投资控制的任务主要由建设单位执行。

(7)由于监理单位的努力使合同工期提前的,监理单位与建设单位分享利益。

事件2:该公司的副总经理担任该项目的总监理工程师。为了编写监理计划,总监理工程师安排该监理咨询公司的技术负责人组织人员编写该项目的监理计划。编写人员根据本监理公司已有的监理计划范本,将投标时的监理大纲进行修改后编制成该项目的监理计划。

该项目监理计划内容包括:①工程项目概况;②监理工作依据;③监理工作内容;④监理机构的组织形式;⑤监理机构人员配备计划;⑥监理工作方法及措施;⑦监理机构的人员岗位职责;⑧监理设施。

事件3:在第一次工地会议上,建设单位根据委托监理合同宣布了总监理工程师的任命及授权范围。总监理工程师根据监理计划介绍了监理工作内容、监理机构的人员岗位职责和监理设施等内容。其中,监理工作内容如下:

(1)编制项目施工进度计划,报建设单位批准后下发施工单位执行。

(2)检查现场质量情况并与标准规范对比,发现偏差时下达监理指令。

(3)协助施工单位编制施工组织设计。

(4)审查施工单位投标报价的组成,对工程项目造价目标进行风险分析。

(5)编制工程量计量规则,依次进行工程计量。

(6)组织工程竣工验收。

【问题】

1. 在事件1中,请逐条指出监理合同中的条款是否妥当?如有不妥,给出正确的做法。

2. 在事件2中,项目总监应如何考虑建立监理组织机构形式?并说明理由,且绘出组织机构图。

3. 在事件2中,请指出该监理咨询公司编写“监理计划”的做法不妥之处,并写出正确的做法。

4. 在事件2中,请指出该项目“监理计划”内容中的缺项内容。

5. 在事件3中,从总监理工程师介绍的监理工作内容中找出不正确的内容并改正。

【参考答案】

第1问:

(1)第1条不妥。正确的做法是:设计变更的审批权在建设单位。任何设计变更须经监理单位审查后,报建设单位审查、批准,同意后,再由监理单位发布变更指令,实施变更。

(2)第2条正确。

(3)第3条不妥。正确的做法是:监理单位在征得建设单位同意后,有权发布开工令、停工令、复工令。

(4)第4条不妥。正确的做法是:监理单位受建设单位委托就工程项目的施工对施工单位进行全面的监督管理,但一些重大决策问题还必须由建设单位作出决定。因此,监理单位不是也不可能是工程项目建设的最高管理者。

(5)第5条不妥。正确的做法是:在监理工作中,监理单位应当公正地维护工程建设各方的合法权益。

(6)第6条不妥。正确的做法是:监理单位应按照合同约定的职责和权限,对施工质量、安全、环保、费用、合同和进度等实施全面监理。

(7)第7条不妥。正确的做法是:由于监理单位的努力使规定的建设工程提前,建设单位应按约定予以奖励,但不是利润分成。

第2问:

宜采用直线式组织模式。因为该公路建设项目由两个施工单位分别承包,而直线式的组织机构模式适用于监理项目能划分为若干相对独立子项的大、中型建设项目。其组织机构可用下图表示。

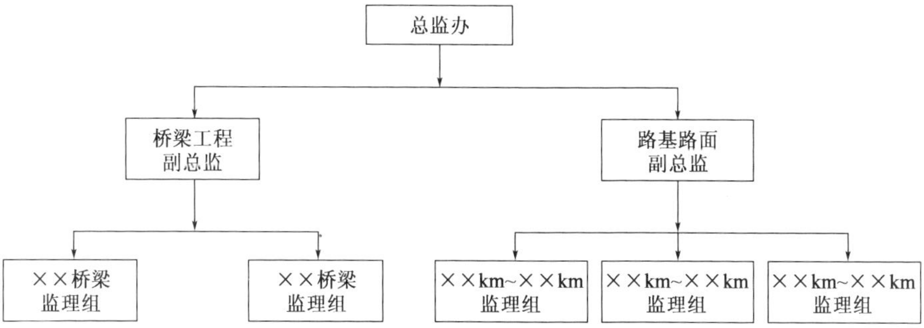

第3问:

(1)监理计划由监理公司技术负责人组织人员编写不妥,应由总监理工程师主持编写,专业监理工程师参加编写,监理单位技术负责人审核。

(2)根据监理大纲范本修改不妥,应根据本工程特点、规模、合同等具体情况编制,监理计划应具有指导性、针对性、可行性,便于实施和操作。

第4问:

缺项名称:监理工作范围,监理工作目标,监理工作程序、监理工作制度及工作用表,工程质量、安全、环保、费用和进度等监理工作方案(明确巡视、旁站、抽检和验收等具体计划要求),合同事项管理和信息管理工作方案。

第5问:

监理工作内容:

(1)不正确,应改为:审查并批准(审核、审查)施工单位报送的施工进度计划。

(2)正确。

(3)不正确,应改为:审查并批准(审核、审查)施工单位报送的施工组织设计。

(4)不正确,应改为:依据施工合同有关条款、施工图,对工程造价目标进行风险分析。

(5)不正确,应改为:按合同文件的工程量计量规定进行工程计量。

(6)不正确,应改为:参加工程竣工验收,配合竣工验收检查。

【答案解析】

第1问:根据《公路工程标准施工招标文件》(2018年版)通用合同条款15.2条和《公路工程施工监理规范》(JTG G10—2016)、《公路工程标准施工监理招标文件》(2018年版)规定,在履行合同过程中,经建设单位同意,监理人可按合同约定的变更程序向施工单位做出变更指示。监理人有签发工程开工令、支付证书、停工令和复工令的职责,但要经建设单位同意。根据合同约定,监理人在建设单位约定的范围内实施监理,是委托和被委托的关系,施工单位和建设单位也是合同关系,在施工监理工程中既要维护建设单位的权益,同时也应根据法律法规要求,保证施工单位的权益。监理人在合同约定的范围内行使职责,代表建设单位对公路工程施工质量、安全、环保、费用和进度实施监理。合同履行中,监理人可对委托人要求提出合理化建议,监理人的合理化建议降低了工程投资、缩短了工期或者提高了经济效益,委托人应按专用合同条款中的约定给予奖励。

第2问:《公路工程施工监理规范》(JTG G10—2016)规定,监理机构设置应符合如下规定:

(1)公路工程监理机构均应设置总监办,100km以上的高速公路、一级公路可设驻地办。

(2)监理机构内部的组织和规模可根据工程特点和规模等因素确定。

(3)监理机构的组织机构形式主要有直线式、职能式、矩阵式、直线职能式等。

第3问:根据《公路工程施工监理规范》(JTG G10—2016)的相关规定,公路工程的监理计划应由总监理工程师主持编制,经监理单位审核后并报建设单位批准。不同于《建设工程监理规范》(GB/T 50319—2013)的规定,考生应该注意不同监理规范之间的区别。

第4问:监理计划的主要内容有:①工程概况;②监理工作的依据、范围、内容和目标;③监理机构的组织形式,监理人员岗位职责,监理人员和设备配备及进退场计划;④监理工作制度、监理程序及工作用表;⑤工程质量、安全、环保、费用和进度等监理工作方案,应明确巡视、旁站、抽检和验收等具体计划要求;⑥合同事项管理和信息管理工作方案;⑦监理设施等。

第5问:总监理工程师在第一次工地会上应介绍的主要内容有:①监理人员、组织机构、职责范围及联系方式;②监理工作准备情况;③说明主要监理程序、质量和安全事故报告程序,文件往来程序和工地例会等要求;④进行会议总结,明确施工准备工作存在的主要问题和解决措施要求。

监理工作内容根据《公路工程施工监理规范》(JTG G10—2016)的相关规定执行,具体见答案。

案　例　三

【背景材料】 建设单位计划将拟建的高速公路工程项目委托某一建设监理公司进行施工阶段的监理。建设单位预先起草了一份监理合同(草案),其部分内容如下:

(1)除建设单位原因造成的工程延期外,其他原因造成的工程延期,监理单位应付出相当于对施工单位罚款额的30%给建设单位;如工期提前,监理单位可得到相当于对施工单位工期提前奖的30%奖金。

(2)工程设计图纸出现设计质量问题,监理单位应付给建设单位相当于给设计单位的设计费的5%的赔偿。

(3)在施工期间,每发生一起施工人员重伤事故,对监理单位应罚款3万元;发生一起死亡事故,对监理单位罚款5万元。

(4)凡由于监理工程师出现差错、失误而造成的经济损失,监理单位应付给建设单位赔偿费。

经过双方协商,对监理合同(草案)中的一些问题进行了修改、调整和完善,最后确定了委托监理合同的主要条款。其中包括:监理的范围和内容、双方的权利与义务、监理费的计取与支付、违约责任、双方约定的其他事项。

【问题】

1. 该监理合同(草案)部分内容中哪些条款不妥?为什么?

2. 如果该监理合同是一个有效的经济合同,它应具备什么基本条件?

3. 修改、调整和完善后,请确认最后确定的建设工程委托监理合同是否包括了主要的条款内容。

【参考答案】

第1问:

监理合同(草案)部分内容的几条均不妥。因为:

(1)建设工程监理的性质是服务性的,监理单位和监理工程师不能成为任何施工单位所负责工程的承保人或保证人。若将设计、施工出现的问题与监理单位直接挂钩,这与监理工作的性质不符。

(2)监理单位与建设单位和施工单位是相互独立、平等的三方。为了保证监理单位的独立性与公正性,监理单位不得承包工程,不得经营建筑材料、构配件和建筑机械、设备。在合同中若写入上述条款,势必将监理单位的经济利益与施工单位的利益联系起来,不利于监理工作的公正性。

(3)第(3)条中对于施工期间施工单位发生施工人员伤亡,《中华人民共和国建筑法》第四十五条规定,施工现场安全由建筑施工企业负责。监理单位的责、权、利主要来源于建设单位的委托与授权,建设单位并不承担相应责任,合同中要求监理单位承担也是不妥的。

(4)《公路工程标准施工监理招标文件》(2018年版)中通用合同条款11.1.2条规定,监理人发生违约情况时,委托人可向监理人发出整改通知,要求其在限定期限内纠正;逾期仍不纠正的,委托人有权解除合同并向监理人发出解除合同通知。监理人应当承担由于违约所造成的费用增加、周期延误和委托人损失等。

第2问:

若该合同是一个有效的经济合同,应满足以下基本条件:

(1)主体资格合法,即建设单位和监理单位作为合同双方当事人,应当具有合法的资格。

(2)合同内容应合法,即其内容应符合国家法律、法规,真实表达双方当事人的意思。

(3)订立程序合法、形式合法。

第3问:

最后确定的监理合同的主要条款,符合建设工程监理规定中对监理合同内容的要求。

【答案解析】

第1问:首先应该明确监理单位的定位和职责。《公路工程施工监理规范》(JTG G10—2016)明确规定,监理单位应依法按照合同约定的职责和权限,代表建设单位对工程施工质量、安全、环保、费用、进度等实施监理,负监理责任。

工程监理单位与建设单位之间是平等主体之间的民事法律关系。工程监理单位与建设单位之间是在平等协商的基础上达成协议,并以监理合同的形式确认双方彼此各自享有的民事权利和应当承担的民事义务。在该合同法律关系中,工程监理单位通过付出劳动取得报酬,建设单位通过支付监理费用换取监理服务。

其次,工程监理单位与建设单位之间是委托与被委托的关系。建设单位通过签订监理合同,委托监理单位代为管理。建设单位的授权委托是工程监理企业实施工程建设监理的重要前提。

《公路工程标准施工监理招标文件》(2018年版)第四章11.3规定,在合同履行过程中,一方当事人因第三方的原因造成违约的,应当向对方当事人承担违约责任,一方当事人和第三人之间的合同纠纷,依照法律规定或者按约定解决,如果监理工程师尽到了责任,就不应该承担责任。

监理人发生违约情况时,委托人可向监理人发出整改通知,要求其在限定期限内纠正;逾期仍不纠正的,委托人有权解除合同并向监理人发出解除合同通知。监理人应当承担由于违约所造成的费用增加、周期延误和委托人损失等。

第2问:本问主要考核有效的经济合同应满足以下基本条件,即主体、内容和形式。

第3问:《中华人民共和国民法典》第三编合同规定,合同主要有以下条款:当事人的姓名或者名称和住所,标的,数量,质量,价款或者报酬,履行期限、地点和方式,违约责任,解决争议的方法。

因此,最后确定的委托监理合同的主要条款包含了主要的条款内容,符合对监理合同内容的要求。

案　例　四

【背景材料】　关于路基施工监理,有以下三个背景材料:

事件1:某段路基,按照设计文件提供的取土场的填料为山皮土,承包人进入现场后发现,在路基附近的河中有大量符合路基填筑要求的砂砾,且开采容易、运距较指定土场近,价格也较山皮土便宜,故在征得监理工程师的同意后,即用此砂砾进行本段路基的填筑;但在路基填筑完成后,承包人以使用砂砾填筑路基的强度较山皮土填筑的路基强度高为由,提出了变更申请,要求以合同工程量清单中300章的砂砾垫层的单价(高于山皮土)来支付。

事件2:某施工单位承包8km路基工程,其中1km进行了分包(未经批准)。路基填筑时掺加了石灰,完工后经验收符合要求。路面施工时左半幅局部出现弹簧现象。监理工程师组织人员进行此合同段全线检查,发现分包队所施工的1km路段有质量问题,各层填土过厚,掺灰不匀,出现松软夹层,夹层土含水率过大,直接经济损失超过100万元,最终造成质量事故。

事件3：某高速公路工程，施工单位为了避免今后可能支付延误赔偿金的风险，要求将路基的完工时间延长6个星期，施工单位的理由如下：

(1)30年以上一遇的降雨。

(2)现场劳务不足。

(3)建设单位在原工地现场之外的另一地方追加了一项额外工作。

(4)无法预见的恶劣土质条件，使路基施工难度加大。

(5)施工场地使用权提供延误。

(6)工程款不到位。

【问题】

1. 针对事件1背景材料：

(1)监理工程师可否批准此变更，请写出理由。

(2)应以哪个单价支付？

2. 针对事件2背景材料：

(1)此质量事故中，施工单位和监理各存在哪些主要问题？出现此问题的原因是什么？

(2)对此质量事故，监理工程师应如何处理？

3. 针对事件3背景材料：

(1)以上哪些延误是非承包人承担风险的延误？监理工程师可批准延长工期。

(2)上述的现场劳务不足问题，监理工程师认为其是承包人自己的责任，由此引起的延误是不可原谅延误，不同意就此延长工期，这样处理对吗？

(3)哪些是建设单位的责任？监理工程师该如何处理？

【参考答案】

第1问：

(1)对变更的处理：监理工程师可以批准此变更，因为从题目中可知，改为砂砾填筑后，路基强度更高，满足合同质量要求，而且施工单位的费用也降低了，对建设单位和施工单位均有利。

(2)支付的单价：应以山皮土的单价支付。因为虽然变更后路基强度提高，但这并不是因为合同中约定的质量标准的改变而引起的，而是由于施工单位施工方案的改变而引起的，所引起的费用变化由施工单位承担。此外，砂砾垫层的单价是路面工程(300章)中的单价，明显不适合路基填筑。

第2问：

(1)施工单位存在的主要问题：①擅自分包；②分包工程质量失控。

监理单位存在的主要问题：①没有制止分包队伍进场；②对现场巡视、检查不够，未及时发现质量问题；③对完工工程未进行认真的检查验收，致使不合格工程通过了验收。

出现此问题的原因：①施工单位与监理工程师的合同意识淡薄；②施工单位质量意识淡薄，放松或放弃了对分包工程的管理；③监理单位质量意识淡薄，未认真履行职责，严重失职。

(2)监理工程师对此质量事故的处理：①要求施工单位尽快提交质量事故报告、质量事故分析报告及返工处理方案，经审核后报告建设单位；②责令施工单位立即和非法分包人解除合同；③监督施工单位对不合格路段立即进行返工处理，处理完成并自检合格后报监理工程师，按规范要求检查验收；④要求施工单位更换不称职的管理人员；⑤对现场失职的监理人员进行责任处理。

第3问:

(1)可批准延长工期的为:(1)(3)(4)(5)(6)。

(2)第2条对。现场劳力不足是承包人内部组织管理不当,不能给予工期延长。

(3)在履行合同过程中,由于建设单位的原因造成工期延误的,施工单位有权要求建设单位延长工期和(或)增加费用,并支付合理利润。

本题目中属于建设单位的责任是(3)(5)(6),监理工程师的处理为:对(3)要求建设单位适当增加工程价款,影响关键线路工期的应适当延长工期;对(5)使用权提供延误时间顺延工期,若施工单位提出索赔,应按合同条款给予相应补偿;对(6)要求建设单位按合同约定准时拨付工程款,或双方达成延期付款协议,给予施工单位适当补偿,受影响的工期顺延。

【答案解析】

第1问:(1)可以批准变更,因为本题目中更换路基填料属于"改变合同中任何一项工作的质量或其他特性"的情况,符合《公路工程标准施工招标文件》(2018年版)合同条款中变更的范围和内容的情形之一。

(2)应以原单价支付,理由同参考答案。根据《公路工程标准施工招标文件》(2018年版)规定,施工单位提出的合理化建议降低了合同价格或者提高了工程经济效益的,建设单位按项目专用合同条款数据表中规定的金额给予奖励。因砂砾较山皮土便宜,因此按原填料单价支付也相当于建设单位针对施工单位的合理化建议给予的奖励。

第2问:根据《公路水运建设工程质量事故等级划分和报告制度》规定,公路建设工程质量事故分为特别重大质量事故、重大质量事故、较大质量事故和一般质量事故四个等级;直接经济损失在一般质量事故以下的为质量问题。一般质量事故,是指造成直接经济损失100万元以上1000万元以下,或者除高速公路以外的公路项目中桥或大桥主体结构垮塌、中隧道或长隧道结构坍塌的事故。

质量事故相关处理办法:

(1)《关于严格落实公路工程质量责任制的若干意见》(交公路发〔2008〕116号)文件规定,严格执行质量责任追究制度。质量事故处理实行"四不放过"原则:事故原因调查不清不放过;事故责任者没有受到教育不放过;没有防范措施不放过;相关责任人没受到处理不放过。

(2)《建设工程质量管理条例》规定,建设工程发生质量事故,有关单位应当在24小时内向当地建设行政主管部门和其他有关部门报告。《公路工程标准施工招标文件》(2018年版)规定,质量事故发生后,施工单位(事故发生单位)必须以最快的方式,将事故的简要情况同时向建设单位、监理单位、质量监督机构报告。在质量监督机构初步确定质量事故的类别性质后,再按要求进行报告。质量事故等级的划分和报告制度应按照《公路水运工程质量监督管理规定》和《公路水运建设工程质量事故等级划分和报告制度》的规定办理。

(3)质量事故书面报告内容:①工程项目名称,事故发生的时间、地点,建设、设计、施工、监理等单位名称。②事故发生的简要经过、造成工程损伤状况、伤亡人数和直接经济损失的初步估计。③事故发生原因的初步判断。④事故发生后采取的措施及事故控制情况。⑤事故报告单位。

(4)监理人考察了事故现场,提出处理意见,施工单位在上报事故报告、查明事故原因、消除事故产生的危害和影响之后的7天之内,可向监理人提交复工报告,请求批准复工。若事故原因迟迟未能查明,监理人认为事故隐患尚未消除时,施工单位不得复工,直到事故原因查明并采取补救措施为止。

监理工程师对此质量问题的处理办法:①要求施工单位尽快提交质量问题分析报告及返工处理方案,经审核后报告建设单位;②责令施工单位立即驱逐非法分包人;③监督施工单位对不合格路段立即进行返工处理,处理完成并自检合格后报监理工程师,按规范要求检查验收;④要求施工单位更换不称职的管理人员;⑤对现场失职的监理人员进行责任处理。

第3问:(1)特别严重的降雨,属于异常恶劣的气候条件导致工期延误,施工单位有权要求建设单位延长工期,监理工程师可批准。根据《公路工程标准施工招标文件》(2018年版),异常气候是指项目所在地30年以上一遇的罕见气候现象(包括温度、降水、降雪、风等)。此项属于不可抗力,既不属于建设单位责任也不属于施工单位责任。

(2)现场劳务不足,属于施工单位自身的原因造成的工期延误,监理工程师不可批准延长工期。

由于施工单位管理原因,导致现场劳务不足,未能按合同进度计划完成工作,施工进度不能满足合同工期要求的,施工单位应采取措施加快进度,并承担加快进度所增加的费用。监理工程师认为其属于承包人自己的责任,由此引起的延误是不可原谅延误,不同意就此延长工期,处理完全正确。并且若造成整体工期延误,施工单位应支付逾期竣工违约金。

(3)建设单位在原工地现场之外的另一地方追加了一项额外工作,属于增加合同工作内容,监理工程师可批准延长工期。此项属于建设单位责任,施工单位有权要求建设单位延长工期和增加费用,并支付合理利润。

(4)无法预见的恶劣土质条件,使路基施工难度加大,监理工程师可批准延长工期。根据《公路工程标准施工招标文件》(2018年版),此项属于不利物质条件情形,除专用合同条款另有约定外,不利物质情形是指施工单位在施工场地遇到的不可预见的自然物质条件、非自然的物质障碍和污染物,包括地下和水文条件。施工单位遇到不利物质条件时,应采取适应不利物质条件的合理措施继续施工,并及时通知监理人。监理人应当及时发出指示,指示构成变更的,按约定办理。监理人没有发出指示的,施工单位因采取合理措施而增加的费用和工期延误,由建设单位承担。

(5)施工场地使用权提供延误,属于建设单位延迟提供土地使用权,监理工程师可批准延长工期。处理办法:监理工程师督促建设单位及时提供土地使用权,批准延长工期,若施工单位提出索赔,应按合同条款给予相应补偿。

(6)工程款不到位,属于建设单位未按合同约定及时支付预付款、进度款,监理工程师可批准延长工期。处理办法:监理工程师督促建设单位按约定及时支付工程款,或双方达成延期付款协议,给予施工单位适当补偿,工期顺延。

案 例 五

【背景材料】 某高速公路12合同段为桥梁工程,建设单位与A监理公司签订了监理合同,建设单位与B公司签订了施工合同。

事件1:在基坑开挖过程中,发现地下水位过高,挖土排水困难,加大了支护费用。

事件2:招标时,建设单位提供了砂石填料的运距,进场后,原料场的材料经检验后为不合格材料,监理工程师要求施工单位重新选择料场,新料场选定后,运距有较大增加,运费相应加大。

事件3:某隐蔽工程在覆盖前,施工单位已通知监理工程师检查,监理工程师检查后签字同意该隐蔽工程覆盖,1个月后,有人举报该隐蔽工程在施工过程中有质量问题,监理工程师下令施工单位再揭露并重新检验,检验后质量符合要求,并重新覆盖。

【问题】

1. 施工单位对事件1、2、3均提出了费用索赔,监理工程师应批准施工单位费用索赔的事件是哪些?

2. 请逐个说明对事件1、2、3批准索赔或不批准索赔的理由。

【参考答案】

第1问:

监理工程师应批准事件3,即隐蔽工程揭露后重新检验此项事件的费用索赔要求。

第2问:

对事件1即基坑开挖事件中的支护费用增加,不批准索赔。因为基坑开挖的费用已包含在基坑开挖的单价内,根据合同条件此项费用不单独计量支付,且地下水位高是有经验的承包人能够合理预见到的风险,施工单位的基坑开挖单价中应该考虑到此项风险并包含在单价中。

对事件2即料场的重新选定后增加的费用,不批准索赔。承包人可能会依据不可预见的外界障碍或自然条件向建设单位方提出费用补偿的要求,监理工程师不能同意施工单位的要求。因为依据通用合同条款的有关规定,应认为承包人通过建设单位所提供资料及现场考查,已取得可能对投标有影响或起作用的风险、意外等的必要资料,并且在报价中考虑这些因素的影响。同时,案例中所述情况是一个有经验的承包人能合理预计到的。

对事件3即隐蔽工程揭露后重新检验此项事件的费用索赔要求,应该批准。因为根据合同条款规定,对隐蔽工程揭露后重新检验时,应根据检验结果进行处理。如果重新检验的质量合格,应补偿此项费用并顺延工期;如果质量不合格,费用由施工单位承担,并且不顺延工期。题目中,重新检验后的质量合格,所以应该批准此项索赔要求。

【答案解析】

根据合同及相关规定,事件1、2是有经验的承包人能够合理预见到的风险,为施工单位应承担的风险。根据《公路工程标准施工招标文件》(2018年版)通用合同条款13.5.3有关规定,事件3隐蔽工程揭露后重新检验此项事件的费用索赔要求应批准。

案 例 六

【背景材料】 某高速公路施工承包合同中合同文件的优先次序排列如下:

(1)中标通知书; (2)合同协议书;

(3)专用合同条款; (4)通用合同条款;

(5)投标书; (6)图纸;

(7)技术规范; (8)已标价工程量清单。

承包人在进行通道箱涵的施工时,发现合同文件中技术规范与图纸的规定不一致。技术规范要求回填料为宽度不小于50cm、塑性指数不大于12的土方,而图纸中规定回填料为宽度不小于1m的天然砂砾。承包人认为投标报价是按技术规范进行的,按技术规范施工符合合同要求;而建设单位认为按设计图纸施工有利于保证工程质量,且招标文件是由建设单位编制的,在出现不一致的情况下应由建设单位解释。因此,建设单位要求承包人按图纸施工。

【问题】

1. 根据《公路工程标准施工招标文件》(2018年版)规定,题中合同文件的优先次序排列是否正确?如果不正确,请写出正确的优先次序排列。

2. 根据《公路工程标准施工招标文件》(2018年版),对承包人和建设单位的争议,哪一个观点符合合同规定?为什么?

3. 如果合同中未规定合同文件的优先次序,则根据《中华人民共和国民法典》第三编合同,应按哪一个观点执行?为什么?

4. 根据《公路工程标准施工招标文件》(2018年版),如果建设单位坚持按设计图纸施工,而监理工程师也觉得按图纸施工有利于提高工程质量,则监理工程师应按合同什么规定处理?

【参考答案】

第1问:

不正确,正确的优先次序排列如下:

(1)合同协议书; (2)中标通知书;

(3)投标书; (4)专用合同条款;

(5)通用合同条款; (6)技术规范;

(7)图纸; (8)已标价工程量清单。

第2问:

承包人的观点更符合合同规定。因为按合同规定的合同文件优先次序,技术规范优先于图纸,因此,在二者发生矛盾时,应以技术规范为准。建设单位的解释和要求不符合合同优先次序的原则。

第3问:

如果合同中未规定合同文件的优先次序,则根据《中华人民共和国民法典》第三编合同的规定,应按承包人的解释即技术规范的规定来执行。因为现行民法典规定的合同解释原则是反义居先原则。《中华人民共和国民法典》第三编合同规定,当格式合同中存在互相不一致的现象时,应按照非起草(提供)格式合同的一方的理解来执行。招标文件是由建设单位或其委托的单位起草提供的,因此,在出现矛盾时,应按承包人的理解来执行。

第4问:

如果建设单位坚持按图纸施工,而监理工程师也觉得按图纸施工更有利于保证工程质量,则监理工程师应下达工程变更令,指示承包人按设计图纸施工。然后,按合同中规定的变更工程造价确定原则与方法确定承包人执行此项指示后的造价及费用。

【答案解析】

本题考查了监理工程师应该掌握的《公路工程标准施工招标文件》(2018年版),包括其中的合同文件优先次序、合同争议处理、工程变更指令等有关规定内容。

案　例　七

【背景材料】 某工程项目,建设单位通过招标选择了某施工单位进行该项目的施工。在签订工程施工承包合同前,建设单位委托了一家建设工程监理公司协助建设单位完善和签订工程施工承包合同,并承担该建设工程项目施工阶段的监理任务。

建设单位和施工单位草拟的工程施工合同条件包含以下条款:

(1)施工单位按监理工程师批准的施工组织设计(或施工方案)组织施工,施工单位不应承担因此引起的工程延期和费用增加的责任。

(2)监理工程师应对施工单位提交的施工组织设计进行审批或提出修改意见。

(3)建设单位向施工单位提供施工场地的工程地质和地下主要管网线路资料,供施工单位参考使用。

(4)施工单位不能将工程转包,但允许分包,也允许分包单位将分包的工程再次分包给其他施工单位。

(5)无论监理工程师是否进行验收,当要求对已经隐蔽的工程重新检验时,施工单位应按要求进行剥离或开孔,并在检查后重新覆盖或修复。检验合格,建设单位承担由此发生的工期和费用损失,并支付施工单位合理利润。检验不合格,施工单位承担发生的全部费用,工期应予顺延。

(6)施工单位应按协议条款约定的时间向监理工程师提交实际完成工程量的报告。监理工程师接到报告3天内按施工单位提供的实际完成的工程量报告核实工程量(计量),并在计量24小时前通知施工单位。

【问题】

上述合同条款是否妥当?如不妥,请逐条指出不妥之处,并提出如何改正。

【参考答案】

(1)第(1)条中,“施工单位不应承担因此引起的工程延期和费用增加的责任”不妥。应改为:施工单位按监理工程师批准的施工组织设计(或施工方案)组织施工,但不排除其自身原因引起的工程延期和费用增加的责任。

(2)第(2)条中,“监理工程师应对施工单位提交的施工组织设计进行审批或提出修改意见”不妥。因为监理工程师职责不应出现在施工合同中。应改为:施工单位应向监理工程师提交施工组织设计,供其审批或提出修改意见。

(3)第(3)条中,“供施工单位参考使用”不妥。应改为:建设单位应保证资料和数据的准确性,以指导施工单位进行现场施工。

(4)第(4)条不妥,应改为:施工单位不得将工程主体、关键性工作分包给第三人,经建设单位同意,施工单位可将工程其他部分或工作分包给第三人。分包工程不得再次分包。

(5)第(5)条不妥,应改为:已经隐蔽的工程,按监理人要求重新检验,若检验不合格,由此引起的工期和费用损失均由施工单位承担。

(6)第(6)条中,“监理工程师接到报告3天内按乙方提供的实际完成的工程量报告核实工程量(计量),并在计量24小时前通知乙方”不妥。应改为:监理工程师接到施工单位提交的工程量报表后7天内进行复核,监理人未按约定时间内复核的,施工单位提交的工程量报表中的工程量视为施工单位实际完成的工程量,据此计算工程价款。

【答案解析】

详见《公路工程标准施工招标文件》(2018 年版)通用合同条款 13.5“工程隐蔽部位覆盖前的检查”规定以及其他通用合同条款的规定。

案　例　八

【背景材料】　某工程建设项目,在实施过程中发生了两件事情:

事件 1:该建设项目的建设单位提供了地质勘查报告,报告显示地下土质良好。施工单位依此编制了施工方案,拟用挖方余土做通往项目所在地道路基础的填方。由于基础开挖施工时正值雨季,开挖后土方潮湿,且易破碎,不符合道路填筑要求。施工单位不得不将余土外运,另外取土作为道路填方材料。

事件 2:该工程按合同约定的总工期计划,应于某年某月某日开始现场拌制混凝土。因施工单位的混凝土设备迟迟不能运往工地,施工单位决定使用商品混凝土,但被建设单位否决。而在承包合同中未明确规定使用何种混凝土。施工单位不得已,只有继续组织混凝土搅拌设备进场,由此导致施工现场停工,工期拖延和费用增加。

【问题】

1. 对于事件 1,施工单位是否可以提出赔偿要求?并请说明理由。

2. 对于事件 2,施工单位是否可以提出赔偿要求?并请说明理由。

【参考答案】

第 1 问:

由于施工单位在雨季开挖导致土方不能利用,是施工单位施工安排不当造成的,责任在施工单位,所以施工单位也不能就另外取土而提出索赔要求。

因为:①合同规定施工单位对建设单位提供的水文地质资料的理解负责,而地下土质可用于填方,这是施工单位对地质报告的理解,应由施工单位自己负责。②取土填方作为施工单位的施工方案,也应由其自己负责。

第 2 问:

施工单位可以要求工期和费用索赔。

因为合同中未明确规定一定要用工地现场搅拌的混凝土(施工方案不是合同文件),则商品混凝土只要符合规定的质量标准也可以使用,不必经建设单位批准。因为按照有关要求,施工方法由施工单位负责,在不影响或为了更好地保证合同总目标的前提下,可以选择更为经济合理的施工方案,建设单位不得随便干预。在这个前提下,建设单位反对施工单位使用商品混凝土,是一个变更指令,对此可以进行工期和费用索赔。但该项索赔必须在合同规定的索赔有效期内提出。施工单位不能因为使用商品混凝土要求建设单位补偿任何费用。

【答案解析】

考查了《公路工程标准施工招标文件》(2018 年版)通用合同条款第 11.3 款“发包人的工期延误”规定。

本题的事件 1 性质不同于由于地质条件恶劣造成基础设计方案变化,或造成基础施工方案变化的情况,故不得要求索赔。

案 例 九

【背景材料】 某高速公路建设项目,建设单位与施工单位签订了工程施工合同。在工程施工过程中,遭受特大暴风雨和洪水不可抗力袭击,使工程遭受到较大损失,施工单位及时向监理工程师提出索赔要求,并附有与索赔有关的资料和证据。索赔报告的基本内容如下:

(1)遭特大暴风雨和洪水袭击属不可抗力,是因非施工单位原因造成的损失,故应由建设单位承担赔偿责任。

(2)给已建部分工程造成破坏,损失22万元,其修复费用应由建设单位承担,施工单位不承担修复的经济责任。

(3)施工单位人员因此灾害导致数人受伤,处理伤病医疗费用和补偿金总计2.5万元,建设单位应给予赔偿。

(4)施工单位进场的正在使用的机械、设备受到损坏,造成损失6万元,由于现场停工造成台班费损失3万元,建设单位应负担赔偿和修复的经济责任。工人窝工费3万元,建设单位应予以支付。

(5)因特大暴风雨和洪水造成工地停工10天,要求合同工期顺延10天。

(6)由于工程破坏,现场清理需费用2万元,建设单位应予支付。

【问题】

1. 监理工程师接到施工单位提交的索赔申请后,应进行哪些主要工作?

2. 不可抗力发生风险承担的原则是什么?

3. 对施工单位提出的要求如何处理?(请逐条回答)

【参考答案】

第1问:

监理工程师接到施工单位提交的索赔申请后应进行以下主要工作:①审查施工单位的索赔申请内容;②查验施工单位的记录和证明材料,根据索赔成立原则和现场情况,判定索赔是否成立;③征得建设单位同意,与施工单位协商补偿;④签发索赔处理决定,当监理工程师确定的索赔额超过其权限范围时,必须报建设单位批准。

第2问:

不可抗力风险承担责任的原则:①永久工程,包括已运至施工现场的材料和工程设备的损害,以及因工程损害造成的第三者人员和财产的损失由建设单位承担;②人员伤亡和其他财产损失由其所属单位负责,并承担相应费用;③施工单位设备的损坏由施工单位承担;④施工单位停工损失由施工单位负责,但停工期间应监理工程师要求照管的工程和清理、修复工程的金额由建设单位承担;⑤不能按期竣工的,应合理延长工期,施工单位不需支付逾期竣工违约金。建设单位要求赶工的,施工单位应采取赶工措施,赶工费用由建设单位承担。

第3问:

对索赔报告中6条的处理方式分别如下:

第(1)条:经济损失由双方分别承担,工程延期应予签证顺延;

第(2)条:工程修复、重建22万元工程款应由建设单位支付;

第(3)条:索赔不予认可,由施工单位承担;

第(4)条：索赔不予认可，由施工单位承担；

第(5)条：工期顺延10天；

第(6)条：现场清理需费用2万元，由建设单位承担。

【答案解析】

第1问：考查了《公路工程标准施工招标文件》(2018年版)的不可抗力造成损害的责任分配问题。

第2、3问：考查了《公路工程标准施工招标文件》(2018年版)通用合同条款第23条“索赔”部分的有关规定。

案　例　十

【背景材料】 某公路工程项目，公开招标后根据招投标文件签订了施工合同，合同工期为12个月，当工程进展到一半工期时，承包人提出申请延期，其延期理由为：原有的电信电缆拆迁延误。承包人申述：因土方工程(关键路线上)电信电缆迁移问题迟迟未能解决，应由第三方将电信电缆移走的工程直到上月才完成，造成工期延长，针对此事件须给予延期5个月。

【问题】

上述施工单位延期申请能否批准？为什么？

【参考答案】

施工单位延期申请可以批准。因为：(1)土方工程处于工期关键线路上，因拆迁问题耽误施工，直接导致工期发生了延误。

(2)原有的电信电缆拆迁由第三方施工，为建设单位应承担的责任，所以施工单位此项工期索赔可以成立。

(3)根据《公路工程标准施工招标文件》(2018年版)中通用合同条款23.1关于“承包人索赔的提出”中规定，索赔事件发生后，施工单位应在索赔事件发生后的28天内向监理人递交索赔意向通知书，声明将对此事件提出索赔，并在索赔事件影响结束后的28天内向监理人递交最终索赔通知书。故在施工单位施工到一半时，该索赔事件还未结束，对上述事件提出了5个月工期索赔申请，施工单位没有超出索赔期限要求，监理人可同意施工单位此项索赔请求。

【答案解析】

本题主要考核考生索赔事件问题掌握，考生应熟悉索赔的程序、索赔的依据、索赔发生后能否形成索赔的必要条件。主要包括：索赔是由谁造成的，索赔事件发生合同双方应承担的条件比例，索赔发生后是否引起关键线路的调整，调整了多少，索赔事件上报的各种时限要求，索赔事件资料的收集和整理等。

案　例　十　一

【背景材料】 某公路工程有一分部工程为人行天桥，施工中发现原设计图纸错误，监理工程师通知施工单位暂停该部分工程，并下达了工程暂停令，待图纸修改后，发布了工程变更令，继续进行施工。另外，还由于增加额外工程，监理工程师又下达了工程变更令，施工单位对此两项延误,提出了索赔要求。

【问题】

1. 施工单位可提出哪几种索赔? 依据是什么?

2. 针对工程设计变更,工程建设三方都可以提出变更意见吗? 分别向谁提出?

【参考答案】

第1问:

(1)施工单位可提出两项索赔:一是延长工期的索赔;二是工程费用增加的索赔。

(2)依据:由于建设单位提供图纸有误,以及更正图纸等指示延误,对工程进度造成影响,根据《公路工程标准施工招标文件》(2018年版)通用合同条款11.3规定,属于发包人的原因造成工期延误,承包人有权要求发包人延长工期和(或)增加费用,并支付合理利润。

同时,依据规定,由于增加额外工程的变更令,故应适当延长工期天数。又根据通用合同条款第15.1~15.4款规定,增加本合同的工程量,对增加工程量应以估价,给予一定的费用索赔认可。

第2问:

(1)工程建设三方都可以提出工程设计变更意见。

(2)施工单位的工程设计变更意见应向监理机构提出,监理机构审核后报送建设单位处理。监理机构的工程设计变更意见应逐级提出,由总监办审核后报送建设单位处理。建设单位的工程设计变更意见可直接向设计单位提出,必要时征求监理机构的意见。

【答案解析】

索赔处理详见《公路工程标准施工招标文件》(2018年版)通用合同条款第15条"变更"和第23条"索赔"部分的有关规定。

二、工程进度控制类案例

案 例 十 二

【背景材料】 某公路工程项目,发包人通过公开招标选定了承包人。并依据招标文件和投标文件,与承包人签订了施工合同。合同中规定合同工期160天,承包人编制的初始网络进度计划,如图所示。

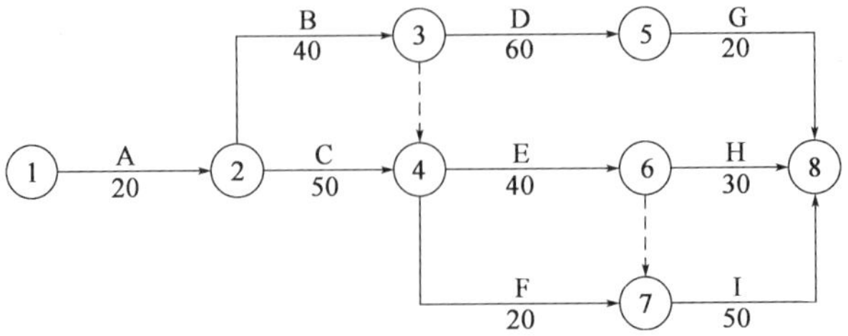

由于施工工艺要求,该计划中B、D、H三项工作施工需使用同一台吊装机械。上述工作由于施工机械的限制只能按顺序施工,不能同时平行进行。

开工前,承包人需提交实施性施工组织设计文件,供监理工程师批准后才可组织施工。在施工过程中发生如下事件:

事件1:施工过程中,在B工作施工中遇到地下有大量文物,使整个工程停工15天。

事件2:F工作施工过程中,由于施工机械出现故障,F工作停工20天。

事件3:施工过程中,发包人对H工作进行了设计变更,使工作H增加了工程量,作业时间延长了20天。

【问题】

1. 对承包人的初始网络进度计划进行调整,以满足施工工艺和施工机械对施工作业顺序的制约要求。

2. 调整后的网络进度计划总工期为多少天? 关键工作有哪些?

3. 承包人编制实施性施工组织设计文件应包括哪些内容?

4. 针对施工过程中发生的3个事件,承包人提出了55天的工期索赔申请,对承包人提出的索赔要求如何处理?(请逐条回答)

【参考答案】

第1问:

对初始网络进度计划进行调整,结果如图所示。

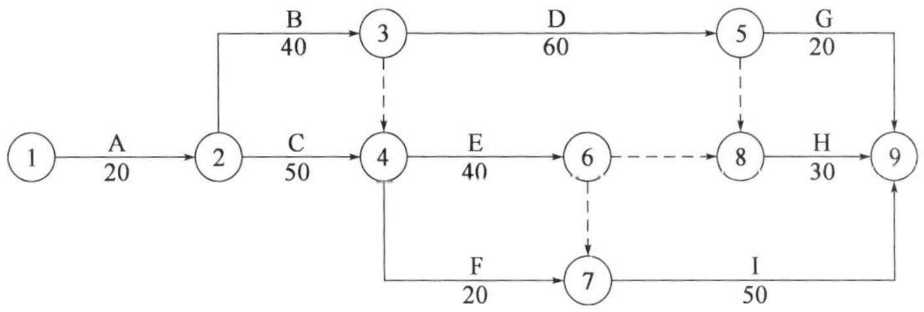

第2问:

(1)总工期仍为160天。

(2)关键工作有A、C、E、I。

第3问:

承包人编制实施性施工组织设计文件应包括的内容有:

(1)编制说明;(2)编制依据;(3)工程概况;(4)施工总体部署;(5)主要分部分项工程的施工方案;(6)施工进度计划;(7)资源供需计划;(8)施工平面布置;(9)季节性施工保证措施;(10)质量、安全、职业健康、环境保护、文明施工等方面的保证措施。

第4问:

(1)针对事件1,施工中发现文物,其风险由发包人承担,应予以补偿工期,但B工作有10天的总时差,应予以补偿工期5天。

(2)针对事件2,施工中由于施工机械出现故障导致的停工,属于承包人的责任,不能予以工期补偿。

(3)针对事件3,由于发包人对工程变更,导致工程量增加,延长了工期,属于发包人应承担的责任,应予以补偿工期,但H工作有10天的总时差,应予以补偿工期10天。

【答案解析】

本题考查的方向是施工组织设计的知识点,重点考查考生对施工组织设计的内容、双代号网络图的绘制与时间参数计算及《公路工程标准施工招标文件》(2018 年版)的掌握情况。

施工组织设计的基本内容、网络图的绘制与时间参数计算是进度控制的基础知识,不再作进一步详细说明,具体可查阅《交通运输工程目标控制(基础知识篇)》。

《公路工程标准施工招标文件》(2018 年版)通用合同条款 1.10.1 规定,在施工场地发掘的所有文物、古迹以及具有地质研究或考古价值的其他遗迹、化石、钱币或物品属于国家所有。一旦发现上述文物,承包人应采取有效合理的保护措施,防止任何人员移动或损坏上述物品,并立即报告当地文物行政部门,同时通知监理人。发包人、监理人和承包人应按文物行政部门要求采取妥善保护措施,由此导致费用增加和(或)工期延误由发包人承担。

《公路工程标准施工招标文件》(2018 年版)通用合同条款 6.3 规定,承包人承诺的施工设备必须按时到达现场,不得拖延、缺短或任意更换。尽管承包人已按承诺提供了上述设备,但若承包人使用的施工设备不能满足合同进度计划和(或)质量要求时,监理人有权要求承包人增加或更换施工设备,承包人应及时增加或更换,由此增加的费用和(或)工期延误由承包人承担。

《公路工程标准施工招标文件》(2018 年版)通用合同条款 11.3 规定,在履行合同过程中,由于发包人增加合同工作内容,提供图纸延误,改变合同中任何一项工作的质量要求或其他特性,发包人迟延提供材料、工程设备或变更交货地点等原因造成工期延误的,承包人有权要求发包人延长工期和(或)增加费用,并支付合理利润。即使由于发包人原因造成工期延误,如果受影响的工程并非处在工程施工进度网络计划的关键线路上,则承包人无权要求延长总工期。

案 例 十 三

【背景材料】 某公路工程项目施工项目,承包人提交的并经监理工程师认可的分项工程双代号网络图如下,第 12 天晚上检查时发现 F、G、H 工序分别还需 3 天、6 天、12 天才能完成。

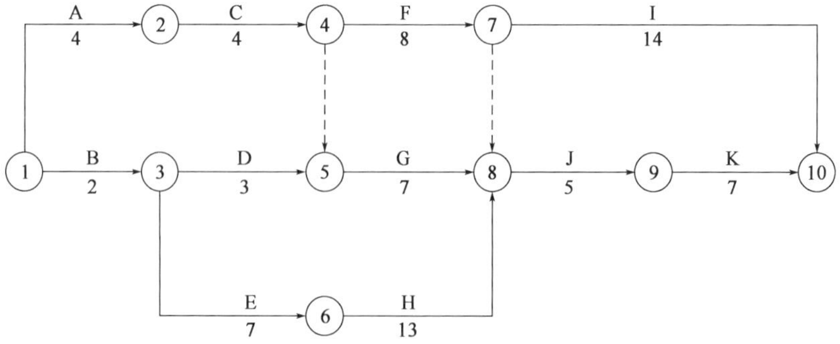

【问题】

1. 计算双代号网络图的节点时间参数,并确定关键线路。

2. 评价 F、G、H 工序进度提前或延误天数。

3. 如果上述结果是非承包人责任,对承包人的延期申请应批几天?

4. 如果由于承包人的原因或责任致使工期延误，监理工程师签发指令要求承包人采取组织措施和技术措施加快施工进度。

(1)这里所指的组织措施和技术措施包括哪些内容？

(2)采取上述措施所发生的费用如何处理？

【参考答案】

第1问：

节点时间参数，如下图。关键线路为：①→③→⑥→⑧→⑨→⑩。

第2问：

评价各工序进度情况：

F 延误 = 12 + 3 - 16 = -1　提前1天；

G 延误 = 12 + 6 - 15 = 3　延误3天；

H 延误 = 12 + 12 - 22 = 2　延误2天。

第3问：

F 提前1天，不存在延期问题。G 延误3天，不在关键线路上，且不大于总时差，不影响总工期。H 延误2天，在关键线路上，影响总工期延长2天。因此，对承包人的延期申请应批2天。

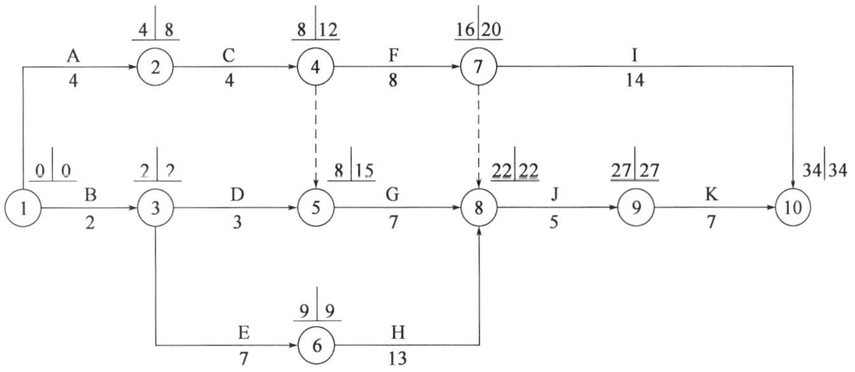

第4问：

(1)组织措施包括：

①组织增加机械设备和劳力。

②调换素质较高的人员进场，加强施工现场管理。

③增加每天施工时间，但需上报监理工程师批准。

(2)技术措施包括：

①改进施工技术、缩短工艺时间。

②采用性能先进的施工机械。

③将顺序作业法改为流水作业法或平行作业法。

采取上述措施所发生的费用全部由承包人承担。因为是承包人的原因导致工期延误，监理工程师的指令，是促使承包人履行合同义务。

【答案解析】

本题考查的方向是双代号网络图时间参数计算、工程进度检查与评价方法、工程进度计划调整措施,以及《公路工程标准施工招标文件》(2018 年版)的掌握情况。

双代号网络图时间参数计算、工程进度检查与评价方法,以及工程进度计划调整措施是进度控制的基础知识,不再作进一步详细说明,具体可查阅《交通运输工程目标控制(基础知识篇)》。

《公路工程标准施工招标文件》(2018 年版)通用合同条款 11.3 规定,在履行合同过程中,由于发包人增加合同工作内容、提供图纸延误等发包人原因造成工期延误的,承包人有权要求发包人延长工期和(或)增加费用,并支付合理利润。即使由于发包人原因造成工期延误,如果受影响的工程并非处在工程施工进度网络计划的关键线路上,则承包人无权要求延长总工期。

《公路工程标准施工招标文件》(2018 年版)通用合同条款 11.5 规定,由于承包人原因,未能按合同进度计划完成工作,或监理人认为承包人施工进度不能满足合同工期要求的,承包人应采取措施加快进度,并承担加快进度所增加的费用。

案 例 十 四

【背景材料】 某公路工程项目的施工承包合同,承包人提交的经监理工程师批准的进度计划如下图所示。在施工过程中,发生了如下事件:

事件 1:在 B 工作的基础开挖过程中,实际土质与发包人在招标时提供的参考资料中给定地质资料不符,造成该工作的持续时间增加了 20 天,工程费用增加 5 万元。

事件 2:在 E 工作施工中,承包人除了按设计要求对基底进行了妥善处理外,承包人为了保证质量,扩大了基坑底面尺寸,还将基础混凝土强度由 C15 提高到 C20,造成该工程的持续时间增加了 10 天,工程费用增加 3 万元。

事件 3:在 J 工作施工过程中,因发包人提供的施工图纸有误,造成该工程的持续时间增加了 20 天,工程费用增加 2 万元。

事件 4:进入雨季施工,恰逢 50 年一遇的大暴雨,造成全场性停工,停工损失 3 万元,工期增加了 10 天。

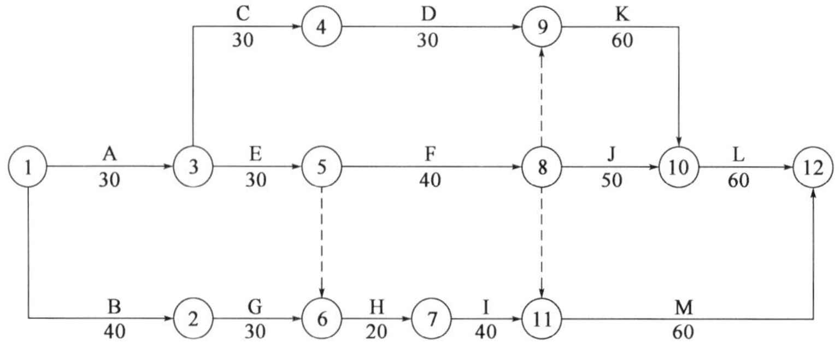

【问题】

1. 确定该工程的总工期和关键线路,D 和 M 工作的总时差和局部时差分别是多少?

2. 针对施工过程中发生的 4 个事件,承包人提出了工期索赔和费用索赔,对其索赔要求如

何处理？（请逐条回答）

【参考答案】

第1问：

该工程的总工期为220天。

关键线路为：①→③→⑤→⑧→⑨→⑩→⑫。

D工作的总时差10天，局部时差10天。M工作的总时差30天，局部时差30天。

第2问：

(1)对事件1，承包人所提出的费用索赔和工期索赔均不成立。因为发包人提供的参考资料不构成合同文件，对于发包人提供的参考资料承包人应对其就该资料的解释、推论和使用负责，这是承包人应承担的风险。

(2)对事件2，承包人所提出的费用索赔和工期索赔均不成立。因为扩大基坑底面尺寸及提高混凝土强度等级并非由监理人下达变更指令所致，该工作属于承包人采取的质量保证措施。

(3)针对事件3，承包人所提出的费用索赔成立，因为这是由于发包人提供的施工图纸有误。工期索赔成立，因J工作有10天的总时差，延误20天超过了总时差，可以索赔工期10天。

(4)针对事件4，承包人所提出的费用索赔不成立，工期索赔成立。因为该事件是由于异常恶劣的气候条件造成的，承包人不应得到费用补偿。

【答案解析】

本题考查的方向是双代号网络图时间参数计算，以及《公路工程标准施工招标文件》(2018年版)的掌握情况。

双代号网络图时间参数计算是进度控制的基础知识，不再作进一步详细说明，具体可查阅《交通运输工程目标控制(基础知识篇)》。

《公路工程标准施工招标文件》(2018年版)专用合同条款4.10.1规定，发包人提供的本合同工程的水文、地质、气象和料场分布、取土场、弃土场位置等资料均属于参考资料，并不构成合同文件的组成部分，承包人应对自己就上述资料的解释、推论和应用负责，发包人不对承包人据此做出的判断和决策承担任何责任。

《公路工程标准施工招标文件》(2018年版)专用合同条款13.2.4规定，承包人应当建立健全工程质量保证体系，制定质量管理制度，强化工程质量管理措施，完善工程质量目标保障机制；严格遵守国家有关法律、法规和规章，严格执行公路工程强制性质量标准、各类技术规范及规程，全面履行规程合同义务。

《公路工程标准施工招标文件》(2018年版)专用合同条款1.6.4规定，当承包人在查阅合同文件或在本合同工程实施过程中，发现有关的工程设计、技术规范、图纸或其他资料中的任何差错、遗漏或缺陷后，应及时通知监理人。监理人接到该通知后，应立即就此作出决定，并通知承包人和发包人。发包人提供的施工图纸有误导致的工期与费用损失，属于由于发包人的原因造成工期延误的，承包人有权要求发包人延长工期和(或)增加费用，并支付合理利润。

《公路工程标准施工招标文件》(2018年版)通用合同条款11.4规定，由于出现专用合同条款规定的异常恶劣气候的条件导致工期延误的,承包人有权要求发包人延长工期。异常气候是指项目所在地30年以上一遇的罕见气候现象(包括温度、降雨、降雪、风等)。需注意的是异常恶劣气候条件导致的工程索赔,承包人只能得到工期补偿,不能得到费用补偿。

案例十五

【背景材料】 某公路工程项目的施工承包合同,承包人提交的经监理工程师批准的进度计划如下表所示。在施工过程中,发生了如下事件:

事件1:承包人施工至C工序时,发现地下存在一清代早期古墓,因考古发掘,造成工期延误10天,承包人费用增加1万元。

事件2:承包人施工E工序前,发包人要将原设计ϕ1.5m的圆管涵改为2×2m的盖板涵,设计院出涵洞图纸延误工期7天,施工费用增加2万元。

事件3:承包人施工至H工序时,遭遇台风,停工5天,造成施工单位的部分机械、设备受到损坏,需维修费2万元,工人窝工费1万元。

工　　序	施工内容	完成用时(天)	紧后工序
A	施工准备	15	B、C
B	路基清表	7	D
C	涵洞基础施工	10	E
D	93、94区填土	40	H
E	洞身施工	20	F
F	洞口施工	16	G
G	台背回填	10	H
H	96区填土	15	J
J	路基修整及验收	14	

【问题】

1. 请将此施工计划绘制成双代号时标网络图。

2. 确定关键线路和计划工期。

3. 针对施工过程中发生的3个事件,承包人提出了工期索赔和费用索赔,对施工单位提出的索赔要求如何处理?(请逐条回答)

【参考答案】

第1问:

双代号时标网络图如下。

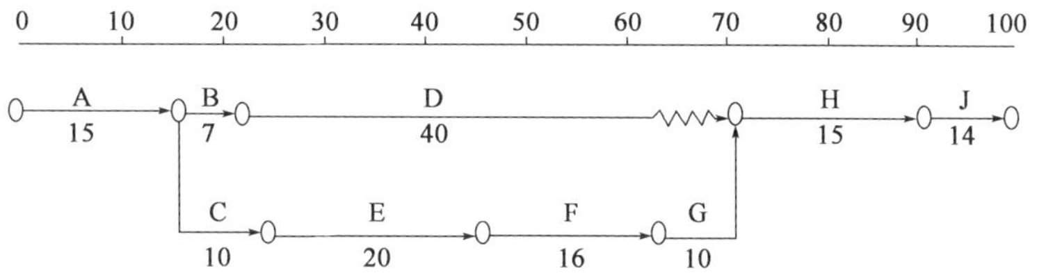

第 2 问:

关键线路为:A→C→E→F→G→H→J,计划工期为:100 天。

第 3 问:

(1)在事件 1 中,承包人针对事件 1 所提出的费用索赔和工期索赔均成立。因为施工中发现化石、文物,由此导致费用增加和(或)工期延误由发包人承担。由于 C 工序为关键工序,总时差为 0,所以增加工期 10 天,增加费用 1 万元。

(2)在事件 2 中,承包人针对事件 2 所提出的费用索赔和工期索赔成立,因为这是由于发包人修改设计图纸导致的。由于 E 工序为关键工序,总时差为 0,所以增加工期 7 天,增加费用 2 万元。

(3)在事件 3 中,承包人针对事件 3 所提出的费用索赔不成立,工期索赔成立。因为该事件是由于不可抗力造成的,承包人不应得到费用补偿。由于 H 工序为关键工序,总时差为 0,所以增加工期 5 天,增加费用 0 万元。

【答案解析】

本题考查的方向是双代号时标网络图的绘制与时间参数计算,以及《公路工程标准施工招标文件》(2018 年版)的掌握情况。

双代号时标网络图的绘制与网络图时间参数计算是进度控制的基础知识,不再作进一步详细说明,具体可查阅《交通运输工程目标控制(基础知识篇)》。

《公路工程标准施工招标文件》(2018 年版)通用合同条款 1.10.1 规定,在施工场地发掘的所有文物、古迹以及具有地质研究或考古价值的其他遗迹、化石、钱币或物品属于国家所有。一旦发现上述文物,承包人应采取有效合理的保护措施,防止任何人员移动或损坏上述物品,并立即报告当地文物行政部门,同时通知监理人。发包人、监理人和承包人应按文物行政部门要求采取妥善保护措施,由此导致费用增加和(或)工期延误由发包人承担。

《公路工程标准施工招标文件》(2018 年版)专用合同条款 11.3 规定,在履行合同过程中,由于发包人增加合同工作内容、提供图纸延误等发包人原因造成工期延误的,承包人有权要求发包人延长工期和(或)增加费用,并支付合理利润。即使由于发包人原因造成工期延误,如果受影响的工程并非处在工程施工进度网络计划的关键线路上,则承包人无权要求延长总工期。

《公路工程标准施工招标文件》(2018 年版)专用合同条款 21.1.1 规定,不可抗力是指承包人和发包人在订立合同时不可预见,在工程施工过程中不可避免发生并不能克服的自然灾害和社会性突发事件,包括但不限于:

(1)地震、海啸、火山爆发、泥石流、暴雨(雪)、龙卷风、水灾等自然灾害;

(2)战争、骚乱、暴动,但纯属承包人或其分包人派遣与雇佣的人员由于本合同工程施工原因引起者除外;

(3)核反应、辐射或放射性污染;

(4)空中飞行物坠落或非发包人或承包人责任造成的爆炸、火灾;

(5)瘟疫;

(6)项目专用合同条款约定的其他情形。

《公路工程标准施工招标文件》(2018 年版)通用合同条款 21.3.1 规定,除专用合同条款另有约定外,不可抗力导致的人员伤亡、财产损失、费用增加和(或)工期延误等后果,由合同双方按以下原则承担:

(1)永久工程,包括已运至施工场地的材料和工程设备的损害,以及因工程损害造成的第三者人员伤亡和财产损失由发包人承担;

(2)承包人设备的损坏由承包人承担;

(3)发包人和承包人各自承担其人员伤亡和其他财产损失及其相关费用;

(4)承包人的停工损失由承包人承担,但停工期间应监理人要求照管工程和清理、修复工程的金额由发包人承担;

(5)不能按期竣工的,应合理延长工期,承包人不需支付逾期竣工违约金。发包人要求赶工的,承包人应采取赶工措施,赶工费用由发包人承担。

案 例 十 六

【背景材料】 某高速公路第 12 合同段路线全长 20km,发包人与某监理公司签订了监理合同,发包人与另一公司签订了施工合同,在施工过程中,发生如下事件:

事件 1:承包人计划对某一路段的 4 座盖板涵按甲乙丙丁的顺序组织流水施工,流水节拍见下表。

工　序	甲(天)	乙(天)	丙(天)	丁(天)
基础(A)	4	6	5	3
砌筑涵台(B)	4	7	5	4
安装矩形板(C)	4	6	4	5
洞口砌筑(D)	4	5	4	4

事件 2:当年春节开工后不久即受到传染病流行的严重干扰。4 个月后疫情得到有效控制,发包人调整计划,要求承包人加快施工进度;由于征地拆迁问题,致使该合同段上有 3km 无法正常施工,造成了人员、设备的闲置待工。因此承包人对以上问题按程序提出了相关的索赔要求。

【问题】

1. 请计算流水步距和工期(保留计算步骤),绘制横道图。

2. 承包人及监理单位为加快施工进度应采取哪些主要措施?

3. 监理工程师应如何处理承包人的索赔要求?

【参考答案】

第 1 问：

(1) 流水步距的计算如下。

K_{AB}		4	10	15	18	
	(－)		4	11	16	20
		4	6	4	2	－20
K_{BC}		4	11	16	20	
	(－)		4	10	14	19
		4	7	4	6	－19
K_{CD}		4	10	14	19	
	(－)		4	9	13	17
		4	6	5	6	－20

(2) 总工期计算：

总工期 $= (6+7+6)+(4+5+4+4)=36$ 天。

(3) 横道图如下图。

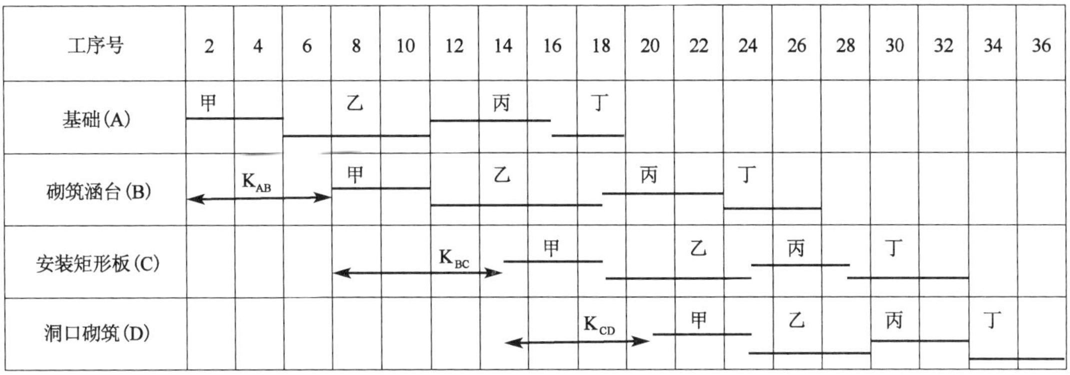

第 2 问：

(1) 承包人加快施工进度应采取的主要措施有：

①组织方面的措施：组织增加机械设备和劳力；调换素质较高的人员进场，加强施工现场管理；增加每天施工时间，但需上报监理工程师批准。

②技术方面的措施：改进施工技术，缩短工艺时间；采用性能先进的施工机械；将顺序作业法改为流水作业法或平行作业法等。

(2) 监理单位为加快施工进度则主要采取管理方面的措施包括：督促检查承包人的施工进度计划及执行情况，审查承包人的施工方案，使满足施工进度要求的进度计划顺利实施。

第 3 问：

(1) 监理工程师在收到承包人的索赔要求后，应及时处理，主要应进行以下主要工作：

①审核承包人的索赔申请。

②判定索赔是否成立。

③对索赔报告的审查和核定(即根据监理记录和其他资料与实际调查的结果,审核索赔金额与工期延长)。

④与承包人协商补偿。

⑤报业主批准后签发索赔申请报告。

(2)根据事件2的情况,对承包人的索赔要求可按以下处理:

①对受传染病影响,使工期受到的延误,应给予工期顺延。如果业主要求加快施工进度,则应增加加快施工进度的费用。

②由于征地拆迁使承包人部分人员、机械设备的闲置待工,由于是业主的责任,应按承包人实际情况进行补偿,其中对闲置的机械设备应按租赁费或台班折旧费给予补偿。

【答案解析】

本题考查的方向是流水施工原理中的无节拍流水施工流水步距计算、工期计算及流水施工横道图的绘制,工程进度计划调整措施,以及《公路工程标准施工招标文件》(2018年版)的掌握情况。

流水施工原理与工程进度计划调整措施是进度控制的基础知识,不再作进一步详细说明,具体可查阅《交通运输工程目标控制(基础知识篇)》。

《公路工程标准施工招标文件》(2018年版)通用合同条款23.2规定如下:

(1)监理人收到承包人提交的索赔通知书后,应及时审查索赔通知书的内容、查验承包人的记录和证明材料,必要时监理人可要求承包人提交全部原始记录副本。

(2)监理人应按第3.5款商定或确定追加的付款和(或)延长的工期,并在收到上述索赔通知书或有关索赔的进一步证明材料后的42天内,将索赔处理结果报发包人批准后答复承包人。

(3)承包人接受索赔处理结果的,发包人应在作出索赔处理结果答复后28天内完成赔付。承包人不接受索赔处理结果的,按第24条的约定办理。

《公路工程标准施工招标文件》(2018年版)专用合同条款2.3规定,发包人负责办理永久占地的征用及与之有关的拆迁赔偿手续并承担相关费用。由于发包人未能按照本条规定办妥永久占地手续,影响承包人及时使用永久占地造成的费用增加(或)工期延误应由发包人承担。

《公路工程标准施工招标文件》(2018年版)专用合同条款21.1.1规定,不可抗力是指承包人和发包人在订立合同时不可预见,在工程施工过程中不可避免发生并不能克服的自然灾害和社会性突发事件,包括但不限于:

(1)地震、海啸、火山爆发、泥石流、暴雨(雪)、龙卷风、水灾等自然灾害;

(2)战争、骚乱、暴动,但纯属承包人或其分包人派遣与雇佣的人员由于本合同工程施工原因引起者除外;

(3)核反应、辐射或放射性污染;

(4)空中飞行物坠落或非发包人或承包人责任造成的爆炸、火灾;

(5)瘟疫;

(6)项目专用合同条款约定的其他情形。

《公路工程标准施工招标文件》(2018年版)通用合同条款21.3.1规定,除专用合同条款另有约定外,不可抗力导致的人员伤亡、财产损失、费用增加和(或)工期延误等后果,由合同双方按以下原则承担：

(1)永久工程,包括已运至施工场地的材料和工程设备的损害,以及因工程损害造成的第三者人员伤亡和财产损失由发包人承担；

(2)承包人设备的损坏由承包人承担；

(3)发包人和承包人各自承担其人员伤亡和其他财产损失及其相关费用；

(4)承包人的停工损失由承包人承担,但停工期间应监理人要求照管工程和清理、修复工程的金额由发包人承担；

(5)不能按期竣工的,应合理延长工期,承包人不需支付逾期竣工违约金。发包人要求赶工的,承包人应采取赶工措施,赶工费用由发包人承担。

案例十七

【背景材料】 某高速公路施工项目第6合同段路线全长8.4km,合同工期为30个月,发包人与A监理公司签订了监理合同,发包人与B公司签订了施工合同,在施工过程中,发生如下事件：

事件1:B公司对某一分项工程编制了双代号网络图,如下图所示。该分项工程施工的计划时间、最短时间及各工作计划时间每缩短一天增加的工程费用(费用斜率)基本信息如下表所示。监理工程师审查后认为,按网络图显示的该分项工程进度计划不能满足总体进度计划的要求,要求施工单位将双代号网络图进行工期与费用优化,将该分项工程进度计划缩短到120天,以满足总体进度计划的要求。

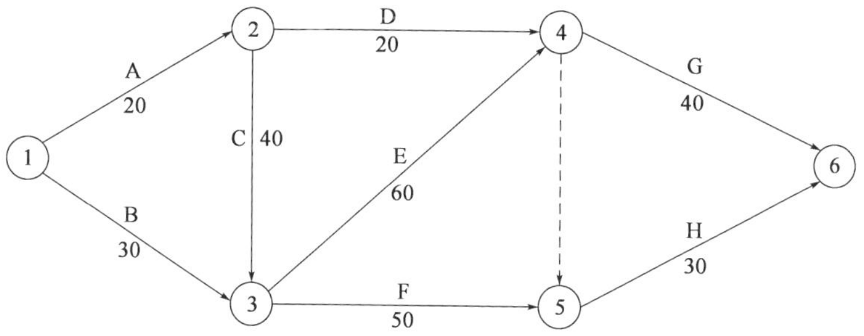

工　　作	计划时间(天)	最短工期(天)	费用斜率(元/天)
A	20	15	2500
B	30	20	1800
C	40	30	2000
D	20	10	1500
E	60	40	2200
F	50	35	1700
G	40	30	2400
H	30	20	1600

事件2:当工程进展到第16个月时,B公司提出申请延期,其延期理由为:原有的电信电缆拆迁延误。承包人申述:开工初期,桥梁工程(关键路线上)电信电缆迁移问题迟迟未能解决,应由第三方将电信电缆移走的工程一直到上月才完成,造成工期延长,针对此事件须给予延期3个月。

事件3:B公司进场施工,按照招标文件参考资料提供的取土场开始清表取土填筑路基(该合同段全为借土填方,运距6km),当取土场取深3m后发现下面是岩石和不能用作填土的不良土,施工单位只能另选取土场,运距增加2km,加修便道2km,这样造成该施工单位运输负担沉重,进度受到影响,成本费用大量增加,B公司就此事件向发包人提出工期与施工费用的索赔。

【问题】

1.事件1中,应压缩哪些工作的工作时间?分别应压缩多少天?增加的工程费用是多少?(分步骤回答)

2.事件2和事件3的索赔申请能否批准?请作答复,并说明原因。

【参考答案】

第1问:

第一次优化:关键线路为A、C、E、G,工期160天,关键线路上C工作的费用斜率最小,压缩10天后C工作的工作时间为30天,增加费用10×2000=20000元。

第二次优化:关键线路为A、C、E、G,工期150天,关键线路上E工作的费用斜率最小,压缩20天后E工作的工作时间为40天,增加费用20×2200=44000元。

第三次优化:关键线路有两条,分别为A、C、E、G和A、C、F、H。工期130天,关键线路上费用斜率由小到大是H、F、G、A,单独压缩H、F工作不能缩短工期,同时压缩G和H工作可以缩短工期,但G和H的费率斜率为4000元,单独缩短A工作,可以缩短工期,A工作的费用斜率为2500元,所以可压缩A工作的时间,压缩后A工作时间为15天,增加费用5×2500=12500元。

第四次优化:关键线路有两条,分别为A、C、E、G和A、C、F、H。工期125天,关键线路上能压缩的工作有H、F、G,费用斜率由小到大是H、F、G,单独压缩H、F、G工作不能缩短工期,可选择压缩的方案是同时压缩G和H,或同时压缩G和F,G和H的费率斜率为4000元,G和F的费率斜率为4100元,选择同时压缩G和H的工期,压缩后G的工作时间为35天,H的工作时间为25天,增加费用5×2400+5×1600=20000元。

经上述优化后,应压缩的工作有C、E、A、G、H,C工作压缩10天,E工作压缩20天,A工作压缩5天,G工作压缩5天,H工作压缩5天,增加的工程费用为20000+44000+12500+20000=96500元。

第2问:

(1)在事件2中,桥梁工程处于工期关键线路上,因拆迁问题耽误施工,为业主应承担的责任,所以承包人此项工期索赔可以成立。

原有的电信电缆拆迁由第三方施工,为业主应承担的责任,所以承包人此项工期索赔可以成立。

承包人未能在索赔有效期提出索赔申请,可视为承包人放弃了此项索赔权利,所以不能支持其索赔的请求。

(2)在事件3中,不能同意施工单位的索赔要求。施工单位通过业主所提供的资料及现场考察,已取得可能对投标有影响或起作用的风险、意外等的必要资料,并且在报价中考虑了这些因素的影响。同时,案例中所述的情况是一个有经验的承包人能合理预计到的。

施工单位在投标过程中要对业主提供的资料进行研究,认真做好现场考察和调查等环节的工作,充分了解施工中可能出现和存在的风险,并在报价中体现出来,在管理中采取相应措施,从而避免和减少损失。

【答案解析】

本题考查的方向是双代号网络图工期与费用优化,以及《公路工程标准施工招标文件》(2018年版)的掌握情况。

工期与费用优化的目的是通过从计划工期压缩到最短工期,但增加的工程费用最小。在关键线路中选择被压缩的各项工作必须满足:

(1)被压缩的工作是关键线路上的工作;

(2)被压缩工作的持续时间不短于最短工期,工期可进行压缩;

(3)被压缩工作的费用斜率是关键线路上可压缩工作中最小的工作。

其优化的步骤为:

(1)在关键线路中,找出费用斜率最小的工作进行压缩,并计算总工期和总费用,然后检查关键线路是否发生变化,若关键线路没有变化,则可继续进行压缩。

(2)若关键线路改变或关键线路增加,此时进行压缩,必须压缩关键线路上的工作,或者对多条关键线路同时压缩。

(3)重复以上步骤,直到满足要求。

《公路工程标准施工招标文件》(2018年版)专用合同条款2.3规定,发包人负责办理永久占地的征用及与之有关的拆迁赔偿手续并承担相关费用。由于发包人未能按照本条规定办妥永久占地手续,影响承包人及时使用永久占地造成的费用增加(或)工期延误应由发包人承担。

《公路工程标准施工招标文件》(2018年版)通用合同条款11.3规定,在履行合同过程中,由于发包人增加合同工作内容、提供图纸延误等发包人原因造成工期延误的,承包人有权要求发包人延长工期和(或)增加费用,并支付合理利润。即使由于发包人原因造成工期延误,如果受影响的工程并非处在工程施工进度网络计划的关键线路上,则承包人无权要求延长总工期。

《公路工程标准施工招标文件》(2018年版)通用合同条款23.1规定,索赔事件发生后,承包人应在索赔事件发生后的28天内向监理人递交索赔意向通知书,声明将对此事件提出索赔,并在索赔事件影响结束后的28天内向监理人递交最终索赔通知书。而承包人在上述事件发生后的5个月才提出了工期索赔申请,同时在索赔事件结束后也未能在28天内及时递交最终索赔通知书,监理人可视为承包人放弃了此项索赔权利,所以不能支持其索赔的请求。

《公路工程标准施工招标文件》(2018年版)专用合同条款4.10.1规定,发包人提供的本合同工程的水文、地质、气象和料场分布、取土场、弃土场位置等资料均属于参考资料,并不构成合同文件的组成部分,承包人应对自己就上述资料的解释、推论和应用负责,发包人不对承包人据此做出的判断和决策承担任何责任。

案例十八

【背景材料】 某高速公路施工项目第8合同段路线全长13.6km,合同工期为30个月,发包人与A监理公司签订了监理合同,发包人与B公司签订了施工合同,在施工过程中,发生如下事件:

事件1:该合同段有一立交桥工程,立交桥是关键控制性工程,直接影响主线路基和四条匝道路基填筑,B公司拟定的工程进度计划见下表。

工作代号	工作内容	紧前工作	持续时间(周)	工作代号	工作内容	紧前工作	持续时间(周)
A	临建工程	—	5	I	修筑预制厂	E	1
B	施工组织设计	A	3	J	主梁预制	I	6
C	平整场地	A	1	K	盖梁施工	H	4
D	材料进场	B	3	L	预制厂吊装设备安装	F	1
E	主桥施工放样	B	1	M	吊装准备工作	L	1
F	材质及配合比试验	C	1	N	主梁安装	J、K、M	3
G	基础工程施工	D	4	P	桥面系统施工	N	2
H	桥墩施工	G	3				

事件2:在工程施工过程中,遭受特大暴风雨和洪水不可抗力袭击,使工程遭受到大损失,施工单位及时向监理工程师提出索赔要求,并附有与索赔有关的资料和证据。索赔报告的基本内容如下:

(1)遭特大暴风雨和洪水袭击属不可抗力,是因非施工单位原因造成的损失,故应由业主承担赔偿责任。

(2)给已建部分工程造成破坏,损失22万元,其修复费用应由业主承担,施工单位不承担修复的经济责任。

(3)施工单位人员因此灾害数人受伤,处理伤病医疗费用和补偿金总计2.5万元,业主应给予赔偿。

(4)施工单位进场的正在使用的机械、设备受到损坏,造成损失6万元,由于现场停工造成台班费损失3万元,业主应负担赔偿和修复的经济责任。工人窝工费3万元,业主应予以支付。

(5)因特大暴风雨和洪水造成工地停工10天,要求合同工期顺延10天。

(6)由于工程破坏,现场清理需费用2万元,业主应予支付。

【问题】

1. 根据事件1中的工作进度计划,绘制双代号网络图。

2. 施工中发生不可抗力发生风险承担的原则是什么?

3. 根据事件2,对施工单位提出的索赔要求如何处理?(请逐条回答)

【参考答案】

第1问:

双代号网络如下。

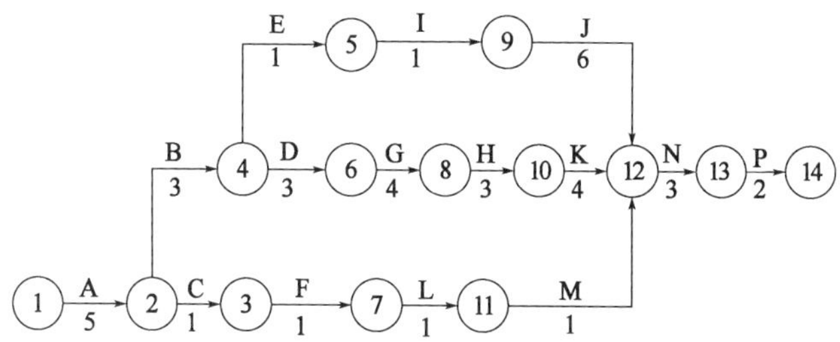

第2问：

不可抗力风险承担责任的原则：

(1)工程本身的损害由业主承担。

(2)人员伤亡由其所属单位负责,并承担相应费用。

(3)造成施工单位机械、设备的损坏及停工等损失,由施工单位承担。

(4)所需清理工作的费用,由业主承担。

(5)工期给予顺延。

第3问：

索赔的处理如下：

(1)经济损失由双方分别承担,工程延期应予签证顺延。

(2)工程修复、重建22万元工程款应由业主支付。

(3)索赔不予认可,由施工单位承担。

(4)索赔不予认可,由施工单位承担。

(5)工期顺延10天。

(6)现场清理需费用2万元,由业主承担。

【答案解析】

本题考查的方向是双代号网络图绘制,以及《公路工程标准施工招标文件》(2018年版)的掌握情况。

双代号网络图的绘制是进度控制的基础知识,不再作进一步详细说明,具体可查阅《交通运输工程目标控制(基础知识篇)》。

《公路工程标准施工招标文件》(2018年版)通用合同条款21.3.1规定,除专用合同条款另有约定外,不可抗力导致的人员伤亡、财产损失、费用增加和(或)工期延误等后果,由合同双方按以下原则承担：

(1)永久工程,包括已运至施工场地的材料和工程设备的损害,以及因工程损害造成的第三者人员伤亡和财产损失由发包人承担。

(2)承包人设备的损坏由承包人承担。

(3)发包人和承包人各自承担其人员伤亡和其他财产损失及其相关费用。

(4)承包人的停工损失由承包人承担,但停工期间应监理人要求照管工程和清理、修复工程的金额由发包人承担。

(5)不能按期竣工的,应合理延长工期,承包人不需支付逾期竣工违约金。发包人要求赶工的,承包人应采取赶工措施,赶工费用由发包人承担。

案 例 十 九

【背景材料】 某公路工程项目的施工承包合同,在施工过程中,发生了如下事件:

事件1:施工单位提供给监理工程师的施工网络计划如图所示。监理工程师审核中发现施工计划安排不能满足施工总进度计划对该桥施工工期的要求(施工总进度计划要求60天)。监理工程师向施工单位质疑时,施工单位解释说,由于该计划中的每项工作作业时间均不能够压缩,且工地施工桥台的钢模板只有一套,两个桥台只能顺序施工,若一定要压缩工作时间,可将西侧桥台基础的钻孔桩改为预制桩,但要修改设计,且需增加12万元的费用。

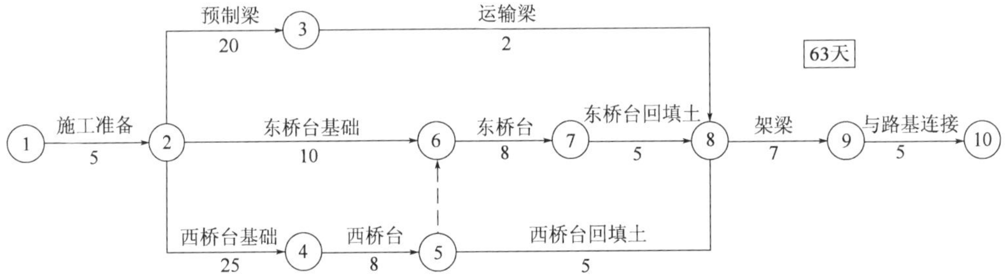

经监理工程师审查确认,该桥的基础工程分包给了某专业基础工程公司。在东侧桥台的扩大基础施工时,基础工程公司发现地下有污水管道,但设计文件和勘测资料中均未有说明。由于处理地下污水管道,使东侧桥台的扩大基础施工时间由原计划的10天延长到13天。基础工程公司根据监理工程师签证的处理地下污水管道增加的工程量,向监理工程师提出增加分包合同外工作量费用2万元和延长工期3天的索赔要求。

事件2:在基坑开挖过程中,发现地下水位过高,挖土排水困难,增加支护费用2万元,工期延长5天。

事件3:招标时,业主提供了砂石填料的运距,进场后,原料场的材料经检验后为不合格材料,监理工程师要求施工单位重新选择料场,新料场选定后,运距有较大增加,运费增加1.8万元,工期增加4天。

事件4:某隐蔽工程在覆盖前,施工单位已通知监理工程师检查,监理工程师检查后签字同意该隐蔽工程覆盖,1个月后,有人举报该隐蔽工程在施工过程中有质量问题,监理工程师下令承包人再揭露并重新检验,检验后质量符合要求,并重新覆盖,增加开挖及覆盖费用1.2万元,工期延长2天。

【问题】

1. 就事件1,监理工程师应对该桥的施工网络计划提出什么建议?

2. 监理工程师应如何处理上述的索赔要求?(请逐条回答)

【参考答案】

第1问:

监理工程师应建议:

在桥台的施工模板仅有一套的条件下,合理组织施工。因为西侧桥台基础为桩基,施工时间长(25 天),而东侧桥台为扩大基础,施工时间短(10 天)。故应将原施工网络计划中西侧桥台和东侧桥台基础施工完毕后再施工东侧桥台的施工组织方案,改为在东侧桥台和西侧桥台基础施工完毕后再组织施工西侧桥台,这样改变一下施工组织方式,可以将该施工网络计划的计划工期缩短到 55 天,小于要求工期 60 天,也不需要增加费用。

调整后网络图如下。

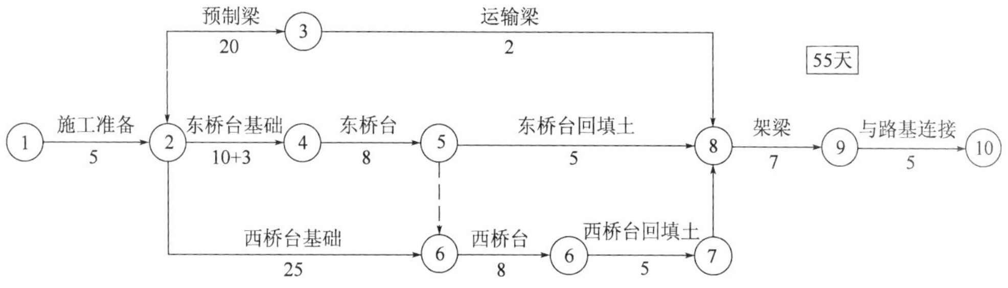

第 2 问:

索赔处理:

(1)在事件 1 中,基础工程公司作为分包单位不可直接向监理工程师提出索赔要求,应向总包单位提出,由总包单位再向监理工程师提出索赔要求。

若总包单位向监理工程师提出上述索赔要求,监理工程师应同意费用补偿,不应同意工期索赔,虽然东侧桥台基础施工增加 3 天,但此工作在施工网络计划中不是关键工作,增加了 3 天后也未成为关键工作,故不影响要求工期。

(2)在事件 2 中,不批准索赔。因为基坑开挖的费用已包含在基坑开挖的单价内,根据合同条件此项费用不单独计量支付,且地下水位高是有经验的承包人能够合理预见到的风险,承包人的基坑开挖单价中应该考虑到此项风险并包含在单价中。

(3)在事件 3 中,不批准索赔。依据通用合同条款的有关规定,应认为承包人通过业主所提供资料及现场考察,已取得可能对投标有影响或起作用的风险、意外等的必要资料,并且在报价中考虑这些因素的影响,这是一个有经验的承包人能合理预计到的。

(4)在事件 4 中,批准索赔。根据通用合同条款规定,对隐蔽工程揭露后重新检验时,应根据检验结果进行处理。如果重新检验的质量合格,应补偿此项费用并顺延工期;如果质量不合格,费用由承包人承担,并且不顺延工期。

【答案解析】

本题考查的方向是双代号网络图绘制,以及《公路工程标准施工招标文件》(2018 年版)的掌握情况。

双代号网络图的绘制是进度控制的基础知识,不再作进一步详细说明,具体可查阅《交通运输工程目标控制(基础知识篇)》。

《公路工程标准施工招标文件》(2018 年版)专用合同条款 4.3.6 规定,发包人对承包人与分包人之间的法律与经济纠纷不承担任何责任与义务。

《公路工程标准施工招标文件》(2018 年版)通用合同条款 4.11.1 规定,不利物质条件,除专用合同条款另有约定外,是指承包人在施工场地遇到的不可预见的自然物质条件、非自然的物质障碍和污染物,包括地下和水文条件,但不包括气候条件。设计文件和勘测资料中均未有说明的地下有污水管道,属于不利物质条件。

《公路工程标准施工招标文件》(2018 年版)通用合同条款 4.11.2 规定,承包人遇到不可预见的不利物质条件时,应采取适应不利物质条件的合理措施继续施工,并及时通知监理人。监理人应当及时发出指示,指示构成变更的,按第 15 条约定办理。监理人没有发出指示的,承包人因采取合理措施而增加的费用和(或)工期延误,由发包人承担。

《公路工程标准施工招标文件》(2018 年版)专用合同条款 4.11.3 规定如下:

(1)对于项目专用合同条款中已经明确指出的不利物质条件无论承包人是否有其经历和经验均视为承包人在接受合同时已预见其影响,并已在签约合同价中计入其影响而可能发生的一切费用。(2)对于项目专用合同条款未明确指出,但在不利物质条件发生之前,监理人已经指示承包人有可能发生,但承包人未能及时采取有效措施,而导致的损失与后果均由承包人承担。

《公路工程标准施工招标文件》(2018 年版)专用合同条款 4.10.1 规定,发包人提供的本合同工程的水文、地质、气象和料场分布、取土场、弃土场位置等资料均属于参考资料,并不构成合同文件的组成部分,承包人应对自己就上述资料的解释、推论和应用负责,发包人不对承包人据此做出的判断和决策承担任何责任。

《公路工程标准施工招标文件》(2018 年版)通用合同条款 13.5.3 规定,承包人按第13.5.1项或第 13.5.2 项覆盖工程隐蔽部位后,监理人对质量有疑问的,可要求承包人对已覆盖的部位进行钻孔探测或揭开重新检验,承包人应遵照执行,并在检验后重新覆盖恢复原状。经检验证明工程质量符合合同要求的,由发包人承担由此增加的费用和(或)工期延误,并支付承包人合理利润;经检验证明工程质量不符合合同要求的,由此增加的费用和(或)工期延误由承包人承担。

案 例 二 十

【背景材料】 某公路工程项目的施工承包合同,承包人提供给监理工程师的施工网络计划如下图所示。在施工过程中,发生了如下事件:

事件 1:E 工作施工中碰到地下有大量文物,发掘文物使整个工程停工 30 天,人员设备每天停工损失 1000 元,共计 30000 元;B 工作施工中由于施工机械出现故障,导致停工 10 天,人员设备每天停工损失 1000 元,共计 10000 元。两次停工承包人都及时向监理工程师提出了工期与费用索赔申请,并提供了施工记录。

事件 2:F 工作施工过程中,承包人经检测发现发包人提供的预应力钢绞线不能满足质量要求,上报监理工程师,监理工程师检验后要求更换该批预应力钢绞线,导致工期延误 15 天,费用增加 20000 元。

事件 3:H 工作施工中,承包人自购钢筋进场之前按要求向试验监理工程师提交了合格证和自检试验资料,试验工程师按规定的频率进行了取样试验,结果合格,并同意该批钢筋进场使用。但在钢筋绑扎安装验收时,发现承包人未做钢筋焊接试验,故专业监理工程师责令承包单位在监理人员见证下取样送检,最终确定该批钢筋不合格。监理工程师随即下发不合格指令,要求承包人拆除不合格钢筋，并重置，同时上报了业主。承包人以本批钢筋已经监理人员验收为由，不同意拆除，并提出若拆除返工，应延长工期 10 天、增加工程费用 30000 元的索赔要求。

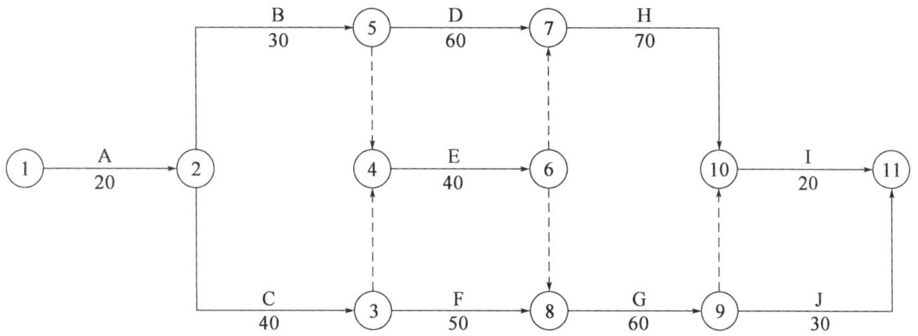

【问题】

1. 指出承包人网络计划中的关键线路及工期，E 工作的总时差和局部时差。

2. 针对上述事件，对施工单位提出的索赔要求如何处理？（请逐条回答）

3. 若索赔成立，指出关键线路，该工程的最终工期是多少天？

【参考答案】

第 1 问：

关键线路有两条，分别是 A→B→D→H→I 和 A→C→F→G→J。

工期 200 天，E 工作的总时差为 10 天，局部时差 0 天。

第 2 问：

（1）事件 1 中 E 工作发现文物，不属于承包人应承担的责任，可以索赔工期与费用，但 E 工作有 10 天的总时差，可以索赔工期 20 天，停工费用 20000 元；B 工作机械设备出现故障是承包人自身应承担的责任，不能批准索赔。

（2）事件 2 中发包人提供的材料不合格，属于发包人应承担的责任，可以索赔工期与费用。

（3）事件 3 中承包人材料不合格，是承包人自身应承担的责任，不能批准索赔。

第 3 问：

关键线路是 A→C→F→G→J，该工程最终工期为 215 天。

【答案解析】

本题考查的方向是双代号网络图时间参数的计算与关键线路的确定，以及《公路工程标准施工招标文件》（2018 年版）的掌握情况。

双代号网络图时间参数的计算与关键线路的确定是进度控制的基础知识，不再作进一步详细说明，具体可查阅《交通运输工程目标控制（基础知识篇）》。

《公路工程标准施工招标文件》（2018 年版）通用合同条款 1.10.1 规定，在施工场地发掘的所有文物、古迹以及具有地质研究或考古价值的其他遗迹、化石、钱币或物品属于国家所有。一旦发现上述文物，承包人应采取有效合理的保护措施，防止任何人员移动或损坏上述物品，并立即报告当地文物行政部门，同时通知监理人。发包人、监理人和承包人应按文物行政部门要求采取妥善保护措施，由此导致费用增加和（或）工期延误由发包人承担。

《公路工程标准施工招标文件》(2018年版)通用合同条款11.3规定,在履行合同过程中,由于发包人增加合同工作内容,提供图纸延误,改变合同中任何一项工作的质量要求或其他特性,发包人迟延提供材料、工程设备或变更交货地点等原因造成工期延误的,承包人有权要求发包人延长工期和(或)增加费用,并支付合理利润。即使由于发包人原因造成工期延误,如果受影响的工程并非处在工程施工进度网络计划的关键线路上,则承包人无权要求延长总工期。

《公路工程标准施工招标文件》(2018年版)专用合同条款6.3规定,承包人承诺的施工设备必须按时到达现场,不得拖延、缺短或任意更换。尽管承包人已按承诺提供了上述设备,但若承包人使用的施工设备不能满足合同进度计划和(或)质量要求时,监理人有权要求承包人增加或更换施工设备,承包人应及时增加或更换,由此增加的费用和(或)工期延误由承包人承担。

《公路工程标准施工招标文件》(2018年版)通用合同条款5.2.6规定,发包人提供的材料和工程设备的规格、数量或质量不符合合同要求,或由于发包人原因发生交货日期延误及交货地点变更等情况的,发包人应承担由此增加的费用和(或)工期延误,并向承包人支付合理利润。

《公路工程标准施工招标文件》(2018年版)通用合同条款5.1.1规定,除专用合同条款另有约定外,承包人提供的材料和工程设备均由承包人负责采购、运输和保管。承包人应对其采购的材料和工程设备负责。

《公路工程标准施工招标文件》(2018年版)通用合同条款5.1.3规定,对承包人提供的材料和工程设备,承包人应会同监理人进行检验和交货验收,查验材料合格证明和产品合格证书,并按合同约定和监理人指示,进行材料的抽样检验和工程设备的检验测试,检验和测试结果应提交监理人,所需费用由承包人承担。

《公路工程标准施工招标文件》(2018年版)通用合同条款13.5.3规定,承包人按第13.5.1项或第13.5.2项覆盖工程隐蔽部位后,监理人对质量有疑问的,可要求承包人对已覆盖的部位进行钻孔探测或揭开重新检验,承包人应遵照执行,并在检验后重新覆盖恢复原状。经检验证明工程质量符合合同要求的,由发包人承担由此增加的费用和(或)工期延误,并支付承包人合理利润;经检验证明工程质量不符合合同要求的,由此增加的费用和(或)工期延误由承包人承担。

案例二十一

【背景材料】 某公路工程施工项目,发包人与A监理公司签订了监理合同,发包人与B公司签订了施工合同,在施工过程中,发生如下事件:

事件1:开工前,B公司编制了施工组织设计文件,报A监理公司进行审批,施工组织设计中的进度计划见下表。

工作代号	A	B	C	D	E	F	G	H
工作名称	准备工作	土方工程	路基工程	桥涵工程	排水防护	路面工程	路肩施工	清理现场
紧前工作	—	A	B	B	B	C、D	C、E	F、G
持续时间(d)	20	60	40	50	30	60	30	20

事件2:招标文件中发包人提供了地质勘查报告,报告显示地下土质良好。B公司依此作了施工方案,拟用挖方余土填筑路基。由于土方开挖施工时正值雨季,开挖后土方潮湿,且易破碎,不符合道路填筑要求。承包人不得不将余土外运,另外取土作为道路填方材料,导致工期延误和费用增加。

事件3:B公司的混凝土设备迟迟不能运往工地,决定使用商品混凝土,但被业主否决,而在承包合同中未明确规定使用何种混凝土。B公司不得已,只有继续组织混凝土搅拌设备进场,由此导致施工现场停工,工期拖延和费用增加。

事件4:某通道工程在覆盖前,B公司已通知A公司的监理工程师检查,监理工程师检查后签字同意该隐蔽工程覆盖,1个月后,有人举报该通道工程在施工过程中有质量问题,监理工程师下令承包人再揭露并重新检验,检验后质量符合要求,并重新覆盖,导致工期延误和费用增加。

【问题】

1.就事件1中的工作进度计划,绘制双代号网络图。

2.指出绘制的双代号网络图的关键线路及总工期。

3.就事件2、事件3及事件4,B公司是否可以提出赔偿要求?并说明理由。(请逐条回答)

【参考答案】

第1问:

双代号网络图如下。

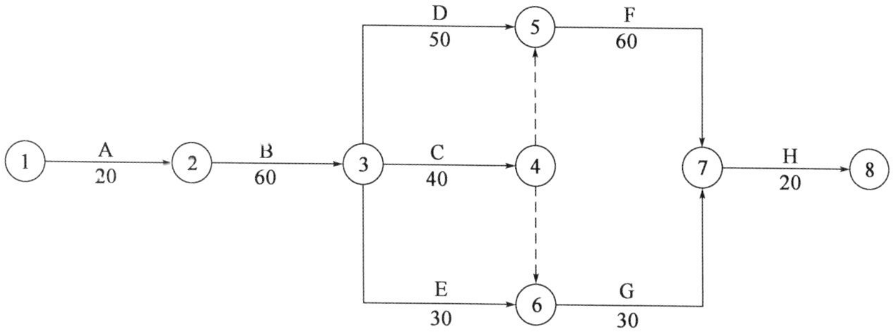

第2问:

关键线路为:A→B→D→F→H,总工期为210天。

第3问:

事件2:

承包人不能要求工期和费用索赔。理由如下:

(1)合同规定承包人对业主提供的水文地质资料的理解负责,而地下土质可用于填方,这是承包人对地质报告的理解,应由承包人自己负责。

(2)取土填方作为承包人的施工方案,也应由承包人自己负责。本案例的性质完全不同于由于地质条件恶劣造成基础设计方案变化,或造成基础施工方案变化的情况。

事件3:

承包人可以要求工期和费用索赔。理由如下:

(1)合同中未明确规定一定要用工地现场搅拌的混凝土(施工方案不是合同文件),则商品混凝土只要符合规定的质量标准也可以使用,不必经建设单位批准。

(2)按照惯例,施工方法由承包人负责。在不影响或为了更好地保证合同总目标的前提下,可以选择更为经济合理的施工方案,建设单位不得随便干预。建设单位拒绝承包人使用商品混凝土,实质是一个变更指令,对此可以进行工期和费用索赔。

事件4:

承包人可以要求工期和费用索赔。理由如下:

(1)根据合同条件规定,对隐蔽工程揭露后重新检验时,应根据检验结果进行处理。

(2)如果重新检验的质量合格,应补偿此项费用并顺延工期。

(3)如果质量不合格,费用由承包人承担,并且不顺延工期。

【答案解析】

本题考查的方向是双代号网络图的绘制、时间参数的计算与关键线路的确定,以及《公路工程标准施工招标文件》(2018年版)的掌握情况。

双代号网络图的绘制、时间参数的计算与关键线路的确定是进度控制的基础知识,不再作进一步详细说明,具体可查阅《交通运输工程目标控制(基础知识篇)》。

《公路工程标准施工招标文件》(2018年版)专用合同条款4.10.1规定,发包人提供的本合同工程的水文、地质、气象和料场分布、取土场、弃土场位置等资料均属于参考资料,并不构成合同文件的组成部分,承包人应对自己就上述资料的解释、推论和应用负责,发包人不对承包人据此做出的判断和决策承担任何责任。

《公路工程标准施工招标文件》(2018年版)通用合同条款4.1.4规定,承包人应按合同约定的工作内容和施工进度要求,编制施工组织设计和施工措施计划,并对所有施工作业和施工方法的完备性和安全可靠性负责。

《公路工程标准施工招标文件》(2018年版)通用合同条款11.3规定,在履行合同过程中,由于发包人增加合同工作内容,提供图纸延误,改变合同中任何一项工作的质量要求或其他特性,发包人迟延提供材料、工程设备或变更交货地点等原因造成工期延误的,承包人有权要求发包人延长工期和(或)增加费用,并支付合理利润。即使由于发包人原因造成工期延误,如果受影响的工程并非处在工程施工进度网络计划的关键线路上,则承包人无权要求延长总工期。

《公路工程标准施工招标文件》(2018年版)通用合同条款13.5.3规定,承包人按第13.5.1项或第13.5.2项覆盖工程隐蔽部位后,监理人对质量有疑问的,可要求承包人对已覆盖的部位进行钻孔探测或揭开重新检验,承包人应遵照执行,并在检验后重新覆盖恢复原状。经检验证明工程质量符合合同要求的,由发包人承担由此增加的费用和(或)工期延误,并支付承包人合理利润;经检验证明工程质量不符合合同要求的,由此增加的费用和(或)工期延误由承包人承担。

三、工程费用控制类案例

案例二十二

【背景材料】 在某公路建设项目全寿命周期过程中,发生以下事件:

事件1:初始投资2.5亿元,第一年和第二年年末分别投资2.5亿元,项目的计算期为20年,建设期2年。建成后就开始收费,年收费额为11200万元,建成后每年的养护管理费支出为500万元,在第10年末需进行大修一次,费用为1.5亿元,项目寿命期结束时,残值为3.5亿元。标准折现率为10%。

事件2:在桥梁上部结构钢筋计量申报数量中,由于设计图纸的钢筋工程数量表中有定位架立钢筋、吊装钢筋、钢板的工程数量,工程计量时,施工单位于是上报了定位架立钢筋、吊装钢筋、钢板的数量。

事件3:在桥梁桩基工程计量中,由于河岸边10号桥墩的6根桩在河水上涨时被河水全部淹没,施工单位要求按水中钻孔灌注桩计量。

事件4:在某期中间计量时,计量监理工程师与施工单位计量人员发生争执,施工单位认为钻孔灌注桩的桩长应是设计桩顶到设计桩底的距离,而计量监理工程师认为钻孔灌注桩的桩长应是设计桩底到承台底面或者系梁底面的距离。

【问题】

1. 事件1中,请计算分析:(1)用净现值法分析建设项目是否可行?(2)该建设项目的内部收益率?

2. 事件2中,施工单位的做法是否正确,为什么?

3. 事件3中,施工单位的要求是否合理,为什么?

4. 事件4中,计量监理工程师的说法是否正确,为什么?

【参考答案】

第1问:

(1) $NPV = -25000 - 25000\dfrac{(1+0.1)^2-1}{0.1\times(1+0.1)^2} - 15000\dfrac{1}{(1+0.1)^{10}} + 10700\dfrac{(1+0.1)^{18}-1}{0.1\times(1+0.1)^{18}}\times\dfrac{1}{(1+0.1)^2} + 35000\dfrac{1}{(1+0.1)^{20}} = 3555.6$(万元),大于零,该项目可行。

(2)假设$r_1=10\%$得$NPV_1=3555.6$(万元)

$r_2=12\%$得$NPV_2=-2695.3$(万元),即:

$$NPV_2 = -25000 - 25000\frac{(1+0.12)^2-1}{0.1\times(1+0.12)^2} - 15000\frac{1}{(1+0.12)^{10}} + 10700\frac{(1+0.12)^{18}-1}{0.1\times(1+0.12)^{18}}\times\frac{1}{(1+0.12)^2} + 35000\frac{1}{(1+0.12)^{20}} = 2695.3\text{(万元)}$$

所以:

$$IRR = r_1 + \frac{|NPV_1|}{|VPV_1| + |NPV_2|} \times (r_1 - r_2) = 10\% + \frac{3555.6}{3555.6 + 2695.3} \times (12\% - 10\%) = 11.14\%$$

该建设项目的内部收益率为11.14%。

第2问:

施工单位的做法不正确。因为:根据《公路工程标准施工招标文件》(2018年版)第八章工程量清单计量规则,固定钢筋的材料、定位架立钢筋、钢筋接头、吊装钢筋、钢板、铁丝作为钢筋作业的附属工作,不另行计量。

第3问:

施工单位的要求不合理。因为:根据《公路工程标准施工招标文件》(2018年版)第八章工程量清单计量规则,施工图设计水深大于2m的为水中钻孔灌注桩,施工图设计水深小于2m(含2m)的为陆上钻孔灌注桩。

第4问:

计量监理工程师的说法正确。因为:根据《公路工程标准施工招标文件》(2018年版)第八章工程量清单计量规则,钻孔灌注桩桩长为桩底高程至承台底面或系梁底面。对于与桩连为一体的柱式墩台,如无承台或系梁时,则以桩位处原始地面线为分界线,地面线以下部分为灌注桩桩长,若图纸有标示的,按图纸标示为准。

【答案解析】

第1问:(1)按照 $P = F\frac{1}{(1+i)^n}$,$P = A\frac{(1+i)^n - 1}{i(1+i)^n}$ 求得净现值,若净现值NPV>0,则项目可行;若NPV≤0,则项目不可行。NPV>0,说明该投资方案的盈利率大于折现率,从经济上说是"合格"项目,可以接受此方案;NPV=0,说明该投资方案的盈利率正好等于折现率,从经济上说是"合格"项目,但它是一个边缘项目;NPV<0,说明该投资方案的盈利率达不到折现率水平,从经济上说是"不合格"项目,此方案应被舍弃。

(2)建设项目的内部收益率为使净现值为零的折现率,一般采用内插法求取。

第2问:详见《公路工程标准施工招标文件》(2018年版)第八章工程量清单计量规则第403节"钢筋"子目号403-3工程量清单项目分项计量规则有关规定。

第3、4问:详见《公路工程标准施工招标文件》(2018年版)第八章工程量清单计量规则第405节"钻孔灌注桩"子目号405-1-a、405-1-b工程量清单项目分项计量规则有关规定。

案例二十三

【背景材料】 某公路建设项目在建设过程中,发生以下事件:

事件1:该项目建设期3年,共向银行贷款5亿元,贷款时间为:第1年贷1亿元,第2年贷2.5亿元,第3年贷1.5亿元,年利率为6%。

事件2:由于规划调整和避让不良地质地段等原因,需要对该项目连续长度5.1km的路线方案进行相应的设计变更调整。

事件3:本工程约定采用价格指数法调整合同价款,具体约定见下表数据。本期完成合同价款为2150万元,其中建设单位和施工单位已确认应增加的索赔金额为150万元,建设单位对施工单位的罚款20万元。

施工单位提供材料和工程设备一览表

序号	名称、规格、型号	变值权重	基本价格指数或价格	现行价格指数或价格	备注
1	人工费	0.19	110%	122%	
2	钢材	0.12	4000 元/t	4360 元/t	
3	预拌混凝土 C30	0.17	340 元/m^3	360 元/m^3	
4	机械费	0.09	100%	100%	
	定值权重	0.43			
	合计	1			

【问题】

1. 针对事件 1,计算建设期利息(单位:万元)。

2. 针对事件 2,请指出该工程设计变更的类型和负责审批部门,并说明理由。

3. 针对事件 3,请计算应调整的合同价款差额,并说明本期是增加还是减少合同价款。

4. 针对事件 3,按照《公路工程标准施工招标文件》(2018 年版)有关规定,作为监理工程师,应如何进行中间计量中的单价子目的计量工作?

【参考答案】

第 1 问:

在建设期,各年利息计算如下:

第 1 年应计利息:$\frac{1}{2}\times 10000\times 6\% = 300$(万元)

第 2 年应计利息:$\left(10000+300+\frac{1}{2}\times 25000\right)\times 6\% = 1368$(万元)

第 3 年应计利息:$\left(10000+300+25000+1368+\frac{1}{2}\times 15000\right)\times 6\% = 2650$(万元)

建设期利息总和:$300+1368+2650=4318$(万元)。

第 2 问:

该工程设计变更为较大设计变更,由省级交通主管部门负责审批。理由如下:

(1)根据《公路工程设计变更管理办法》(交通部令 2005 年第 5 号)第五条,连续长度 2km 以上的路线方案调整的属于较大设计变更,连续长度 10km 以上的路线方案调整的属于重大设计变更。该项目连续长度 5.1km 的路线方案调整,大于 2km,小于 10km,属于较大设计变更。

(2)根据《公路工程设计变更管理办法》(交通部令 2005 年第 5 号)第七条,重大设计变更由交通部负责审批。较大设计变更由省级交通主管部门负责审批。本项目属于较大设计变更,由省级交通主管部门负责审批。

第 3 问:

(1)本期完成合同价款应扣除建设单位和施工单位已确认应增加的索赔金额,并加上建设单位对施工单位的罚款,即:

$2150-150+20=2020$(万元)。

(2)合同价款差额:

$$合同价款差额=2020\times\left[0.43+\left(0.19\times\frac{122}{110}+0.12\times\frac{4360}{4000}+0.17\times\frac{360}{340}+0.09\times\frac{100}{100}\right)-1\right]$$

$$=2020\times[0.43+(0.211+0.131+0.18+0.09)-1]$$

$$=2020\times0.042$$

$$=84.84(万元)$$

本期增加合同价款84.84万元。

第4问:

应按以下方法进行中间计量中的单价子目的计量工作:

(1)已标价工程量清单中的单价子目工程量为估算工程量。结算工程量是施工单位实际完成的,并按合同约定的计量方法进行计量的工程量。

(2)施工单位对已完成的工程进行计量,向监理人提交进度付款申请单、已完成工程量报表和有关计量资料。

(3)监理人对施工单位提交的工程量报表进行复核,以确定实际完成的工程量。对数量有异议的,可要求施工单位进行共同复核和抽样复测。施工单位应协助监理人进行复核并按监理人要求提供补充计量资料。施工单位未按监理人要求参加复核,监理人复核或修正的工程量视为施工单位实际完成的工程量。

(4)监理人认为有必要时,可通知施工单位共同进行联合测量、计量,施工单位应遵照执行。

(5)施工单位完成工程量清单中每个子目的工程量后,监理人应要求施工单位派员共同对每个子目的历次计量报表进行汇总,以核实最终结算工程量。监理人可要求施工单位提供补充计量资料,以确定最后一次进度付款的准确工程量。施工单位未按监理人要求派员参加的,监理人最终核实的工程量视为施工单位完成该子目的准确工程量。

(6)监理人应在收到施工单位提交的工程量报表后的7天内进行复核,监理人未在约定时间内复核的,施工单位提交的工程量报表中的工程量视为施工单位实际完成的工程量,据此计算工程价款。

【答案解析】

第1问:(1)建设期利息主要是指工程项目在建设期间内发生并计入固定资产的利息,即当年贷款按半年计息,上年贷款按全年计息。为了简化计算,在编制投资估算时通常假定借款均在每年的年中支用,借款第一年按半年计息,其余各年份按全年计息。

(2)计算公式为:各年应计利息=(年初借款本息累计+当年借款额/2)×年利率。

第2问:根据《公路工程设计变更管理办法》(交通部令2005年第5号):

第五条　公路工程设计变更分为重大设计变更、较大设计变更和一般设计变更。

有下列情形之一的属于重大设计变更:

(一)连续长度10km以上的路线方案调整的;

(二)特大桥的数量或结构形式发生变化的;

(三)特长隧道的数量或通风方案发生变化的;

(四)互通式立交的数量发生变化的;

(五)收费方式及站点位置、规模发生变化的;

(六)超过初步设计批准概算的。

有下列情形之一的属于较大设计变更:

(一)连续长度2km以上的路线方案调整的;

(二)连接线的标准和规模发生变化的;

(三)特殊不良地质路段处置方案发生变化的;

(四)路面结构类型、宽度和厚度发生变化的;

(五)大中桥的数量或结构形式发生变化的;

(六)隧道的数量或方案发生变化的;

(七)互通式立交的位置或方案发生变化的;

(八)分离式立交的数量发生变化的;

(九)监控、通信系统总体方案发生变化的;

(十)管理、养护和服务设施的数量和规模发生变化的;

(十一)其他单项工程费用变化超过500万元的;

(十二)超过施工图设计批准预算的。

一般设计变更是指除重大设计变更和较大设计变更以外的其他设计变更。

第六条 公路工程重大、较大设计变更实行审批制。

第七条 重大设计变更由交通运输部负责审批。较大设计变更由省级交通主管部门负责审批。

第八条 项目法人负责对一般设计变更进行审查,并应当加强对公路工程设计变更实施的管理。

第3问:价格调整公式:

$$P = P_0(A + a_1A/A_0 + a_2B/B_0 + a_3C/C_0 + a_4D/D_0 + \cdots)$$

式中: P——调值后合同价款或工程实际结算款;

P_0——合同价款中工程预算进度款;

A——固定要素,代表合同支付中不能调整的部分;

a_1、a_2、a_3⋯——代表有关成本要素(如:人工费用、钢材费用、水泥费用、机械费、运输费等)在合同总价中所占的比重 $A + a_1 + a_2 + a_3 + \cdots = 1$;

A_0、B_0、C_0⋯——与 a_1、a_2、a_3⋯对应的各项费用的基期价格指数或价格;

A、B、C⋯——与 a_1、a_2、a_3⋯对应的各项费用的现行价格指数或价格。

根据公式计算本期合同价款差额。

第4问:详见《公路工程标准施工招标文件》(2018年版)通用合同条款17.1.4和8.2。内容如下:

17.1.4 单价子目的计量

(1)已标价工程量清单中的单价子目工程量为估算工程量。结算工程量是承包人实际完成的,并按合同约定的计量方法进行计量的工程量。

(2)承包人对已完成的工程进行计量,向监理人提交进度付款申请单、已完成工程量报表和有关计量资料。

(3)监理人对承包人提交的工程量报表进行复核,以确定实际完成的工程量。对数量有异议的,可要求承包人按第8.2款约定进行共同复核和抽样复测。承包人应协助监理人进行复核并按监理人要求提供补充计量资料。承包人未按监理人要求参加复核,监理人复核或修正的工程量视为承包人实际完成的工程量。

(4)监理人认为有必要时,可通知承包人共同进行联合测量、计量,承包人应遵照执行。

(5)承包人完成工程量清单中每个子目的工程量后,监理人应要求承包人派员共同对每个子目的历次计量报表进行汇总,以核实最终结算工程量。监理人可要求承包人提供补充计量资料,以确定最后一次进度付款的准确工程量。承包人未按监理人要求派员参加的,监理人最终核实的工程量视为承包人完成该子目的准确工程量。

(6)监理人应在收到承包人提交的工程量报表后的7天内进行复核,监理人未在约定时间内复核的,承包人提交的工程量报表中的工程量视为承包人实际完成的工程量,据此计算工程价款。

8.2 施工测量

8.2.1 承包人应负责施工过程中的全部施工测量放线工作,并配置合格的人员、仪器、设备和其他物品。

8.2.2 监理人可以指示承包人进行抽样复测,当复测中发现错误或出现超过合同约定的误差时,承包人应按监理人指示进行修正或补测,并承担相应的复测费用。

案例二十四

【背景材料】 某工程项目建设单位与施工单位签订了施工合同并委托了一家监理单位进行工程监理。监理单位在执行合同中陆续遇到一些问题需要进行处理,若你作为监理工程师,对遇到的下列问题,请提出处理意见。

事件1:在施工招标文件中,按工期定额计算,工期为360天。但在施工合同中,开工日期为2017年12月15日,竣工日期为2018年12月15日,日历天数为366天。

事件2:建设单位按合同约定给施工单位提供了图纸后,施工单位在施工中要求建设单位再提供相关规范。

事件3:在承台施工中,基坑开挖土方完成后,施工单位未按施工组织设计对基坑四周进行围挡,导致监理工程师进入施工现场后不慎掉入基坑摔伤。

事件4:在结构施工中,施工单位需要在夜间浇筑混凝土,经建设单位同意并办理了有关手续。按地方政府规定,在晚上10点以后一般不得施工,若有特殊需要需给附近居民补贴。

【问题】

1. 在事件1中,请问该工程的工期应为多少天?为什么?

2. 在事件2中,请问施工规范的费用由谁来承担?

3. 在事件3中,由此发生的医疗费用由谁支付?为什么?

4. 在事件4中,该项费用应由谁来支付?

【参考答案】

第1问:

按照合同文件的解释顺序,协议合同条款与招标文件在内容上有矛盾时,应以协议合同条款为准。故本工程的施工工期为366天。

第2问:

建设单位只按照合同约定向施工单位提供工程施工图纸,其余相关规范费用由施工单位自行承担。

第3问:

医疗费用应由施工单位承担。在基坑开挖土方后,在四周设置围栏,按施工组织设计进行围挡和执行《公路工程施工安全技术规范》(JTG F90—2015)是施工单位的应采取的措施和履行的合同义务。未设围栏而发生人员摔伤事故,所发生的医疗费用应由施工单位承担。

第4问:

夜间施工虽已经征得建设单位同意,夜间施工增加费由建设单位负担,但它应当在工程预算定额中统筹考虑,不宜单独取费。因此,若有特殊需要需给附近居民补贴,该项费用应由施工单位来支付。

【答案解析】

第1问:根据《公路工程标准施工招标文件》(2018年版)专用合同条款1.4规定,组成合同的各项文件应互相解释,互为说明。除项目专用合同条款另有约定外,解释合同文件的优先顺序如下:(1)合同协议书及各种合同附件(含评标期间和合同谈判过程中的澄清文件和补充资料);(2)中标通知书;(3)投标函及投标函附录;(4)项目专用合同条款;(5)公路工程专用合同条款;(6)通用合同条款;(7)工程量清单计量规则;(8)技术规范;(9)图纸;(10)已标价工程量清单;(11)施工单位有关人员、设备投入的承诺及投标文件中的施工组织设计;(12)其他合同文件。因此本工程的施工工期应以施工合同为准,为366天。

第2问:建设单位按照合同约定向施工单位提供工程施工图纸后,施工单位在施工中要求建设单位再提供相关规范的行为无相关合同文件依据,因此施工规范的费用由施工单位自行承担。

第3问:根据《公路水运工程安全生产监督管理办法》第三十四条,施工单位应当按照法律、法规、规章、工程建设强制性标准和合同文件组织施工,保障项目施工安全生产条件,对施工现场的安全生产负主体责任。根据《公路工程标准施工招标文件》(2018年版)专用合同条款第9.2.11项规定,在整个施工过程中对施工单位采取的施工安全措施,建设单位和监理人有权监督,并向施工单位提出整改要求。如果由于施工单位未能对其负责的上述事项采取各种必要的措施而导致或发生与此有关的人身伤亡、罚款、索赔、损失补偿、诉讼费用及其他一切责任应由施工单位负责。因此,医疗费用应由施工单位负责。

第4问:夜间施工费是根据建设需要和技术要求必须在夜间连续施工而增加的施工费用。建设项目经主管部门批准或根据设计、施工技术的要求,为确保建设工期和工程质量,必须在夜间连续施工的,其增加的照明设施、夜餐补助和降低工效等费用,施工单位可另向建设单位单独计取。凡应在施工管理费中开支的场地照明费,值班人员夜班津贴,隧道、洞库、井巷等工程照明设施费,已经包括在预算定额内的必须连续施工的夜间施工增加费,以及施工单位自行赶工发生的夜间施工增加费等,均不得向建设单位另行计取夜间施工增加费。夜间施工增加费属成本性质费用,会计核算上也作为工程预算成本。夜间施工增加费由建设单位负担,施工单位包干使用。故它应当在工程预算定额中统筹考虑,不宜单独取费。根据《公路工程建设项目概算预算编制办法》(JTG 3830—2018),夜间施工费用已包含在综合单价的措施费内,建设单位不再单独支付,除非建设单位有特殊要求。因此,若有特殊需要需给附近居民补贴,该项费用应由施工单位来支付。

案例二十五

【背景材料】 某公路工程项目施工承包合同,签约合同价为6500万元,工期18个月,承包合同中约定:

(1)发包人在开工前7天应向承包人支付签约合同价10%的开工预付款。

(2)开工预付款自工程开工后的第8个月起分5个月等额抵扣。

(3)工程进度款按月结算。工程质量保证金为承包合同价的3%,发包人从承包人每月的工程款中按比例扣留。

(4)当分项工程实际完成工程量比清单工程量增加10%以上时,超出部分的相应单价调整系数为0.9。

(5)新增工程按《公路工程建设项目概算预算编制办法》(JTG 3830—2018)的规定计算建筑安装工程费,以建筑安装工程单价作为新增工程的单价,措施费中的施工辅助费费率5%,其余措施费综合费率7%,规费综合费率为35%,企业管理费费率为10%,利润率为7%,税率为9%,设备费及专项费用不计。

在施工过程中,发生了以下事件:

事件1:工程开工后,发包人要求变更设计。增加一项现浇混凝土挡土墙工程,按《公路工程预算定额》(JTG/T 3832—2018)的消耗量及价格信息资料计算的每立方米现浇混凝土挡土墙的人工费为120元,材料费为310元,施工机械使用费为240元(其中机上作业人员人工费40元),定额人工费150元,定额材料费300元,定额机械使用费260元。

事件2:在工程进行至第8个月时,承包人按计划进度完成了500万元建安工作量,同时还完成了发包人要求增加的一项浆砌片石挡土墙工程。经监理人计量后的该工作工程量为460m^3,经发包人批准的单价为352元/m^3。

事件3:施工至第14个月时,承包人向发包人提交了按原单价计算的该项月已完工程量结算报600万元。经监理人计量,其中某分项工程因设计变更实际完成工程数量为680m^3(原清单工程数量为500m^3,单价1200元/m^3)。

【问题】

1. 计算该项目的开工预付款。

2. 列式计算现浇混凝土挡土墙的单价。

3. 列式计算第8个月的应付工程款。

4. 列式计算第14个月的应付工程款。

(计算结果均保留两位小数,问题3和问题4的计算结果以万元为单位)

【参考答案】

第 1 问：

工程预付款：$6500 \times 10\% = 650$（万元）。

第 2 问：

直接费：$120 + 310 + 240 = 670$（元/m^3）。

定额直接费：$150 + 300 + 260 = 710$（元/m^3）。

措施费：$710 \times 0.05 + 410 \times 0.07 = 64.20$（元/$m^3$）。

企业管理费：$710 \times 0.1 = 71$（元/m^3）。

规费：$(120 + 40) \times 0.35 = 56$（元/$m^3$）。

利润：$(710 + 64.2 + 71) \times 0.07 = 59.16$（元/$m^3$）。

税金：$(670 + 64.2 + 71 + 56 + 59.16) \times 0.09 = 82.83$（元/$m^3$）。

建筑安装工程费（单价）：$670 + 64.2 + 71 + 56 + 59.16 + 82.83 = 1003.19$（元/$m^3$）。

第 3 问：

增加工作的工程款：$460 \times 352 = 16.19$（万元）。

第 8 月应付工程款：$(500 + 16.19) \times (1 - 3\%) - 650 \div 5 = 370.70$（万元）。

第 4 问：

该分项工程增加工程量后的差价：$(680 - 500 \times 1.1) \times 1200 \times (1 - 0.9) = 1.56$（万元）。

或：

该分项工程的工程款：$500 \times 1.1 \times 1200 + (680 - 500 \times 1.1) \times 1200 \times 0.9 = 80.04$（万元）。

承包人结算报告中该分项工程的工程款：$680 \times 1200 = 81.6$（万元）。

承包人多报的该分项工程的工程款：$81.6 - 80.04 = 1.56$（万元）。

因此，第 14 个月应付工程款：$(600 - 1.56) \times (1 - 3\%) = 580.49$（万元）。

【答案解析】

本题考查的方向是建筑安装工程费的组成与计算、工程费用支付的相关规定，以及《公路工程标准施工招标文件》(2018 年版)的掌握情况。

建筑安装工程费由直接费、设备费、措施费、企业管理费、规费、利润、税金和专项费组成，建筑安装工程费的计算见下表。

序号	项目	说明及计算式
（一）	定额直接费	Σ人工消耗量×人工基价＋Σ（材料消耗量×材料基价＋机械台班消耗量×机械台班单价）
（二）	定额设备购置费	Σ设备购置数量×设备基价
（三）	直接费	Σ人工消耗量×人工单价＋Σ（材料消耗量×材料预算单价＋机械台班消耗量×机械台班预算单价）
（四）	设备购置费	Σ设备购置数量×预算基价

续上表

序号	项目	说明及计算式
(五)	措施费	(一)×施工辅助费费率+定额人工费和定额施工机械使用费之和×其余措施费综合费率
(六)	企业管理费	(一)×企业管理费综合费率
(七)	规费	各类工程人工费(含施工机械人工费)×规费综合费率
(八)	利润	[(一)+(五)+(六)]×利润率
(九)	税金	[(三)+(四)+(五)+(六)+(七)+(八)]×税率
(十)	专项费用	
	施工场地建设费	[(一)+(五)+(六)+(七)+(八)+(九)]×累进费率
	安全生产费	建筑安装工程费(不含安全生产费本身)×(≥1.5%)
(十一)	定额建筑安装工程费	(一)+(二)×40%+(五)+(六)+(七)+(八)+(九)+(十)
(十二)	建筑工程工程费	(三)+(四)+(五)+(六)+(七)+(八)+(九)+(十)

开工预付款、质量保证金、工程调价等按题目给出的合同条件执行。

《公路工程标准施工招标文件》(2018年版)通用合同条款11.3规定,在履行合同过程中,由于发包人增加合同工作内容,提供图纸延误,改变合同中任何一项工作的质量要求或其他特性,发包人迟延提供材料、工程设备或变更交货地点等原因造成工期延误的,承包人有权要求发包人延长工期和(或)增加费用,并支付合理利润。事件1是由于发包人工程变更所致,所以在计算建筑安装工程单价时应包含利润。

案例二十六

【背景材料】 某高速公路工程项目发包人与承包人签订了公路工程施工合同,合同含有两个子项工程,估算工程量甲项为2300m^3,乙项为3200m^3,每月实际完成量见下表。其中甲项每m^3中含人工费为30元、机械费为20元、材料费为100元,综合费率为20%。乙项单价为160元/m^3。合同中有如下规定:

(1)开工前发包人应向承包人支付合同价20%的预付款;

(2)发包人自第一个月起,从承包人的工程款中,按3%的比例扣留质量保证金;

(3)当子项实际累计工程量超过估算工程量的10%时,可以对超出部分进行调价,调价系数为0.9;

(4)根据市场情况规定每月价格调整系数平均按1.2计算;

(5)每月签发的月度付款最低金额为25万元;

(6)预付款在最后两个月平均扣除。

每月实际完成量

项目	1	2	3	4
甲项(m^3)	500	800	800	600
乙项(m^3)	700	900	800	600

【问题】

1. 请问甲项工程单价为多少？预付工程款是多少？

2. 从第一个月至四个月每月的工程量价款是多少？每月应签发的工程款是多少？实际签发的付款凭证金额是多少？（除甲项单价外，其他计算结果以万元为单位，计算结果保留三位小数）

【参考答案】

第 1 问：

甲项工程单价：(30 + 20 + 100) × (1 + 20%) = 180(元/m^3)。

预付款金额：(2300 × 180 + 3200 × 160) × 20% = 18.52(万元)。

第 2 问：

第一个月工程价款：500 × 180 + 700 × 160 = 20.2(万元)，应签发的工程款：20.2 × 1.2 × (1 − 3%) = 23.513(万元)，应签发的工程款低于月度付款最低金额 25 万元，故本月不予签发付款凭证。

第二个月工程价款：800 × 180 + 900 × 160 = 28.8(万元)，应签发的工程款：28.8 × 1.2 × (1 − 3%) = 33.523(万元)，实际签发付款凭证：23.513 + 33.523 = 57.036(万元)。

第三个月工程价款：800 × 180 + 800 × 160 = 27.2(万元)，应签发的工程款：27.2 × 1.2 × (1 − 3%) = 31.661(万元)，应扣预付款：18.52 ÷ 2 = 9.26(万元)，应签发的工程款：31.661 − 9.26 = 22.401(万元)，低于月度付款最低金额 25 万元，故本月不予签发付款凭证。

第四个月的甲项工程累计完成工程量为 2700m^3，比原估算工程量 2300m^3 超出 400m^3，已超过估算工程量的 10%，对超出部分的工程量进行调价。

超过估算工程量的部分：2700 − 2300 × (1 + 10%) = 170(m^3)，甲项本月工程价款：(600 − 170) × 180 + 170 × 180 × 0.9 = 10.494(万元)。

乙项工程累计完成工程量为 3000m^3，比原估算工程量少 200m^3，不超过估算工程量的 10%，其单价不予进行调整。

本月完成工程量价款：10.494 + 600 × 160 = 20.094(万元)，应签发的工程款：20.094 × 1.2 × (1 − 3%) = 23.389(万元)，应扣预付款：18.52 ÷ 2 = 9.26(万元)。

本月实际签发的付款凭证金额：22.401 + 23.389 − 9.26 = 36.53(万元)。

【答案解析】

本题考查的方向是工程单价计算与工程费用支付的相关规定。

开工预付款、质量保证金、工程调价、支付最低限价等按题目给出的合同条件执行。

案例二十七

【背景材料】 某项工程签约合同价为1000万元,合同工期为16个月。合同约定:

(1)开工预付款在标书附录中规定的额度为10%,扣回时间开始于中期支付证书中工程量清单累计金额超过合同价的20%的当月,止于合同约定竣工日期前三个月的当月,在此期间等额扣回。

(2)质量保证金在标书附录中规定的限额为3%,每个月在承包人应得金额中扣留6%。

在工程施工中发生了如下事件:

事件1:工程进展至第4个月时工程量清单累计支付210万元,到第7个月时工程量清单累计支付490万元,第8个月承包人申报工程量清单金额为60万元,监理工程师审核时发现,支付表中路基填土9000m^3的工程未经监理验收。清单单价为15元/m^3。

事件2:工程进展至第10个月时,遇到地下有需要保护发掘的文物,使整个工程停工6天。发包人对某工程进行设计变更,致使工期延长了10天。针对上述事件(均在关键线路上),承包人按照合同约定提出了工期与费用(含利润)索赔。

【问题】

1.在第8个月的计量支付中,扣回开工预付款的金额是多少?扣留质量保证金的金额是多少?业主实际支付给承包人的金额是多少?

2.监理工程师针对事件2应如何处理?

【参考答案】

第1问:

(1)根据合同条款,第4个月累计支付金额为合同价的21%,应从本月开始扣回开工预付款,扣回时间为从第4个月至第13个月,共计10个月,每月扣回开工预付款金额为$1000\times10\%/10=10$(万元),因此第8个月扣回开工预付款金额为10万元。

(2)质量保证金的总金额为合同价的3%,即$1000\times3\%=30$(万元);截至第7个月,工程量清单累计支付金额为490万元,累计扣质量保证金应为$490\times6\%=29.4$(万元),第8个月扣质量保证金的金额为$30-29.4=0.6$(万元)。

(3)第8个月报表中,9000m^3的路基填土工作未经监理工程师验收,因此应予扣除,本月清单支付金额应为$60-9000\times15/10000=46.5$(万元);扣除开工预付款和质量保证金,业主实际支付金额:$46.5-10-0.6=35.9$(万元)。

第2问:

(1)监理工程师按文物行政部门要求指令施工单位采取妥善保护措施,保护文物。

(2)监理工程师发出变更指示,变更指示应说明变更的目的、范围、变更内容以及变更的工程量及其进度和技术要求,并附有关图纸和文件。

(3)收到承包人提交的索赔通知书后,应及时审查索赔通知书的内容、查验承包人的记录和证明材料,必要时监理人可要求承包人提交全部原始记录副本。

(4)遇到文物致使工程停工,承包人可以向发包人索赔工期和工程费用,但不包括利润的索赔。

(5)发包人进行工程变更,承包人可以向发包人索赔工期和工程费用,包括利润的索赔。

【答案解析】

本题考查的方向是工程费用支付的相关规定，以及《公路工程标准施工招标文件》(2018年版)有关费用支付的掌握情况。

开工预付款、质量保证金按题目给出的合同条件执行。

《公路工程标准施工招标文件》(2018年版)通用合同条款1.10.1规定，在施工场地发掘的所有文物、古迹以及具有地质研究或考古价值的其他遗迹、化石、钱币或物品属于国家所有。一旦发现上述文物，承包人应采取有效合理的保护措施，防止任何人员移动或损坏上述物品，并立即报告当地文物行政部门，同时通知监理人。发包人、监理人和承包人应按文物行政部门要求采取妥善保护措施，由此导致费用增加和(或)工期延误由发包人承担。需注意，只包括费用增加，不包括利润。

《公路工程标准施工招标文件》(2018年版)通用合同条款15.3.3规定，变更指示只能由监理人发出。变更指示应说明变更的目的、范围、变更内容以及变更的工程量及其进度和技术要求，并附有关图纸和文件。承包人收到变更指示后，应按变更指示进行变更工作。

《公路工程标准施工招标文件》(2018年版)通用合同条款23.2规定，监理人收到承包人提交的索赔通知书后，应及时审查索赔通知书的内容、查验承包人的记录和证明材料，必要时监理人可要求承包人提交全部原始记录副本。

《公路工程标准施工招标文件》(2018年版)通用合同条款11.3规定，在履行合同过程中，由于发包人增加合同工作内容，提供图纸延误，改变合同中任何一项工作的质量要求或其他特性，发包人迟延提供材料、工程设备或变更交货地点等原因造成工期延误的，承包人有权要求发包人延长工期和(或)增加费用，并支付合理利润。

案例二十八

【背景材料】　某实施监理的工程，招标文件中工程量清单标明的混凝土工程量为$2400m^3$，投标文件综合单价分析表显示：人工单价100元/工日，人工消耗量0.40工日/m^3；材料费单价275元/m^3；机械台班单价1200元/台班(每台班机械消耗1个工日)，机械台班消耗量0.025台班/m^3。采用建筑安装工程费的单价签订工程合同：人工基价106.28元/工日，材料费基价260元/m^3；机械台班基价1100元/台班，施工辅助费费率1.5%；其余措施费费率为8%，规费费率为40%，企业管理费费率为8%，利润率为5%，综合税率为9%，安全生产费费率1.5%，其他费用不计。施工合同约定，实际工程量超过清单工程量15%时，混凝土费用综合单价调整为420元/m^3。施工过程中发生以下事件：

事件1：基础混凝土浇筑时局部漏振，造成混凝土质量缺陷，专业监理工程师发现后要求施工单位返工。施工单位拆除存在质量缺陷的混凝土$60m^3$，发生拆除费用3万元，并重新进行了浇筑。

事件2：主体结构施工时，建设单位提出改变使用功能，使该工程混凝土量增加到$2600m^3$。施工单位收到变更后的设计图样时，变更部位已按原设计浇筑完成的$150m^3$混凝土需要拆除，发生拆除费用5.3万元(不含混凝土费用)。

【问题】

1. 请计算混凝土工程的签约合同单价。

2. 事件1中,拆除混凝土发生的费用是否应计入工程价款?说明理由。

3. 事件2中,该工程混凝土工程量增加到2600m³,对应的工程结算价款是多少万元?

4. 事件2中,拆除混凝土发生的费用是否应计入工程价款?说明理由。

5. 计入结算的混凝土工程量是多少?混凝土工程的实际结算价款是多少万元?(计算结果保留两位小数)

【参考答案】

第1问:

每立方米混凝土工程的签约合同单价:

直接费:100×0.4+275+1200×0.025=345(元)。

定额直接费:106.28×0.4+260+1100×0.025=330.01(元)。

定额人工费与定额施工机械使用费之和:106.28×0.4+1100×0.025=70.01(元)。

人工费(含施工机械人工费):100×0.4+100×0.025=42.5(元)。

措施费:70.01×0.08+330.01×0.015=10.55(元)。

企业管理费:330.01×8%=26.40(元)。

规费:42.5×40%=17(元)。

利润:(330.01+10.55+26.40)×5%=18.35(元)。

税金:(345+10.55+26.40+17+18.35)×9%=37.56(元)。

安全生产费:(345+10.55+26.40+17+18.35+37.56)×1.5%=6.82(元)。

建安费:345+10.55+26.40+17+18.35+37.56+6.82=461.68(元)。

第2问:

事件1中,拆除混凝土发生的费用不应计入工程价款。理由:施工质量缺陷属于施工单位责任范围,返工增加的费用由施工单位承担,工期不予顺延。

第3问:

由于[(2600-2400)/2400]×100%=8.33%<15%,因此,混凝土工程的结算价款仍按原综合单价结算。

对应的工程结算价款:461.68×2600=1200368(元)。

第4问:

事件2中,拆除混凝土发生的费用应计入工程价款。理由:因设计变更导致合同价款增减及造成施工单位损失由建设单位承担,延误的工期相应顺延。

第5问:

计入结算的混凝土工程量:2600+150=2750(m³)。

混凝土工程的实际结算价:2750×461.68+53000=1322620(元)。

【答案解析】

本题考查的方向是建筑安装工程费的组成与计算、工程费用支付的相关规定,以及《公路工程标准施工招标文件》(2018年版)的掌握情况。

建筑安装工程费由直接费、设备费、措施费、企业管理费、规费、利润、税金和专项费组成,建筑安装工程费的计算见下表。

序号	项　目	说明及计算式
（一）	定额直接费	Σ人工消耗量×人工基价＋Σ（材料消耗量×材料基价＋机械台班消耗量×机械台班单价）
（二）	定额设备购置费	Σ设备购置数量×设备基价
（三）	直接费	Σ人工消耗量×人工单价＋Σ（材料消耗量×材料预算单价＋机械台班消耗量×机械台班预算单价）
（四）	设备购置费	Σ设备购置数量×预算基价
（五）	措施费	（一）×施工辅助费费率＋定额人工费和定额施工机械使用费之和×其余措施费综合费率
（六）	企业管理费	（一）×企业管理费综合费率
（七）	规费	各类工程人工费（含施工机械人工费）×规费综合费率
（八）	利润	［（一）＋（五）＋（六）］×利润率
（九）	税金	［（三）＋（四）＋（五）＋（六）＋（七）＋（八）］×税率
（十）	专项费用	
	施工场地建设费	［（一）＋（五）＋（六）＋（七）＋（八）＋（九）］×累进费率
	安全生产费	建筑安装工程费（不含安全生产费本身）×（≥1.5%）
（十一）	定额建筑安装工程费	（一）＋（二）×40%＋（五）＋（六）＋（七）＋（八）＋（九）＋（十）
（十二）	建筑工程工程费	（三）＋（四）＋（五）＋（六）＋（七）＋（八）＋（九）＋（十）

《公路工程标准施工招标文件》（2018年版）通用合同条款13.1.2规定，因承包人原因造成工程质量达不到合同约定验收标准的，监理人有权要求承包人返工直至符合合同要求为止，由此造成的费用增加和（或）工期延误由承包人承担。

《公路工程标准施工招标文件》（2018年版）通用合同条款11.3规定，在履行合同过程中，由于发包人增加合同工作内容，提供图纸延误，改变合同中任何一项工作的质量要求或其他特性，发包人迟延提供材料、工程设备或变更交货地点等原因造成工期延误的，承包人有权要求发包人延长工期和（或）增加费用，并支付合理利润。

案例二十九

【背景材料】 某公路工程项目由于发包人违约，合同被迫终止。终止前的财务状况如下：签约合同价为1000万元，利润目标为签约合同价的5%。违约时已完成合同工程造价800万元。每月扣质量保证金为合同工程造价的6%，质量保证金限额为签约合同价的3%。开工预付款为签约合同价的5%（未开始回扣）。承包人为工程合理订购材料50万元（库存量）。承包人已完成暂定项目50万元，指定分包项目100万元，计日工10万元，其中指定分包管理费率为10%。承包人设备撤回基地的费用为10万元（未单独列入工程量清单），承包人雇佣的所有人员的遣返费为10万元（未单独列入工程量清单）。已完成的各类工程及计日工均已按合同规定支付。假定该项工程实际工程量与清单表中一致，且工程无调价。

【问题】

1. 合同终止时，承包人共得到多少暂定金额付款？

2. 合同终止时,发包人已实际支付各类工程付款共计多少万元?

3. 合同终止时,发包人还需支付各类补偿款多少万元?

4. 合同终止时,发包人总共应支付多少万元的工程款?

【参考答案】

第1问:

合同终止时,承包人共得暂定金额付款=对指定分包人的付款+承包人完成的暂定项目付款+计日工+对指定分包人的管理费=100+50+10+100×10%=170(万元)。

第2问:

合同终止时,发包人已实际支付各类工程付款=已完成的合同工程价款-质量保证金+暂定金额付款+开工人员预付款=800-1000×3%+170+1000×5%=800-30+170+50=990(万元)。

第3问:

合同终止时,发包人还需支付各类补偿款=利润补偿+承包人已支付的材料款+承包人施工设备的遣返费+承包人所有人员的遣返费+已扣留的保留金。

其中:

(1)利润补偿=(1000-800)×5%=200×5%=10(万元)。

(2)承包人已支付的材料款为50万元,发包人一经支付,则材料即归发包人所有。

(3)承包人施工设备和人员的遣返费因在工程量清单表中未单独列项,所以承包人报价时,应计入总体报价。因此,发包人补偿时只支付合理部分。

(4)承包人施工设备的遣返费=(1000-800)/1000×10=2(万元)。

(5)承包人所有人员的遣返费=10×20%=2(万元)。

(6)返还已扣保留金=1000×3%=30(万元)。

发包人还需支付各类补偿款共计=10+50+2+2+30=94(万元)。

第4问:

合同终止时,发包人总共应支付工程款=发包人已实际支付的各类工程付款+发包人还需支付的各类补偿付款-开工预付款=990+94-1000×5%=990+94-50=1034(万元)。

【答案解析】

本题考查的方向是工程合同终止后费用结算处理的相关规定,以及《公路工程标准施工招标文件》(2018年版)的掌握情况。

《公路工程标准施工招标文件》(2018年版)通用合同条款22.2.4规定,因发包人违约解除合同的,发包人应在解除合同后28天内向承包人支付下列金额,承包人应在此期限内及时向发包人提交要求支付下列金额的有关资料和凭证:

(1)合同解除日以前所完成工作的价款。

(2)承包人为该工程施工订购并已付款的材料、工程设备和其他物品的金额。发包人付款后,该材料、工程设备和其他物品归发包人所有。

(3)承包人为完成工程所发生的,而发包人未支付的金额。

(4)承包人撤离施工场地以及遣散承包人人员的金额。

(5)由于解除合同应赔偿的承包人损失。

(6)按合同约定在合同解除日前应支付给承包人的其他金额。

发包人应按本项约定支付上述金额并退还质量保证金和履约担保,但有权要求承包人支付应偿还给发包人的各项金额。

案例三十

【背景材料】 某工程采用公开招标方式,招标人3月1日在指定媒体上发布了招标公告,3月6日至3月12日发售了招标文件,共有A、B、C、D四家投标人购买了招标文件。在招标文件规定的投标截止日(4月5日)前,四家投标人都递交了投标文件。开标时投标人D因其投标文件的签署人没有法定代表人的授权委托书而被招标管理机构宣布为无效投标。

该工程评标委员会于4月15日经评标确定投标人A为中标人,并于4月26日向中标人和其他投标人分别发出中标通知书和中标结果通知,同时通知了招标人。

发包人与承包人A于5月10日签订了工程承包合同,合同约定的不含税合同价为6948万元,工期为300天;合同价中的管理费以直接费为计算基数,管理费率为12%,利润率为5%。

在施工过程中,该工程的关键线路上发生了以下引起工期延误的事件:

事件1:由于发包人原因,设计变更后新增一项工程于7月28日至8月7日施工(新增工程款为160万元);另一分项工程的图纸延误导致承包人于8月27日至9月12日停工。

事件2:由于承包人原因,原计划于8月5日早晨到场的施工机械直到8月26日早晨才到场。

事件3:由于天气原因,连续多日高温造成供电紧张。该工程所在地区于8月3日至8月5日停电,另外,该地区于8月24日早晨至8月28日晚下了特大暴雨。

在发生上述工期延误事件后,承包人A按合同约定的程序向发包人提出了索赔要求,经双方协商一致,除特大暴雨造成的工期延误之外,对其他应予补偿的工期延误事件,既补偿直接费又补偿管理费,管理费补偿按合同工期每天平均分摊的管理费计算。

【问题】

1. 指出该工程在招标过程中的不妥之处,并说明理由。

2. 该工程的实际工期延误为多少天? 应予批准的工期延长时间为多少天? 分别说明每个工期延误事件应批准的延长时间及其原因。

3. 图纸延误应予补偿的管理费为多少?

【参考答案】

第1问:

招标管理机构宣布无效投标不妥,应由招标人宣布。评标委员会确定中标人并发出中标通知书和中标结果通知不妥,都应由招标人发出。

第2问:

该工程的实际工期延误为47天。应批准的工期延长为32天。其中新增工程属于发包人应承担的责任,应批准工期延长11天(7月28日至8月7日),图纸延误属于发包人应承担的责任,应批准延长工期为15天(8月29日至9月12日),停电属于发包人应承担的责任,应批准工期延长为3天,施工机械延误属于承包人责任,不予批准延长工期,特大暴雨造成的工期延误属于发包人应承担的风险范围,但 8 月 24 日至 8 月 25 日属于承包人机械未到场延误在先,不予索赔,应批准工期延长 3 天(8 月 26 日至 8 月 28 日)。

第 3 问:

合同价中的管理费:$6948 \times (0.12/1.12 \times 1.05) = 708.98$(万元)。

或设直接费为 X,

$$X + 12\% X + (X + 12\% X) \times 5\% = 6948$$

得 $X = 5908.16$。

管理费:$5908.16 \times 12\% = 708.98$(万元)。

所以,

合同价中每天的管理费:$708.98/300 = 2.36$(万元/天)。

图纸延误应补偿的管理费:$15 \times 2.36 = 35.40$(万元)。

【答案解析】

本题考查的方向是工程招投标的基本规定、工程费用计算、工程费用支付的相关规定,以及《公路工程标准施工招标文件》(2018 年版)的掌握情况。

根据《工程建设项目施工招标投标办法》第五十六条规定,评标委员会完成评标后,应向招标人提出书面评标报告。评标报告由评标委员会全体成员签字。依法必须进行招标的项目,招标人应当自收到评标报告之日起三日内公示中标候选人,公示期不得少于三日。中标通知书由招标人发出。

工程费用计算按题目给出的合同条件执行。

《公路工程标准施工招标文件》(2018 年版)通用合同条款 11.3 规定,在履行合同过程中,由于发包人增加合同工作内容,提供图纸延误,改变合同中任何一项工作的质量要求或其他特性,发包人迟延提供材料、工程设备或变更交货地点等原因造成工期延误的,承包人有权要求发包人延长工期和(或)增加费用,并支付合理利润。

《公路工程标准施工招标文件》(2018 年版)通用合同条款 11.4 规定,由于出现专用合同条款规定的异常恶劣气候的条件导致工期延误的,承包人有权要求发包人延长工期。异常气候是指项目所在地 30 年以上一遇的罕见气候现象(包括温度、降雨、降雪、风等)。需注意的是异常恶劣气候条件导致的工程索赔,承包人只能得到工期补偿,不能得到费用补偿。

《公路工程标准施工招标文件》(2018 年版)通用合同条款 6.3 规定,承包人承诺的施工设备必须按时到达现场,不得拖延、缺短或任意更换。尽管承包人已按承诺提供了上述设备,但若承包人使用的施工设备不能满足合同进度计划和(或)质量要求时,监理人有权要求承包人增加或更换施工设备,承包人应及时增加或更换,由此增加的费用和(或)工期延误由承包人承担。

案例三十一

【背景材料】 某桥梁工程的盖梁施工过程中,承包人了接到监理工程师对盖梁钢筋尺寸调整的变更指示,但是在接到此变更指示前,已经完成该部分钢筋的加工,其中 N4 筋长度改变,已加工的 32 根无法使用;N8 筋由 904 根变为 640 根,已加工的 264 根作废;N5、N7 筋全部取消，N5 钢筋共 1270 根，N7 钢筋 468 根，但是已加工 N5 钢筋 1200 根，N7 钢筋 338 根。为满足变更设计要求，承包人按设计变更重新进行了加工，对于剩余及取消的钢筋，由于不能再在其他地方利用，只能作废，但钢筋剩余价值回收为 2.10 元/kg，为此承包人对增加的费用提出了索赔。承包人的索赔计算见下表。

承包人索赔计算表

<table>
<tr><th rowspan="2">序号</th><th colspan="2" rowspan="2">部　　位</th><th rowspan="2">编　　号</th><th rowspan="2">直径（mm）</th><th colspan="2">实际加工与变更后报废的钢筋</th></tr>
<tr><th>报废根数</th><th>总重(kg)</th></tr>
<tr><td>1</td><td rowspan="4">盖梁</td><td>3 号 ~7 号轴左幅</td><td>N4</td><td>ϕ12</td><td>32</td><td>128</td></tr>
<tr><td>2</td><td>3 号 ~7 号轴左幅</td><td>N8</td><td>ϕ14</td><td>264</td><td>1052</td></tr>
<tr><td>3</td><td>3 号 ~7 号轴右幅</td><td>N5</td><td>ϕ8</td><td>1270</td><td>5347</td></tr>
<tr><td>4</td><td>3 号 ~7 号轴右幅</td><td>N7</td><td>ϕ12</td><td>468</td><td>1872</td></tr>
<tr><td>5</td><td colspan="2">总计(kg)</td><td colspan="3">1 +2 +3 +4</td><td>8399</td></tr>
<tr><td>6</td><td colspan="2">投标单价(元/kg)</td><td colspan="3"></td><td>4.65</td></tr>
<tr><td>7</td><td colspan="2" rowspan="2">材料调差差价(元/kg)</td><td colspan="3">当月造价信息价格</td><td>4.80</td></tr>
<tr><td>8</td><td colspan="3">投标当月造价信息价格</td><td>3.70</td></tr>
<tr><td>9</td><td colspan="2">索赔补偿费用(元)</td><td colspan="3">(5) × (6) + (5) × [1 + 2.5%(损耗)] × [(7) − (8)] × [1 + 9%(税金)]</td><td>49378</td></tr>
</table>

【问题】

1. 监理工程师在审核承包人的索赔时应从哪些方面进行？

2. 工程变更单价确定的原则有哪些？

3. 承包人的索赔计算是否正确？为什么？

4. 监理人应批准的索赔费用为多少？

【参考答案】

第 1 问：

监理工程师审核承包人的索赔主要包括四个方面：

(1) 对索赔项目与相应数量进行审定。

(2) 分析单价和费率的确定是否合理。

(3) 索赔费用的计算是否正确。

(4) 索赔的依据是否合理，符合合同约定。

第 2 问：

工程变更单价的确定原则：

(1) 已标价的工程量清单有适用于变更工作的子目，采用该子目的单价。

(2) 已标价的工程量清单无适用于变更工作的子目，但有类似子目，可在合理范围内参照类似单价协商确定。

(3) 已标价工程量清单中无适用或类似子目的单价，可在综合考虑承包人在投标时所提供的单价分析表的基础上协商确定。

第 3 问：

承包人的索赔计算不正确。

(1)2.5%的损耗不应计算。

(2)被取消的且未加工的不应计算,被取消的钢筋数量不考虑价差。

(3)原合同单价中已计入税金,此处是重复计算。

(4)没有考虑剩余钢筋的回收价值。

第4问:

监理人应批准的索赔费用:

报废钢筋数量:$128+1052+5347\times1200\div1270+1872\times338\div468=7584.3$(kg)。

钢筋费用:$7584.3\times4.65+7584.3\times(4.8-3.7)=43609.7$(元)。

钢筋回收费用:$7584.3\times2.1=15927.2$(元)。

总计:$43609.7-15927.2=27682.5$(元)。

【答案解析】

本题考查的方向是工程变更与费用索赔的相关规定,以及《公路工程标准施工招标文件》(2018年版)的掌握情况。

关于费用索赔的审定包括以下内容:

(1)对索赔项目与相应数量进行审定。

(2)分析单价和费率的确定是否合理。

(3)索赔费用的计算是否正确。

(4)索赔的依据是否合理,符合合同约定。

《公路工程标准施工招标文件》(2018年版)通用合同条款11.3规定,在履行合同过程中,由于发包人增加合同工作内容,提供图纸延误,改变合同中任何一项工作的质量要求或其他特性,发包人迟延提供材料、工程设备或变更交货地点等原因造成工期延误的,承包人有权要求发包人延长工期和(或)增加费用,并支付合理利润。

《公路工程标准施工招标文件》(2018年版)专用合同条款15.4规定,除项目专用合同条款另有约定外,因变更引起的价格调整按照本款约定处理。

(1)如果取消某项工作,则该项工作的总额价不予支付。

(2)已标价工程量清单中有适用于变更工作的子目的,采用该子目的单价。

(3)已标价工程量清单中无适用于变更工作的子目,但有类似子目的,可在合理范围内参照类似子目的单价,由监理人按第3.5款商定或确定变更工作的单价。

(4)已标价工程量清单中无适用或类似子目的单价,可在综合考虑承包人在投标时所提供的单价分析表的基础上,由监理人按第3.5款商定或确定变更工作的单价。

(5)如果本工程的变更指示是因承包人过错、承包人违反合同或承包人责任造成的,则这种违约引起的任何额外费用应由承包人承担。

《公路工程标准施工招标文件》(2018年版)通用合同条款23.2规定,监理人收到承包人提交的索赔通知书后,应及时审查索赔通知书的内容、查验承包人的记录和证明材料,必要时监理人可要求承包人提交全部原始记录副本。

案例三十二

【背景材料】 某建设项目发包人与承包人签订了工程施工承包合同，合同部分内容约定如下：

工程费用综合单价以直接费为依据计算，措施费、规费、企业管理费等间接费用的综合费率为25%，利润率为5%，税率为9%。

人工工日单价为150元，停工导致的人工窝工费单价为60元。

挖掘机每台班单价860元，其中人工费150元，折旧费160元，维护费40元，检修费50元，燃料费460元。

在施工过程中关键线路上发生以下事件：

事件1：施工过程中，遇到地下有大量文物需要发掘保护，需要停工15天，承包人优化施工组织设计，仍然有15人及2台挖掘机无法另行安排施工，需停工等待。

事件2：桥梁基坑开挖后，发现基底承载力不能满足设计要求，需要进行地基处理。于是，发包人通过监理人向承包人发出变更指示，因此，使该桥施工期延误10天，工程直接费增加3万元。

事件3：施工期间因下雨，为保证路基填筑质量，总监理工程师下达了暂停施工指令，共停工10天，其中连续4天出现低于工程所在地雨季平均降雨量的雨天气候，连续6天出现50年一遇特大暴雨，承包人现场施工人员30人及4台挖掘机，需停工等待。

事件4：在箱形通道的基础开挖中，发现地下有军用通信光缆，但设计文件和勘测资料中均未有说明。由于对军用通信光缆的处理，致使工期延误5天，工程直接费增加2万元。

针对上述事件，承包人按合同约定的时间及相关程序，向监理工程师提交了工期索赔和费用索赔。工期索赔40天，费用索赔255109元，计算如下表所示。

序号	费用项目	计　算　式	事件1（元）	事件2（元）	事件3（元）	事件4（元）	总计（元）
1	直接费	（1）	15×（150+2×860）=28050	30000	30×（150+4×860）=107700	20000	185750
2	间接费	（1）×费率	5610	6000	21540	4000	37150
3	利润	[（1）+（2）]×利润率	1683	1800	6462	1200	11145
4	税金	[（1）+（2）+（3）]×税率	3181	3402	12213	2268	21064
5	合计	（1）+（2）+（3）+（4）	38524	41202	147915	27468	255109

【问题】

1. 针对上述事件，承包人提出的索赔是否予以批准？并说明原因。请逐条回答。

2. 承包人提出的工期与费用索赔是否合理，应批准的工期与费用索赔是多少？请逐条回答。

【参考答案】

第1问：

（1）事件1应批准承包人的工期与费用索赔，但不包括利润索赔。施工中遇到文物，其风险由发包人承担。

(2)事件2应批准承包人的工期与费用索赔,且包括利润索赔。发包人的工程变更,承包人有权要求发包人延长工期和(或)增加费用,并支付合理利润。

(3)事件3不批准承包人的费用索赔,批准工期索赔6天。连续4天出现低于工程所在地雨季平均降雨量的雨天气候,是承包人能预见到的风险。连续6天出现50年一遇特大暴雨属于异常恶劣气候,承包人只能索赔工期,不能索赔工程费用。

(4)事件4应批准承包人的工期与费用索赔,不包括利润索赔。施工中遇到设计文件和勘测资料中均未有说明的军用通信光缆,其风险由发包人承担。

第2问:

(1)事件1工期索赔15天合理,费用计算不合理,且不包括利润索赔。就事件1,承包人按人工单价和机械台班计算不合理,应按照人工窝工单价和机械窝工单价计算。

人工窝工单价:60(元)。

机械窝工单价:(折旧费+检修费)×50%+人工窝工费+维护费

=(160+50)×50%+60+40

=205(元)。

(2)事件2工期索赔10天合理,费用计算合理,且包括利润索赔。

(3)事件3工期索赔6天合理,不能索赔工程费用。

(4)事件4工期索赔5天合理,费用计算不合理,不包括利润索赔。

综上所述,应批准承包人索赔工期36天,费用索赔76583元,计算如下。

序号	费用项目	计算式	事件1(元)	事件2(元)	事件3(元)	事件4(元)	总计(元)
1	直接费	(1)	15×(60+2×205)=7050	30000	0	20000	57050
2	间接费	(1)×费率	1410	6000	0	4000	11410
3	利润	[(1)+(2)]×利润率	0	1800	0	0	1800
4	税金	[(1)+(2)+(3)]×税率	761	3402	0	2160	6323
5	合计	(1)+(2)+(3)+(4)	9221	41202	0	26160	76583

【答案解析】

本题考查的方向是工程费用索赔的相关规定及其计算,以及《公路工程标准施工招标文件》(2018年版)的掌握情况。

关于费用索赔中机械停置费台班单价计算如下:

机械停置费台班单价=(折旧费+检修费)×50%+维护费+机上人员窝工工资+车船使用税。

《公路工程标准施工招标文件》(2018年版)通用合同条款1.10.1规定,在施工场地发掘的所有文物、古迹以及具有地质研究或考古价值的其他遗迹、化石、钱币或物品属于国家所有。

一旦发现上述文物,承包人应采取有效合理的保护措施,防止任何人员移动或损坏上述物品,并立即报告当地文物行政部门,同时通知监理人。发包人、监理人和承包人应按文物行政部门要求采取妥善保护措施,由此导致费用增加和(或)工期延误由发包人承担。

《公路工程标准施工招标文件》(2018 年版)通用合同条款 11.3 规定,在履行合同过程中,由于发包人增加合同工作内容,提供图纸延误,改变合同中任何一项工作的质量要求或其他特性,发包人迟延提供材料、工程设备或变更交货地点等原因造成工期延误的,承包人有权要求发包人延长工期和(或)增加费用,并支付合理利润。即使因发包人原因造成工期延误,如果受影响的工程并非处在工程施工进度网络计划的关键线路上,则承包人无权要求延长总工期。

《公路工程标准施工招标文件》(2018 年版)通用合同条款 11.4 规定,由于出现专用合同条款规定的异常恶劣气候的条件导致工期延误的,承包人有权要求发包人延长工期。异常气候是指项目所在地 30 年以上一遇的罕见气候现象(包括温度、降雨、降雪、风等)。需注意的是,异常恶劣气候条件导致的工程索赔,承包人只能得到工期补偿,不能得到费用补偿。

《公路工程标准施工招标文件》(2018 年版)通用合同条款 4.11.2 规定,承包人遇到不可预见的不利物质条件时,应采取适应不利物质条件的合理措施继续施工,并及时通知监理人。监理人应当及时发出指示,指示构成变更的,按第 15 条约定办理。监理人没有发出指示的,承包人因采取合理措施而增加的费用和(或)工期延误,由发包人承担。

案例三十三

【背景材料】 某项工程签约合同价为 4000 万元,合同工期为 30 个月。合同中部分内容约定:

(1)开工预付款在标书附录中规定的额度为 10%,扣回时间开始于中期支付证书中工程量清单累计金额超过合同价的 30% 的当月,止于合同约定竣工日期前三个月的当月,在此期间等额扣回。

(2)质量保证金在标书附录中规定的限额为 3%,每个月在承包人应得金额中扣留 6%。

(3)该工程调价因素为人工、钢材、水泥、燃料及其他共五项,其在合同价中的比重分别为 12%、18%、20%、12%、23%。在合同基期的价格指数分别为 105、102、110、106、104,结算期的价格指数分别为 107、106、115、116、120。

(4)当分项工程实际完成工程量比清单工程量增加 10% 以上时,超出部分的相应单价调整系数为 0.9。

在工程施工中发生了如下事件:

事件 1:工程进展至第 8 个月时,工程量清单累计支付 1250 万元;第 13 个月,工程量清单累计支付 1900 万元;第 14 个月,承包人按工程量清单单价申报的结算金额为 180 万元,监理工程师审核时发现,支付表中路基借土填土 $8600m^3$ 的工程未经监理验收,清单单价为 21 元/m^3,其中桥台因设计变更实际完成工程数量为 $680m^3$(原清单工程数量为 $500m^3$,单价 1200 元/m^3)。

事件 2:施工至第 18 个月,现场周围居民称承包人施工噪声对他们的生活造成干扰,于是阻止承包人的混凝土浇筑工作而造成停工 5 天。承包人提出工程延期 5 天与费用补偿 1 万元的要求。

事件3:施工至第21个月,由于发包人要求,使原设计中的一座互通式立交桥长度增加了5m,监理人向承包人下达了变更指令。承包人收到变更指令后及时向该桥的分包人发出了变更通知,分包人向发包人提出工程延期30天与费用补偿20万元的要求。

【问题】

1. 在第14个月的计量支付中,发包人实际支付给承包人的金额是多少?

2. 监理工程师针对事件2和事件3应如何处理?

【参考答案】

第1问:

(1)根据合同条款,开工预付款金额为4000×10% =400(万元),第8个月累计支付金额为合同价的31.25%,应从本月开始扣回开工预付款,扣回时间为第8个月至第27个月,共计20个月,每月扣回开工预付款金额为400÷20=20(万元),因此第14个月扣回开工预付款金额为20万元。

(2)根据合同条款,质量保证金的总金额为签约合同价的3%,即4000×3% =120(万元);截至第13个月,工程量清单累计支付金额为1900万元,累计扣质量保证金应为1900×6% =114(万元),第14个月扣质量保证金的金额为120-114=6(万元)。

(3)根据合同条款,价格调整系数K计算如下:

$$K=0.15+0.12\times\frac{107}{105}+0.18\times\frac{106}{102}+0.2\times\frac{115}{110}+0.12\times\frac{116}{106}+0.23\times\frac{120}{104}=1.0651$$

(4)第14个月报表中,8600m^3的路基借土填土工作未经监理工程师验收,因此应扣除,本月清单支付金额应为180-8600×21/10000=161.94(万元)。

(5)第14个月报表中,桥台的工程款为[500×1.1×1200+(680-500×1.1)×1200×0.9]=80.04(万元),承包人结算报告中该分项工程的工程款为680×1200=81.6(万元),承包人多报的桥台工程款为81.6-80.04=1.56(万元)。

(6)第14个月报表中,承包人完成的工程量清单价款为161.94-1.56=160.38(万元),结算价款为160.38×1.0651=170.8207(万元)。

(7)第14个月,发包人支付给承包人的金额为170.8207-20-6=144.8207(万元)。

第2问:

(1)事件2不构成索赔,这是承包人自身原因造成的,故不应同意承包人的索赔要求。

(2)事件3不能批准分包人的索赔申请,虽然发包人的工程变更构成索赔,但分包人与发包人之间不存在合同关系,分包人不能向发包人提出索赔申请。分包人应向承包人提出索赔申请,然后由承包人向发包人提出索赔申请。

【答案解析】

本题考查的方向是工程费用支付的相关规定及其计算,以及《公路工程标准施工招标文件》(2018年版)的掌握情况。

《公路工程标准施工招标文件》(2018年版)通用合同条款16.1.1规定,因人工、材料和设备等价格波动影响合同价格时,根据投标函附录中的价格指数和权重表约定的数据,按以下公式计算差额并调整合同价格。

$$\Delta P = P_0\left[A + \left(B_1 \times \frac{F_{t1}}{F_{01}} + B_2 \times \frac{F_{t2}}{F_{02}} + B_3 \times \frac{F_{t3}}{F_{03}} + \cdots + B_n \times \frac{F_{tn}}{F_{0n}}\right) - 1\right]$$

《公路工程标准施工招标文件》(2018 年版)通用合同条款4.1.7 规定,承包人在进行合同约定的各项工作时,不得侵害发包人与他人使用公用道路、水源、市政管网等公共设施的权利,避免对邻近的公共设施产生干扰。承包人占用或使用他人的施工场地,影响他人作业或生活的,应承担相应责任。

《公路工程标准施工招标文件》(2018 年版)专用合同条款4.3.6 规定,发包人对承包人和分包人之间的法律与经济纠纷不承担任何责任和义务。

案例三十四

【背景材料】 某施工单位承担了某公路工程的施工任务,并与建设单位签订了该项目工程施工合同,签约合同价为3200 万元人民币,合同工期28 个月。工程未投保任何保险。某监理单位受建设单位委托承担了该项目的施工阶段监理任务,并签订了监理合同。

在工程施工过程中,遭受暴风雨不可抗力的袭击,造成了相应的损失。施工单位及时向监理工程师提出索赔通知,并附索赔有关的材料和证据。索赔通知中的基本要求如下:

(1)遭受暴风雨袭击系非施工单位原因造成的损失,应由建设单位承担赔偿责任。

(2)给已建部分工程造成破坏,损失26 万元,应由建设单位承担修复的经济责任。

(3)该暴风雨灾害使施工单位人员8 人受伤。处理伤病医疗费用和补偿金总计2.8 万元,建设单位应给予补偿。

(4)施工单位进场的已投入使用的施工机械设备受到损坏,造成损失6 万元;由于现场停工造成机械台班费损失2 万元,工人窝工费4.8 万元,建设单位应承担施工机械设备修复和停工的经济责任。

(5)该暴风雨灾害造成现场停工5 天,要求合同工期顺延5 天。

(6)由于工程被破坏,清理现场需费用2.5 万元,应由建设单位支付。

【问题】

1. 监理工程师接到施工单位提交的索赔通知后,应进行哪些工作?

2. 不可抗力发生风险承担的原则是什么?

3. 如何处理施工单位提出的要求?

【参考答案】

第1 问:

监理工程师接到索赔通知后应进行以下主要工作:

(1)进行调查、取证。

(2)审查索赔通知书的内容、查验承包人的记录和证明材料。

(3)审查索赔成立条件,确定索赔是否成立。

(4)分清责任,认可合理索赔。

(5)与建设单位和施工单位协商追加的付款和延长的工期;若不能达成一致,则由总监理工程师确定追加的付款和延长的工期。

(6)在合同规定的期限内,将索赔处理结果报发包人批准后答复承包人。

(7)签发索赔报告,并报建设单位核备。

第2问:

不可抗力风险承担责任的原则:

(1)工程本身的损害由业主承担。

(2)人员伤亡由其所在单位负责,并承担相应费用。

(3)施工单位的机械设备损坏及停工损失,由施工单位承担。

(4)工程所需清理、修复费用,由建设单位承担。

(5)关键工作延误的工期可相应顺延。

第3问:

按施工单位所提要求逐条处理如下:

(1)经济损失按上述原则由双方分别承担,关键工作延误的工期应予顺延。

(2)工程修复、重建26万元工程款由建设单位支付。

(3)2.8万元的医疗费用和补偿金不予认可,由施工单位承担。

(4)6万元的施工机械设备损坏费用、2万元的停工机械台班损失费用、4.8万元的人工窝工损失费用不予认可,由施工单位承担。

(5)现场停工5天索赔应予以认可,可顺延合同工期5天。

(6)清理现场2.5万元索赔应认可,由建设单位承担。

【答案解析】

本题考查的方向工程索赔处理与不可抗力处理的相关规定,以及《公路工程标准施工招标文件》(2018年版)的掌握情况。

《公路工程标准施工招标文件》(2018年版)通用合同条款21.3.1规定,除专用合同条款另有约定外,不可抗力导致的人员伤亡、财产损失、费用增加和(或)工期延误等后果,由合同双方按以下原则承担:

(1)永久工程,包括已运至施工场地的材料和工程设备的损害,以及因工程损害造成的第三者人员伤亡和财产损失由发包人承担。

(2)承包人设备的损坏由承包人承担。

(3)发包人和承包人各自承担其人员伤亡和其他财产损失及其相关费用。

(4)承包人的停工损失由承包人承担,但停工期间应监理人要求照管工程和清理、修复工程的金额由发包人承担。

(5)不能按期竣工的,应合理延长工期,承包人不需支付逾期竣工违约金。发包人要求赶工的,承包人应采取赶工措施,赶工费用由发包人承担。

案例三十五

【背景材料】 通过公开招投标,某施工企业与建设单位于2020年2月2日签订了某公路工程施工承包合同,该工程合同工期190天,于3月1日开始计算合同工期。开工前承包人向监理工程师提交了施工进度计划,其中的网络计划图摘录如下。

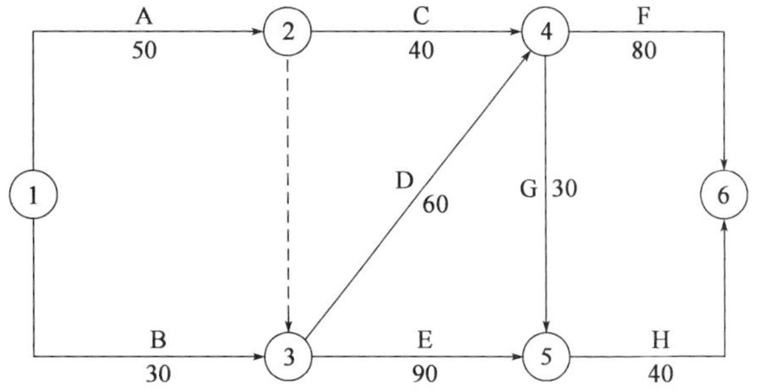

工程量清单的第 100 至 700 章合计为 600 万元，招标文件中的有关支付规定如下：

(1)开工前，发包人一次性向承包人支付估算合同价 7% 的开工预付款。

(2)从第 1 个月起，按 5% 的比例扣留质量保证金，至工程完工当月退还一半，次月退还另一半；开工预付款除开工第一个月和最后一个月外，其余月份等额扣回。

(3)总监每月签发付款证书的最低金额为 60 万元。承包人每月实际完成并经监理签认的实际工程量对应的工作量如下表所示。

施工工期	3 月	4 月	5 月	6 月	7 月	8 月	9 月
月内完成工作量(万元)	20	80	120	150	190	30	10

在工程施工过程中发生了如下事件：

事件 1：由于承包人前期进场设备不足，造成工作 A 持续时间延长 15 天，人员窝工损失 6 万元。

事件 2：在工作 E 中，浇筑完混凝土后发现上部构件胀模严重，构件做返工处理，导致工作 E 延长工作时间 10 天，费用损失 22 万元。

事件 3：因新冠肺炎疫情防控，承包人于 5 月 13 日向监理人书面提出每月增加疫情防控措施费用 3 万元。监理人报告发包人后，发包人召集施工项目经理和总监开会，形成了会议纪要，同意 3、4 月各按 3 万元补偿，并明确从 5 月份开始加强疫情防控，措施费按照每月 4 万元进行补偿。

事件 4：工程完工时的 9 月 25 日，承包人对质量保证金按照 5% 扣留提出书面异议，理由是国务院在 2020 年 6 月召开常务会议，为减轻施工企业负担决定从当年 7 月 1 日开始最高按 3% 的比例扣留质量保证金。总监初审认为招标文件有误并报告发包人，发包人书面批复同意本月即时执行国务院的要求，但招标文件的其他内容不变。

【问题】

1. 确定该工程的关键线路和总工期。

2. 事件 1、事件 2 发生后，承包人分别提出了工期延期索赔和费用索赔，监理工程师该如何处理？并分别说明理由。监理工程师审核批准的实际工期为多少天？工程延期或延误了多少天？

3. 请参考下表格式，列表计算每个月末应结算的工程款、应签发的付款证书金额分别是多少？

施工工期	3月	4月	5月	6月	7月	8月	9月	合计	10月
完成的工作量(万元)	20	80	120	150	190	30	10	600	—
开工预付款的支付金额(+)									
开工预付款的扣回金额(-)									
……									
应结算的工程款									
应签发支付金额									

【参考答案】

第1问:

关键线路:A→D→F,总工期:50+60+80=190(天)。

第2问:

(1)前期进场设备不足属于承包人的原因,监理工程师不批准费用索赔,但认可其工期延长;混凝土构件因胀模返工属于承包人责任,监理工程师不批准费用索赔,但认可其工期延长。

(2)延期后原关键线路发生改变,新的关键线路变为两条:

A→D→F;实际工期:50+15+90+10+40=205(天);

A→E→H;实际工期:50+15+60+80=205(天)。

(3)合同工期延误的天数:205-190=15(天)。

第3问:

开工预付款在4、5、6、7、8月份内等额扣回,每月应扣金额:42÷5=8.4(万元)。

扣留或扣回的金额直接用负号表示,竖向数值直接相加进行计算。每个月末应结算的工程款、应签发支付证书的金额计算结果如下表。

施工工期	3月	4月	5月	6月	7月	8月	9月	合计	10月
完成的工作量	20	80	120	150	190	30	10	**600**	—
开工预付款支付额(+)	42	—	—	—	—	—	—	**42**	—
开工预付款扣回额(-)	—	-8.4	-8.4	-8.4	-8.4	-8.4	—	**-42**	—
质量保证金扣留额(-)	-1	-4	-6	-7.5	-9.5	-1.5	-0.3	**-29.8**	—
质量保证金退还额(+)	—	—	—	—	—	—	20.8	**20.8**	9
增加疫情防控费用(+)	—	—	10	4	4	4	4	**26**	—
应结算的工程款	61	67.6	115.6	138.1	176.1	24.1	34.5	—	9
应签发支付证书的金额	61	67.6	115.6	138.1	176.1	0	58.6	**608**	9

【答案解析】

本题将工程进度控制、费用控制结合在一起,考查工程进度网络图、工程延期后的工期计算以及工程计量支付的基本计算。扣回开工预付款的方式本题为简便计算给出了按月等额扣回的方式,相对简单,考查了因为防控新冠肺炎疫情而增加的费用计算。

本题对于月最低支付金额的管理知识也进行了考查。专用合同条款规定不足最低支付金额的,转入下月进行支付。实际上,工程施工阶段最后一个月的实际支付就不受最低支付金额的限制，其他月份均应考虑最低支付金额的问题。如本题中第 8 个月的实际支付金额不足最低支付金额，就结转到下一个月。而下一个月即工期的最后一个月（第 9 个月）的实际支付金额也不满足最低支付金额（第 8 个月与第 9 个月两个月的累加和，为 58.6 万元），这时，总监应签发支付证书，支付证书的净支付金额为 58.6 万元，报送建设单位审核并及时支付。

本题还考查了质量保证金的退还问题，前几个月多扣了，改正的月份就要把多扣留的退还回去。

四、路基工程的质量、安全环保控制类案例

案例三十六

【背景材料】　某高速公路项目路线全长 66.720km，施工分 4 个施工合同段，即 D1、D2、D3 和 D4 合同段，监理分两个总监办，即 ZJ1、ZJ2。其中 ZJ1 负责监理 D1、D2 两个施工合同段，ZJ2 负责监理 D3、D4 两个施工合同段。在施工准备阶段遇到以下事件：

事件 1：在路基填挖施工前，ZJ2 书面提示施工单位应进行导线点、水准点的复测和原地面调查，具体包括参加交桩、对桩点进行加密及其复测、精度计算等，要求闭合后方可用于工程。

事件 2：在路基开工前，ZJ1 要求 D1、D2 合同段项目经理部单独编写路基工程的施工组织设计文件报送总监办审批，其中 D2 项目经理向总监理工程师说已经编写的总体施工组织设计文件中包括了路基工程部分，不需要再单独编报和审批，而且还说以往在其他公路工程项目中有关的监理机构也没有这样要求过，就一直未编报路基工程的施工组织设计文件，最后总监理工程师依据其路基填方工程的开工报审表及其所附的施工方案等资料批准了施工。

【问题】

1. 根据事件 1，交桩工作应由谁组织？关于“工程测量基准点、基准线和水准点及其书面资料的提供路径”，建设单位甲某说应由设计单位同时提供给监理人、承包人，建设单位乙某说由发包人通过监理人向承包人提供。你同意哪种说法？依据是什么？

2. 对于可能受施工影响的导线点，施工单位应该怎么办？

3. 根据《公路路基施工技术规范》（JTG/T 3610—2019），公路工程施工沿线每 500m 宜设有一个水准点，高速公路宜每 200m 加密一个。请回答其他需要增设临时水准点的情形与要求。

4. 针对事件 2，请回答 ZJ1 的要求是否合理？为什么？D2 项目经理的说法是否合适？总监理工程师的做法是否合适？

【参考答案】

第 1 问：

（1）交桩工作应由建设单位组织。

（2）同意乙某的说法。

依据是《公路工程标准施工招标文件》（2018 年版）通用合同条款第 8.1.1 款明确规定，发包人应在专用合同条款约定的期限内通过监理人向承包人提供测量基准点、基准线和水准点及其书面资料，并对其真实性、准确性、完整性负责。

第2问:

施工单位应在施工前进行加固或改移,并应保持其精度。

第3问:

(1)在结构物附近、高填深挖路段、工程量集中及地形复杂路段宜增设临时水准点。

(2)临时水准点应符合相应等级的精度要求,并与相邻水准点闭合。

第4问:

(1)ZJ1的要求合理。因为《公路路基施工技术规范》(JTG/T 3610—2019)规定,路基工程施工准备阶段应编制施工组织设计。

(2)D2项目经理的第一个说法合适,第二个说法不合适。因为以往在其他公路工程项目中的做法,包括不同监理机构的说法或做法不能作为本工程项目监理工作的依据,工程施工及其监理工作应具有针对性。

(3)总监理工程师的做法合适。

【答案解析】

本题考查的方向是路基工程的知识点,重点考查考生对施工准备阶段交桩及其测量工作内容及其相关知识。考查考生对《公路工程标准施工招标文件》(2018年版)、《公路路基施工技术规范》(JTG/T 3610—2019)的掌握情况。

《公路工程标准施工招标文件》(2018年版)通用合同条款关于测量放线,第8.1条规定发包人应通过监理人向承包人提供测量基准点、基准线和水准点及其书面资料,第8.3条规定发包人应对其提供的基准点、基准线和水准点及其书面资料的真实性、准确性、完整性负责。

《公路路基施工技术规范》(JTG/T 3610—2019)第3.2.6条关于导线复测的规定中明确提出,对于可能受施工影响的导线点,施工前应进行加固或改移,并应保持其精度。第3.2.7条关于水准点复测与加密的规定中明确提出,公路工程施工沿线每500m宜设有一个水准点,高速公路、一级公路宜加密,每200m有一个水准点。在结构物附近、高填深挖路段、工程量集中及地形复杂路段宜增设临时水准点。第3.1.2条规定,路基工程在施工准备阶段应编制施工组织设计。

工程项目具有一次性等特点,工程施工及其监理工作都应具有针对性。监理工程师应用正确的判断作为本工程项目监理工作的依据。作为总监理工程师,既要严格执行合同条款、施工技术规范和监理规范等,也要灵活运用,监理程序必须执行,该执行的程序一个也不能少,实质性的工作内容不能少,但前后次序可以微调或者合并,必须审批的事项不能减少但可以合并。

案例三十七

【背景材料】 某高速公路路线全长61.720km,施工分4个施工合同段,即D1、D2、D3和D4合同段,监理分两个总监办,即ZJ1、ZJ2。其中ZJ1负责监理D1、D2两个施工合同段,ZJ2负责监理D3、D4两个施工合同段。沿线地处山岭微丘区,地面起伏较大。在路基开工前后遇到以下事件:

事件1:在路基开工前,施工单位准备对路基进行放样、对路基中线进行放样,建设单位要求监理工程师应进行旁站,并对施工单位提交的原始基准点的复测结果进行不少于30%的监理抽检测量。

事件2:在路基开工前,ZJ1要求D1、D2合同段项目经理部对原地面进行现场调查;要求对原地面线进行复测,清表后填前压实后新测绘横断面图、计算路基填方工程量,连同土石方调配图提交监理机构核准,否则不得填筑路基。

【问题】

1. 针对事件1,路基中线放样宜采用的测量放样方法是什么?路基放样应设置的标识桩包括哪些?

2. 针对事件1,发包人的要求是否合理?为什么?

3. 针对事件2,请回答ZJ1的要求是否合理?何时对原地面进行现场调查?调查的主要内容有哪些?

4. 针对事件2,监理机构应完成哪些具体工作?

【参考答案】

第1问:

(1)宜采用坐标法。

(2)包括路基用地界桩、路堤坡脚桩、路堑坡顶桩和取土坑、护坡道、弃土堆等具体位置桩。

第2问:

不合理。因为不符合《公路工程施工监理规范》(JTG G10—2016)中监理旁站、抽检的有关规定,即①测量放样不需旁站;②对施工单位提交的原始基准点的复测结果应进行核查和平行复测。

第3问:

合理。根据有关要求,在路基工程清除表土开工前,要调查路基范围内的地质、土质、水文情况;调查沟渠、河塘、水井、洞穴、坟墓、废旧房屋、矿坑及其垃圾废弃物、障碍物情况;调查文物、古迹及各种管线情况;调查其他可能影响路基填方工后沉降等质量问题以及增加路基挖填方工程量的情况。

第4问:

(1)与D1、D2合同段项目经理部一起对原地面进行现场调查,形成书面调查记录,共同签字确认。特殊路段还应保存照片、录像资料。

(2)监督施工单位在原始地面线未被扰动前测定地面线,并对其测定结果进行核查和平行复测;绘制横断面图、计算路基挖方填方工程量;并与施工单位核算的工程量进行比较分析。

(3)在召开第一次工地会议前,向建设单位提交工程量清单复核结果,经建设单位签字认可后作为路基工程的计量"红线"。

【答案解析】

本题考查的方向是路基工程的知识点,重点考查考生对施工准备阶段原地面测量工作、工程量复核内容及其相关知识。考查考生对《公路路基施工技术规范》(JTG/T 3610—2019)、《公路工程标准施工招标文件》(2018年版)、《公路工程施工监理规范》(JTG G10—2016)的掌握情况。

《公路路基施工技术规范》(JTG/T 3610—2019)第3.2.8条规定,对路基中线、路线主要控制桩宜采用坐标法进行测量放样。第3.2.9条规定,路基施工前应设置标识桩,将路基用地界、路堤坡脚、路堑坡顶、取土坑、护坡道、弃土堆等具体位置标识清楚。

《公路工程标准施工招标文件》(2018年版)通用合同条款及专用合同条款规定,路基施工前,承包人应对施工范围内的地质、水文、障碍物、文物古迹及各种管线等情况进行详细调查。场地清理拆除及回填压实后,承包人应重新测绘地面高程,并将填挖断面和土石方调配图提交监理人核准。路堤基底应在填筑前进行压实,承包人应将压实后新测绘的填方工程断面图提交监理人核准,否则不得填筑。

《公路工程施工监理规范》(JTG G10—2016)第4.2.6条规定,监理工程师应监督施工单位在原始地面线未被扰动前测定地面线并对其测定结果进行抽测;对工程量清单复核结果及土石方工程量计算资料进行核查。

案例三十八

【背景材料】 某高速公路路线全长65.78km,施工分4个施工合同段,即D1、D2、D3和D4合同段,监理分两个总监办,即ZJ1、ZJ2。其中ZJ1负责监理D1、D2两个施工合同段,ZJ2负责监理D3、D4两个施工合同段。沿线地处山岭重丘区,路基石方需要爆破施工。在路基施工过程中遇到以下事件:

事件1:路基施工过程中为尽量减少取土场的征用数量,建设单位要求石方爆破的岩石材料一定要全部用在路堤填筑和路床填筑中,但是ZJ2负责人说软质岩石,不能用于路床填筑。

事件2:建设单位进行季度检查时发现,ZJ2有填石路堤的试验路段批复文件,而ZJ1没有。经询问,ZJ1负责人说路基填方的试验路段已经在填土路堤完成并批复了。

事件3:本工程招标文件有条款规定,建设单位不负责取土场的一切事宜,即由中标施工单位自行解决路基施工用土问题。但是,建设单位要求施工单位的取土应根据设计要求,结合路基排水和土地规划、环境保护、公路建设要求进行;要求取土应不占或少占耕地,原地面耕植土应先集中存放等。

【问题】

1.针对事件1,ZJ2的说法是否正确?根据石料硬度,用于路基填料的岩石类型分为哪几类?是根据什么指标进行分类的?

2.路基石方爆破的施工工序有哪些?

3.针对事件2,ZJ1的做法是否正确?关于填石路堤的压实质量标准,其规定值或允许偏差在《公路路基施工技术规范》(JTG/T 3610—2019)中是如何规定的?填石路堤施工过程中的压实质量可采用什么指标进行检测?

4.针对事件3,你作为监理工程师还应要求施工单位在路基施工取土过程中注意哪些问题?

【参考答案】

第1问:

正确。软质岩石可以用于路堤填筑,不得用于路床填筑。

(1)可分为硬质岩石、中硬岩石和软质岩石三类。

(2)可根据石料的单轴饱和抗压强度指标进行分类。

第2问:

主要工序有确定石方爆破的炮孔位置、钻孔、装药、堵塞、引爆、检查是否存在哑炮、清理石方等。

第3问:

不正确。

(1)其施工质量的压实规定值或允许偏差是孔隙率满足设计要求,沉降差≤试验路段确定的沉降差。

(2)施工过程质量控制应符合每一过程中的压实层,应采用试验路段确定的工艺流程、工艺参数控制,压实质量可采用沉降差指标检测。

第4问:

(1)取土深度应结合地下水等因素综合考虑。

(2)桥头两侧不应设置取土场。

(3)取土场与路基之间的距离应满足路基边坡稳定的要求。

(4)取土场的周边坡度应满足稳定性要求。

(5)对取土造成的裸露面应采取整治或防护措施。

(6)取土坑周边应设置围栏、警示标志,防止人、牲畜等靠近,防止掉落、滑落伤害。

【答案解析】

本题考查的方向是路基工程的知识点,重点考查填石路基和取土场管理的相关知识。考查考生对《公路路基施工技术规范》(JTG/T 3610—2019)、《公路工程施工安全技术规范》(JTG F90—2015)的掌握情况。

《公路路基施工技术规范》(JTG/T 3610—2019)第4.5.1条规定,软质岩石不得用于路床填筑。路基填石料可根据石料的单轴饱和抗压强度指标进行分类,可分为硬质岩石、中硬岩石和软质岩石三类。第4.5.1条还规定,填石路堤的压实质量标准,其规定值或允许偏差是孔隙率满足设计要求、沉降差≤试验路段确定的沉降差。在填石路堤的施工过程中,压实质量可采用沉降差指标进行检测。第4.15节规定了取土与弃土。

《公路工程施工安全技术规范》(JTG F90—2015)规定了取土场的安全管理。

案例三十九

【背景材料】 某高速公路工程,路线全长93.6km,招标文件将工程施工分为7个施工合同段,监理机构设置为两级机构,即1个总监办(ZJ)和7个驻地监理部(ZD1 ~ ZD7)。在路基施工过程中,即将开始桥涵结构物的台背与墙背填筑前,总监办组织了一次专题座谈会,目的是明确质量标准,统一控制好台背与墙背填筑的质量和安全。5天后,建设单位和总监办针对台背回填施工质量组织了一次联合检查。

事件1:在座谈会上,ZD1负责人说填筑材料一定要用透水性材料,ZD2负责人补充说也可以用石灰土。ZD3负责人说台背与锥坡的回填应同步进行。ZD5负责人问总监台背回填应该在结构物强度达到设计强度的75%还是85%以上时开始?ZD7负责人问圆管涵两侧的回填部位难以使用压路机进行压实,怎么办?经过讨论,最后总监明确并强调了有关注意事项。

事件2:在第5天的巡视检查进入第3合同段后,看到某一盖板通道桥的0号桥台的台背已回填至约1/3高,而1号桥台的台背还没有开始回填,现场有运输车正在卸回填材料,还发现预制板没有开始安装,建设单位当场要求总监办写个监理通知单,总监说还是以ZD3的名义下个返工令。

【问题】

1. 针对事件1,请回答进行台背回填宜采用什么材料?针对台(涵)背部狭窄处压路机难于施工的问题,应用什么方法进行回填?

2. 针对事件1和事件2,如果总监安排你拟写一个台背回填应具备的开工条件的文件,你将写哪些条件?

3. 针对事件2,请根据《公路工程施工监理规范》(JTG G10—2016)回答总监的说法或做法是否合适?为什么?

4. 你作为第3合同段的驻地监理工程师,应以什么方式纠正施工单位的不当做法?

【参考答案】

第1问:

(1)宜采用透水性材料、轻质材料、无机结合料稳定材料等。

(2)针对台(涵)背部狭窄处压路机难于施工的问题,应采用小型机械压实或夯实回填,或采用低强度等级的混凝土、浆砌片石等材料回填。

第2问:

(1)桥台施工完成后,对于预制梁板安装完毕,对于箱形构造物或现浇梁板已经浇筑完毕,而且在结构物强度达到设计强度的75%以上时,才能开始台背回填。

(2)桥台的基坑已经清理完毕,使用无机结合料进行回填前应完成最大干密度的试验。

(3)台背回填的专项施工方案已经监理工程师审批。

(4)台背回填的压实层厚及其层数,已经在台背上标注合适。

(5)回填材料已经检验合格并有一定的储存量;压实机械已经到场并满足压实质量和进度需要。

(6)施工单位已经完成施工技术交底和安全交底等。

第3问:

(1)没有接受建设单位的要求是合适的,因为监理通知单是《建设工程监理规范》(GB/T 50319—2013)规定的纠偏方式,而《公路工程施工监理规范》(JTG G10—2016)规定的纠偏方式是下达"监理指令单"。

(2)总监安排驻地监理部去处理是合适的,因为合同段的监理工程师处理属于合同段内监管的问题是合同段监理部的权利或义务,总监不应代理或代管。

(3)总监说下个返工令处理是不合适的,因为返工措施主要用在工程质量不合格时。本案例的问题是施工工序安排不当,而且可能由此带来工程质量、安全问题。

第4问:

书面下达"监理指令单",也可先口头指令然后书面指令改正。责令施工单位暂停0号桥台的台背回填施工,待预制板安装完毕后,在0号台、1号台两侧台背应同步均衡回填施工。

【答案解析】

本题考查的方向是路基工程的知识点，以及监理工程师对现场施工问题的处理能力。考查考生对《公路路基施工技术规范》(JTG/T 3610—2019)、《公路工程施工监理规范》(JTG G10—2016)的掌握与应用情况。

《公路路基施工技术规范》(JTG/T 3610—2019)第4.8节规定了或明确了台背与墙背的填筑材料、施工要求、注意事项。

《公路工程施工监理规范》(JTG G10—2016)及其附表给出了工程施工问题的处理方式，特别是"监理指令单"的应用规定。

案 例 四 十

【背景材料】 我国西部某省的一地拟按照高速公路标准建设一条机场连接线，招标文件显示路线全长21.55km，合同段划分为1个施工合同段、1个总监办。施工图纸中标明K9+500～K17+100路段为挖方路段(湿陷性黄土)，经中标施工单位统计计算，路基边坡高度如下表所示。

起止桩号	K9+500～K11+500	K11+500～K12+700	K12+700～K13+900	K13+900～K14+500	K14+500～K17+100
边坡高度(m)	0～18	18～20	20～23	20～18	18～0

合同工程开工前，中标施工单位将K11+500～K14+500段路基开挖工程分包给了建设单位推荐的某土方施工专业队伍。工程施工过程中，发生了如下事件：

事件1：土方施工专业分包单位编制了深路堑开挖专项施工方案，经其单位技术负责人审核签字后报送总监办，同时开始了挖方施工，并安排施工现场技术负责人兼专职安全管理人员负责现场安全管理。专业监理工程师发现上述情况后及时报告总监，并建议签发工程暂停令。

事件2：在土方开挖过程中，地下出现小型陶俑群和一座古墓，土方施工专业分包单位现场调整了深路堑开挖专项施工方案后继续施工，监理员立即报告了总监，总监向土方施工专业分包单位下达了暂停令。因其拒不停止施工，总监报告了建设单位，建设单位以工期紧和总监在下达暂停令前未与之协商为由，要求总监撤回暂停令。

【问题】

1. 针对事件1，土方施工专业分包单位编制深路堑开挖专项施工方案是否需要组织专家论证？请说明理由依据。

2. 针对事件1，土方施工专业分包单位的做法有什么不妥？并请写出正确的做法。专业监理工程师建议签发暂停令的理由是什么？

3. 针对事件2，总监的做法有什么不妥？建设单位的做法是否妥当？并分别写出正确的做法。

4. 针对事件2，当建设单位要求总监撤回暂停令时，总监应该怎么办？

【参考答案】

第1问：

(1)需要组织专家论证。

(2)理由依据:《公路工程施工安全技术规范》(JTG F90—2015)附录A规定,土质挖方边坡高度大于20m,且处于不良地质、特殊岩土地段的挖方边坡需要编制专项方案,进行专家论证,本段路基为23m且为湿陷性黄土。

第2问:

(1)将专项施工方案报总监办审批,不妥。

正确的做法是应将专项施工方案报送施工单位(总包单位)审核后,同意后由其报送总监办审批。

(2)在报批专项施工方案的同时开始施工,不妥。

正确的做法是应在专项施工方案按照规定程序报批同意后,方可开始施工。

(3)安排技术负责人兼专职安全管理人员负责现场安全管理,不妥。

正确的做法是安排专职安全管理人员负责现场安全管理。

(4)专业监理工程师建议签发暂停令的理由是深路堑开挖工程属于危险性较大的分部分项工程,其专项施工方案未经专家论证并通过,尚未经总监审核批准。

第3问:

(1)总监向专业分包单位签发暂停令,不妥。正确的做法是总监应向施工单位(总包单位)签发暂停令。

(2)建设单位以工期紧为由要求总监撤回暂停令,不妥。因为工期紧不能牺牲工程质量,建设单位不能以牺牲质量来干涉监理单位的质量要求。

第4问:

在建设单位要求总监撤回暂停令时,总监应该首先因下达暂停令前没有征求建设单位的意见而向建设单位解释,同时向建设单位说明下达暂停令的依据和理由,即进行协商。

不论是否取得建设单位的理解和支持,总监都不应撤回暂停令,并可以向交通建设主管或相关管理部门发出书面报告。

【答案解析】

本题考查的方向是路基工程的知识点,以及监理工程师对现场施工问题的处理能力。考查考生对《公路工程施工安全技术规范》(JTG F90—2015)、《公路路基施工技术规范》(JTG/T 3610—2019)、《建设工程安全生产管理条例》的掌握与应用情况。

《公路路基施工技术规范》(JTG/T 3610—2019)规定或明确了高路基、深路堑的规定。《公路工程施工安全技术规范》(JTG F90—2015)规定了危险性较大的分部分项工程的范围及其方案论证的范围等。

《建设工程安全生产管理条例》给出了工程施工总承包单位与分包单位在专项施工方案的编写、审核、批准以及经过监理工程师批准后方可实施的规定。

《公路工程标准施工招标文件》(2018年版)的通用合同条款给出了监理人签发指令的权力以及监理指令的下达方式、路径(当存在工程分包时)。专用合同条款规定监理工程师在下达停工令时应先报建设单位。

案例四十一

【背景材料】 某山区一级公路中某段高填方路基的边坡防护工程设计为重力式砌石挡土墙,原地面有一定的斜坡,挡土墙基础设计为台阶式。工程施工单位将其分包给了建设单位指定的某施工专业队伍。工程施工过程中,发生了如下事件:

事件1:施工单位要求施工专业队伍设置专职安全管理人员负责现场安全管理,要求其开工前自行做好技术交底、安全生产管理交底,要求其编写挡土墙的施工专项方案和开工报审表,并报请监理工程师批准。

事件2:在挡土墙基础开挖即将结束时,专业监理工程师巡视工地发现基坑底面的地质土质前后不一致,有岩石段亦有土质地段。

事件3:墙身砌筑时,施工单位没有分层砌筑,个别石块间直接接触,监理员要求返工。专业施工队伍认为只有总监才有权要求其返工,发生争执。

【问题】

1. 针对事件1,请说明施工单位的做法是否正确?

2. 针对事件2,专业监理工程师应怎样进行处理?请结合《公路路基施工技术规范》(JTG/T 3610—2019)回答基坑开挖施工的规定有哪些?基坑开挖完成后应进行的试验检测项目是什么?

3. 针对事件3,监理员的做法是否正确?为什么?

4. 根据《公路路基施工技术规范》(JTG/T 3610—2019),挡土墙的砌石墙身施工应符合哪些规定?

【参考答案】

第1问:

(1)要求施工专业队伍设置专职安全管理人员负责现场安全管理的做法是正确的。

(2)要求其开工前自行做好技术交底、安全生产管理交底的做法是不正确的。

(3)要求其编写挡土墙的施工专项方案和开工报审表并报请监理工程师批准的做法是不正确的。

第2问:

(1)专业监理工程师应该这样进行处理:应建议施工单位暂停基坑开挖;应要求施工单位向监理机构提交基底开挖的变更申请,之后根据建设单位、设计单位的变更意见进行处理;应向总监报告并建议总监报请建设单位、设计单位现场察看和处理。

(2)基坑开挖应符合下列规定:①基坑开挖宜分段跳槽进行,分段位置宜结合伸缩缝、沉降缝等设置;②严格控制基底高程,不得超挖填补;③基坑开挖完成后应尽早开始砌筑并封闭坑底。

(3)基坑开挖完成后应进行地基承载力试验检测。

第3问:

正确。

《中华人民共和国建筑法》规定,工程监理人员认为工程施工不符合工程设计要求、施工技术标准和合同约定的,有权要求施工单位改正。施工单位没有分层砌筑,石块间没有砂浆等黏结材料不符合规范要求。

第4问:

(1)砌石墙身应分层错缝砌筑,咬缝应不小于砌块长度的1/4,且不得出现贯通竖缝。

(2)片石、砌块应大面朝下砌筑,砌块间不应直接接触,间距宜不小于20mm。

(3)挡土墙端部伸入路堤或嵌入挖方部分应与墙体同时砌筑。挡土墙顶面应找平抹面或勾缝,其与边坡间的空隙应采用黏土或其他材料夯填封闭。

(4)墙身施工完毕后应及时养护。

(5)伸缩缝、沉降缝内两侧壁应竖直、平齐、无搭叠,缝中防水材料应按照设计要求施工。

(6)墙身的砂浆强度达到设计强度的75%及以上时方可进行墙背回填。

(7)墙身泄水孔应在砌筑过程中按设计施工,确保排水畅通。

(8)挡墙石料要选用坚硬未经风化且浸水不崩解的石块,砂浆等原材料和混合料要符合规范要求。

(9)砌筑时要注意砂浆饱满,勾缝密实,砂浆强度满足要求等。

【答案解析】

本题考查的方向是路基工程的知识点,以及监理工程师对现场施工问题的处理能力。考查考生对《中华人民共和国建筑法》、《公路路基施工技术规范》(JTG/T 3610—2019)的掌握与应用情况。

《中华人民共和国建筑法》第三十二条规定,工程监理人员认为工程施工不符合工程设计要求、施工技术标准和合同约定的,有权要求施工单位改正。

《公路路基施工技术规范》(JTG/T 3610—2019)第6.6节明确规定了重力式挡土墙的施工技术,主要包括基坑开挖的规定、基础施工的规定、墙身施工的规定、墙背回填的规定等。

案例四十二

【背景材料】 某高速公路改扩建工程项目,包括路基土方填筑工程、桥涵工程、沥青混凝土路面工程、交安设施和绿化工程等。

事件1:在施工单位组织的路基加宽拼接工程施工前的技术交底会上,交底的施工技术要点包括:①拓宽路基的地基处理应符合设计及规范要求;②上边坡的既有防护工程宜与路基开挖同步拆除,下边坡的防护工程拆除时应采取措施,保证既有路堤的稳定;③既有路堤的护脚挡土墙及抗滑桩可不拆除。路肩式挡土墙路基拼接时,上部支挡结构物应予拆除,宜拆除至路床底面以下;④既有路基有包边土时,宜去除包边土后再进行拼接;⑤从老路堤坡脚向上开挖台阶时,应随挖随填,台阶高度可大于1m,宽度应不大于1m;⑥拼接宽度小于0.75m时,可采取超宽填筑再削坡或翻挖既有路堤等措施;⑦宜在新、老路基结合部铺设土工合成材料,并对新老路基结合部进行强夯。

事件2:高速公路路基施工应选用适宜的填筑材料进行路基填筑,并且应先进行试验段施工。本工程的施工图纸表明某一路段为软土路基,长度约270m,需要进行处理。

【问题】

1. 在事件 1 中：

(1)其中的内容有无错误的内容？如果有，请写出正确的。

(2)你有没有其他补充的内容？

(3)关于路基强夯施工过程中的质量控制，主要控制项目有哪些？

2. 在事件 2 中：

(1)路基填筑材料中，非适合材料有哪些？

(2)软土地基处理的方法有哪些(至少写出三种方法)？

(3)根据《公路工程质量检验评定标准　第一册　土建工程》(JTG F80/1—2017)的规定，土方路基检测项目有哪些？

【参考答案】

第 1 问：

(1)其中第⑤条内容有不正确的。应修改为：从老路堤坡脚向上开挖台阶时，应随挖随填，台阶高度应不大于 1m，宽度应不小于 1m。

(2)有需要其他补充的内容，拓宽路堤填筑前的施工技术要点，即应拆除原有水沟、隔离栅等设施。拓宽部分的基底清除原地表土不小于 0.3m，清理后的场地应进行平整压实。老路堤坡面，清除的法向厚度应不小于 0.3m 等。

(3)路基强夯施工过程中的质量控制，主要控制项目包括夯点布置位置；低能量满夯的夯点布置满足搭接面积不小于加固面积的 1/4；总夯沉量或最后两击平均夯沉量；加固地基承载力和有效加固深度等。

第 2 问：

(1)路基填筑材料中，非适合材料包括：①沼泽土、淤泥、泥炭、冻土、生活垃圾、建筑垃圾；②含有树根和易腐朽物质的土；③有机质含量大于 5% 的土；④液限大于 50%、塑性系数大于 26 的土。

(2)软土地基处理的方法包括：挖除换填、抛石挤淤；砂垫层或砂砾垫层；灰土垫层；预压和超载预压；袋装砂井；塑料排水板；粉喷桩；碎石桩；砂桩；铺设土工合成材料等。

(3)土方路基的质量检测项目有压实度、弯沉、纵断高程、中线偏位、宽度、平整度、横坡、边坡。其中，压实度、弯沉为关键项目。

【答案解析】

本题考查的方向是路基工程的知识点，以及监理工程师对现场施工问题的处理能力。考查考生对《公路路基施工技术规范》(JTG/T 3610—2019)的掌握与应用情况。

案例四十三

【背景材料】　某高速公路工程项目，全长 58km，划分为三个路基桥涵施工合同段，相应地设置三个监理机构(即第一、二、三总监办)；路面工程全线设置为一个施工合同段(第四施工合同段)，由中标路基桥涵阶段的第二总监办负责监理。路基桥涵施工合同期为 28 个月，路面施工期为 16 个月。

路基桥涵施工合同段的划分是按照土地所在乡镇区域进行的，施工第二合同段的终点为一座通道桥,该通道桥1号桥台的台背回填部位及5m填土路基位于路基桥涵第三合同段范围内。工程施工后期,路基桥涵第二合同段项目经理部要求第二总监办协调该台背回填及其后5m路基的施工单位,建议由第三合同段一并施工。第二总监办立即召开了第二、三合同段项目经理参加的协调会议,议定该通道桥1号桥台的台背回填部位及5m填土路基由第三合同段援助施工。

【问题】

1. 第三合同段的路基填筑材料为土石混填材料。利用土石混填材料填筑路基应符合哪些规定?外观质量标准应符合哪些规定?

2. 经查阅中标工程量清单,第三合同段的台背回填、路基填土单价均高于第二合同段的相应单价,第三合同段要求按照第三合同段的工程量清单单价支付。你作为总监理工程师是否同意?

3. 该桥的设计为水泥混凝土骨架防护,请问水泥混凝土骨架防护应符合哪些规定?

4. 如果为浆砌片石护坡,其平整度检查的规定值是多少?检查的方法和频率如何?

【参考答案】

第1问:

根据《公路路基施工技术规范》(JTG/T 3610—2019),土石混填路基施工应符合下列规定:

压实机械宜采用自重不小于18t的振动压路机;应分层填筑压实,不得倾填;应使大粒径石料均匀分散在集料中,石料间隙应填充小粒径石料和土;土石混合料来自不同料场,其岩性或土石比例相差较大时,宜分层或分段填筑;土石混填的最后一层的压实厚度应小于300mm,该层填料最大粒径宜小于150mm,压实后表面无孔洞;中硬、硬质石料填筑路堤时,应进行边坡码砌,软质石料填筑路堤时,边坡按照土质路堤边坡处理;采用强夯、冲击压路机进行补压时,应避免影响附近的构造物。

外观质量标准应符合的规定:路基表面无明显孔洞;大粒径填石应不松动;中硬、硬质石料填筑路堤边坡应码砌紧密无松动,砌块间承接面应向内倾斜,坡面平顺。

第2问:

不能同意。应由两家施工单位协商解决。如果协商不成可以由监理工程师重新核算单价,达到双方满意。

第3问:

根据《公路路基施工技术规范》(JTG/T 3610—2019),水泥混凝土骨架防护施工应符合下列规定:

骨架施工前应修整坡面,填补超挖形成或原生的坑洞和空腔;混凝土浇筑应从护脚开始,由下而上进行浇筑,浇筑时采用振捣棒振捣;骨架宜完全嵌入坡面内,保证骨架紧贴坡面,防止变形和破坏;混凝土浇筑完成后应及时养护,养护时间宜不少于14天。

第4问:

浆砌片石护坡的表面平整度检查的规定值是不大于25mm。检查的方法和频率分别是2m直尺测量、每20m测5处。

【答案解析】

本题考查的方向是路基工程的知识点,以及监理工程师对现场施工问题的处理能力。考查考生对《公路路基施工技术规范》(JTG/T 3610—2019)中土石混填路堤的填筑、骨架混凝土护坡的施工技术、浆砌片石护坡质量控制指标的掌握与应用情况。

案例四十四

【背景材料】 某高速公路的路基工程经过一池塘地段,长度约70m,池塘的水深约3m,其下有淤泥等杂物。施工单位拟采用先抽水排干池塘,后经晾晒再填筑土方的施工方案。现场监理员未报告驻地监理工程师,驻地监理工程师巡视工地时发现此方案,当即要求施工单位采用抛石挤淤法进行处理。第二天施工单位向驻地监理工程师提交了采用抛石挤淤回填的工程变更申请,同时提出了费用索赔意向书。

【问题】

1. 请说明驻地监理工程师的做法是否合适?如不合适,请给出合适的做法。

2. 抛石挤淤施工法的适应情形?施工应符合哪些规定?

3. 你作为监理工程师,就抛石挤淤回填工程费用支付问题,是按照工程变更增加费用的方式处理?还是按照施工单位提出的费用索赔方式处理?

4. 根据《公路路基施工技术规范》(JTG/T 3610—2019),公路路基施工组织设计中应包括的与环境保护有关的措施有哪些?

【参考答案】

第1问:

驻地监理工程师的做法不合适。驻地监理工程师应建议施工单位采用抛石挤淤法处理,最终由施工单位向驻地监理机构提出处理方案,由驻地监理机构负责审核并报送建设单位审批。

第2问:

当池塘、沼泽、软土路基的厚度(或深度)小于3m时,可以采用抛石挤淤法处理。

抛石挤淤法施工应符合下列规定:

(1)尽量先行抽水排水。

(2)应采用不易风化的片石、块石,石料粒径不小于300mm。

(3)抛石应沿路线中线向前呈等腰三角形抛填,渐次向两侧对称抛填至全宽,将淤泥挤向两侧。

(4)当抛石高出水面后,应采用重型压实机具碾压密实。

第3问:

可以按照工程变更增加费用的方式处理。

第4问:

根据《公路路基施工技术规范》(JTG/T 3610—2019),公路路基施工组织设计中包括的与环境保护有关措施如下:

(1)土地利用和水土保持措施。

(2)生态保护与恢复措施。

(3)水资源保护与废弃物污染控制措施。

(4)空气污染控制措施。

(5)噪声与振动控制措施。

(6)节能减排措施。

(7)现有结构物的保护措施。

(8)文物保护措施等。

【答案解析】

本题考查的方向是路基工程的知识点,以及监理工程师对现场施工问题的处理能力。考查考生对《公路路基施工技术规范》(JTG/T 3610—2019)中特殊路基处理的施工技术,如抛石挤淤施工技术以及路基施工过程中的环境保护措施。

五、路面工程的质量、安全环保控制类案例

案例四十五

【背景材料】 某公路工程项目的合同约定,单项工程量变化超过15%时,单价应做适当调整,该工程在路面工程施工中发生了以下事件:

事件1:合同的工程量清单中,沥青面层的工程量为10000m^2,而施工中由于变更,该单项工程量实际完成数量为7000m^2。

事件2:由于材料供应问题,施工单位私自将表面层的AC-13调整为AC-16。

【问题】

1. 在事件1中,承包人要求按原合同的工程量清单中的10000m^2计量,监理工程师如何处理?处理的依据是什么?

2.《公路工程标准施工招标文件》(2018年版)专用合同条款对变更的估价是如何约定的?

3. 本单项工程的变更价格如何确定?

4. 施工单位私自改变结构层类型,监理工程师是否认可?

【参考答案】

第1问:

承包人要求按原工程量清单中的10000m^2的数量计量,不能接受,应按实际完成的工程量计量。《公路工程标准施工招标文件》(2018年版)通用合同条款规定,已标价工程量清单中的单价子目工程量为估算工程量。结算工程是承包人实际完成的,按合同约定的计量方法进行工程量计量。

第2问:

对于估价的变更,《公路工程标准施工招标文件》(2018年版)专用合同条款第15.4条规定:

(1)如果取消某项工作,则该项工作的总额价不予支付。

(2)已标价的工程量清单中有适用于变更工作子目的,采用该子目的单价。

(3)已标价的工程量清单中无适用于变更工作子目的,但有类似子目的,可在合理范围内参照类似子目的单价,由监理人与合同当事人协商商定或确定变更工作的单价。

(4)已标价的工程量清单中无适用或类似子目的单价,可在综合考虑承包人在投标时所

提供的单价分析表的基础上，由监理人与合同当事人协商商定或确定变更工作的单价。

(5)如果该工程的变更指示是因承包人过错、承包人违反合同或承包人责任所造成的，则这种违约引起的任何额外费用由承包人承担。

第3问：

本单项工程的变更价格原则上应按以上第2问执行，但考虑到工程数量变更(减少)较多，超过15%，按合同约定，单项工程量变化超过15%时，单价做适当调整，因此可适当考虑调高单价。

第4问：

不予认可。

因为合同履行过程中，经发包人同意，监理人可根据约定的程序向承包人做出变更指示，承包人应遵照执行。没有监理人的变更指示，承包人不得擅自变更。

【答案解析】

本题结合路面工程施工，主要考核《公路工程标准施工招标文件》(2018年版)中关于单价调整、结构调整的问题。要求考生熟练掌握《公路工程标准施工招标文件》(2018年版)中的相关内容。

案例四十六

【背景材料】 某一级公路路基为土方路基，路面基层为水泥稳定土无机结合料基层，根据工程实际情况及施工单位人力、设备条件，施工单位采用了中心站集中拌和法施工工艺，其中某一路段具体施工过程中发生如下事件：

事件1：施工单位进行了施工放样，恢复中线；对水泥稳定土基层施工所需的土料、集料、水泥等按要求进行备料；混合料的拌和考虑方便在中心站用厂拌设备进行集中拌和，未采用专用稳定土集中拌和机械；混合料的运输采用的是8t的翻斗车，为防阳光照射和雨淋，备有覆盖苫布。

事件2：确定松铺系数后，进行混合料的摊铺；进行碾压，用轻型压路机配合重型振动压路机进行碾压。直线和平曲线段，由两侧路肩向路中心碾压，设超高的平曲线段，由外侧路肩向内侧路肩碾压；接缝按要求处理。

【问题】

1. 无机结合料稳定基层根据使用材料分为哪几类？
2. 本项目中心站集中拌和法施工准备工作是否完备？为什么？
3. 针对事件1，请指出本项目具体施工过程中存在哪些问题，并进行纠正？
4. 水泥稳定土无机结合料可用于高速公路的基层吗？

【参考答案】

第1问：

无机结合料稳定类根据材料可分为：水泥稳定类、石灰稳定类、综合稳定类和石灰工业废渣稳定类四大类。

第2问：

不完备。因为缺少准备下承层施工。

第 3 问:

“未采用专用稳定土集中拌和机械”不对。根据规定应采用专用稳定土拌和设备进行集中拌和。

第 4 问:

不适用。水泥稳定碎石(或石屑)的强度较高,适用于大交通重轴载道路的基层,而无机结合料稳定土(如水泥土、石灰土、二灰土等)仅适用于高级路面的底基层。

【答案解析】

本题的考点主要集中在无机结合料稳定材料的类型、施工工艺和使用范围,要求考生严格区别在实体工程中土与碎石之间的区别及应用场合。

案例四十七

【背景材料】 某 A 公司中标一城市主干道拓宽改造工程,路面基层结构为 15cm 石灰土和 40cm 水泥稳定碎石,面层为 15cm 沥青混凝土,总工期为 7 个月,路面施工质量控制要求按一级公路标准实施,该路段的交通量换算等级为重型交通。施工过程中的背景如下:

事件 1:开工前,项目部做好了施工交通准备工作,以减少施工对群众社会经济生活的影响;并根据有关资料,结合工程特点和自身施工能力,编制了工程施工方案和质量计划。

事件 2:方案确定水泥稳定碎石采用集中厂拌,为确保质量采取以下措施:不同粒级的石料、细集料分开堆放;水泥、细集料覆盖防雨。

【问题】

1. 工程施工前施工交通准备工作包括哪些内容?

2. 请补充背景中确保水泥稳定碎石料出厂质量保证措施?

3. 该项目水泥稳定碎石强度控制标准和压实度控制标准是多少?

4. 水泥稳定碎石基层完工验收阶段的实测项目包括哪些?

【参考答案】

第 1 问:

准备导行方案;修建临时便道;导行临时交通;协助交通管理部门做好交通管理,使施工对群众社会经济生活的影响降到最低。

第 2 问:

(1)严格按设计配合比确定的材料规格及数量配料,拌和均匀,保证拌和时间。拌和过程中要随时检测各料仓的生产计量,发现问题及时纠正。

(2)要随时检测拌和质量,及时试验,要每 2 小时检测一次含水率。

(3)天气炎热或运距较远时,混合料含水率要适当加大。

(4)混合料运输装好料后,应用篷布将箱体覆盖,直到摊铺机前准备摊铺时方可打开。

第 3 问:

7 天龄期无侧限抗压强度控制标准为 4 ~ 6MPa;压实度控制标准为≥98%。

第 4 问:

检测的实测项目主要包括:压实度、平整度、纵断高程、宽度、厚度、横坡和强度。

【答案解析】

本题的考点主要集中在市政道路改扩建施工时的交通流的组织、无极结合料稳定材料的施工控制要点。要求考生熟悉《公路路面基层施工技术细则》(JTG/T F20—2015)和《公路工程质量检验评定标准　第一册　土建工程》(JTG F80/1—2017)中的相关知识点。

水泥稳定粒料的7天龄期无侧限抗压强度控制标准如下表。

结构层	公路等级	极重、特重交通(MPa)	重交通(MPa)	中、轻交通(MPa)
基层	高速公路、一级公路	5.0~7.0	4.0~6.0	3.0~5.0
	二级及二级以下公路	4.0~6.0	3.0~5.0	2.0~4.0
底基层	高速公路、一级公路	3.0~5.0	2.5~4.5	2.0~4.0
	二级及二级以下公路	2.5~4.5	2.4~4.0	1.0~3.0

无机结合料稳定粒料的基层压实标准如下。

公路等级		水泥稳定材料(%)	石灰粉煤灰稳定材料	水泥粉煤灰稳定材料	石灰稳定材料
高速公路、一级公路		≥98	≥98	≥98	—
二级及二级以下公路	稳定中粗粒料材料	≥97	≥97	≥97	≥97
	稳定细粒料材料	≥95	≥95	≥95	≥95

案例四十八

【背景材料】　某公司承建一条高速公路，该项目道路结构层为土质路基、砾石砂垫层、二灰碎石基层、沥青混凝土面层。施工过程中的背景如下：

事件1：沥青路面施工前，依据已审批施工组织设计，由项目技术负责人向承担施工的负责人进行口头交底后，开始施工。

事件2：因施工计划推迟，沥青混凝土面层施工正值冬期，施工单位把混合料出厂温度提高到180℃；运输采取覆盖保温措施；因表面有部分积水，对下承层表面积水用扫帚将其分扫在基层表面，保证表面无明显积水，随后进行沥青混凝土摊铺碾压。

【问题】

1. 针对事件1，技术交底的做法是否妥当？如有不妥，请给出正确的做法。

2. 针对事件2，施工队在沥青混凝土面层施工中有哪些不正确之处？说明理由。

3. 如何保证半刚性基层与沥青面层之间的黏结？

4. 半刚性基层完工验收中平整度采用什么检测方法和频率？

【参考答案】

第1问：

施工技术交底的方式不妥，还缺少对具体操作人员的交底。应采用书面形式进行技术交底，并有交底双方签认手续。施工技术交底应分级进行，施工负责人还要对施工作业人员进行技术交底。

第2问:

施工单位把沥青混合料出厂温度提高到180℃错误。根据《公路沥青路面施工技术规范》(JTG F40—2004),沥青混合料的出料温度一般不得高于170℃。第1.0.4条规定,沥青路面不得在气温低于10℃(高速公路和一级公路)或5℃(其他等级公路),以及雨天、路面潮湿的情况下施工。

对下承层表面积水,用扫帚将其分扫在基层表面,即进行沥青摊铺碾压错误。对于沥青混凝土施工的下承层基层表面,要求清洁、干燥,不允许有水分集聚。

第3问:

半刚性基层与沥青面层之间应洒布透层,并应做封层,以确保基层与面层之间的黏结。

第4问:

基层完工验收平整度采用3m直尺;每200m测2处×5尺。

【答案解析】

本题的考点主要集中在路面基层、沥青面层的施工控制要点。要求考生熟悉《公路路面基层施工技术细则》(JTG/T F20—2015)、《公路沥青路面施工技术规范》(JTG F40—2004)和《公路工程质量检验评定标准　第一册　土建工程》(JTG F80/1—2017)中的相关知识点,同时了解功能层的使用要求。

案例四十九

【背景材料】　某施工单位承建了一段二级公路沥青混凝土路面工程,路基宽度12m。上面层采用沥青混凝土(AC-13),下面层采用沥青混凝土(AC-20);基层采用18cm厚水泥稳定碎石,基层宽度9.5m;底基层采用级配碎石,沥青混合料指定由某拌和站定点供应,现场配备了摊铺机、运输车辆等。基层采用两侧装模,摊铺机铺筑。施工过程中发生如下事件:

事件1:沥青混凝土下面层施工前,施工单位编制了现场作业指导书,其中部分要求如下:

(1)下面层摊铺采用平衡梁法;

(2)摊铺机每次开铺前,将熨平板加热至80℃;

(3)采用雾状喷水法,以保证沥青混合料碾压过程不黏轮;

(4)摊铺机无法作业的地方,可采取人工摊铺施工。

事件2:施工单位确定的级配碎石底基层实测项目有:压实度、纵断高程、宽度、横坡等。

【问题】

1.本项目应采用什么等级的沥青?按组成结构分类,本项目沥青混凝土路面按结构组成属于哪种类型?

2.沥青混凝土路面施工还需要配备哪些主要施工机械?

3.逐条判断事件1中现场作业指导书的要求是否正确?如不正确,请改正错误。

4.请补充事件2中级配碎石底基层实测项目的漏项。

【参考答案】

第1问:

(1)本项目应采用A级或B级沥青。

(2)按组成结构分类,本项目沥青混凝土路面属于悬浮密实结构。

第2问：

沥青混凝土路面施工还缺压实机械、沥青混凝土搅拌设备。压实的主要施工机械：双轮双振压路机、轮胎压路机等。

第3问：

(1)错误。

正确做法：下、中面层采用走线法(钢丝绳引导的高程控制方式)施工，上面层采用平衡梁法或雪橇式摊铺厚度控制方式施工。

(2)错误。

正确做法：开铺前将应提前0.5～1h预热摊铺机熨平板，加热至不低于100℃。

(3)正确。

(4)错误。

正确做法：摊铺机无法作业的地方，应在监理工程师同意后，采用人工摊铺施工。

第4问：级配碎石底基层实测项目的漏项包括弯沉值、平整度、厚度。

【答案解析】

不同公路等级的沥青的选用原则是：A级沥青适用于各等级的公路，适用于任何场合和层次；B级沥青适用于高速公路、一级公路沥青下面层以及以下层次，二级及二级以下公路的各个层次；C级沥青宜用于三级及三级以下公路的各个层次。

按照《公路沥青路面施工技术规范》(JTG F40—2004)的要求，公路沥青面层级配设计应按照悬浮密实结构来进行设计。

(1)沥青路面按照强度构成，可分为密实型和嵌挤型两种。

密实型沥青路面要求矿料的级配按照最大密实原则设计，其强度和稳定性主要取决于混合料的黏聚力和内摩阻力。嵌挤型沥青路面要求采用颗粒尺寸较为均匀的矿料，其强度和稳定性主要依靠集料颗粒之间相互嵌挤所产生的混合料的内摩阻力；而黏聚力则起着次要的作用。

(2)按照沥青混合料网络结构中密实成分或嵌挤成分所占比例不同，沥青混合料的组成结构形态分为三种类型，即密实悬浮结构、骨架空隙结构、密实骨架结构。

①密实悬浮结构的沥青混合料，属于连续型密级配，AC就属于此种。这种混合料中含有大量细集料，而粗集料数量较少，且相互间没有接触，不能形成骨架，粗集料好像悬浮于细集料之中。这种混合料黏聚力较大，内摩阻力较小。

②骨架空隙结构的沥青混合料，属于连续开级配的沥青混合料。这种混合料中粗集料数量较多、细集料较少，因而形成了骨架，但残余空隙较大。这种混合料黏聚力较小，而内摩阻力较大。

③密实骨架结构是综合以上两种类型的结构，属于间断级配的沥青混合料。这种混合料同时具有较高的黏聚力和内摩阻力。

本题要求考生熟悉《公路路面基层施工技术细则》(JTG/T F20—2015)、《公路沥青路面施工技术规范》(JTG F40—2004)和《公路工程质量检验评定标准　第一册　土建工程》(JTG F80/1—2017)中的相关知识点。

案例五十

【背景材料】 某施工单位承接了一条二级公路的普通水泥混凝土路面施工项目,合同段总长度36km,路面结构层为15cm厚级配碎石底基层、20cm厚水泥稳定碎石基层、24cm厚水泥混凝土面层,面层采用轨道摊铺机摊铺施工,钢材、水泥供应厂家由建设单位指定。施工单位对基层和面层分别组织一个专业队采用线性流水施工。施工过程中发生如下事件:

事件1:基层施工进度为每天450m,养护时间至少7d;水泥混凝土面层施工进度为每天400m,养护时间至少14d,所需最小工作面长度为3600m。

事件2:施工单位现有主要施工设备包括混凝土生产设备、混凝土及原材料运输设备、吊车、布料机、摊铺机、整平机、压路机、拉毛养护机和石屑撒布机,项目部根据实际情况调用。

事件3:每次水泥进场后,项目部工地试验室按要求检查了产品合格证、质量保证书,然后向监理工程师提交每批水泥清单。

【问题】

1. 请计算事件1中路面基层和面层工作的持续时间。

2. 结合事件2,为完成水泥混凝土面层施工,施工单位还需配备哪两个关键设备?并指出肯定不需要调用的两个设备。

3. 事件3中工地试验室的做法能否保证进场水泥质量?说明理由?

4. 什么是普通混凝土路面?混凝土路面的优点有哪些?

【参考答案】

第1问:

基层工作的持续时间:36000/450=80(d);面层工作的持续时间:36000/400=90(d)。

第2问:

需配备振捣设备、切缝设备。不需要的设备:压路机和石屑撒布机。

第3问:

不能。应按相应要求抽样检验,只检查合格证和质量保证书并不能保证进场原材料的质量。

第4问:

所谓普通混凝土路面,是指除接缝区和局部范围(边缘和角隅)外,不配置钢筋的混凝土路面。

优点:强度高;稳定性好;刚度大,承载能力强;耐久性好;有利于夜间行驶;耐腐蚀性强;使用寿命长等。

【答案解析】

本题的考点在于路面施工过程中的工期控制和混凝土路面施工过程中的控制技术,要求考生了解路面结构的基本特性以及掌握《公路水泥混凝土路面施工技术细则》(JTG/T F30—2014)中的相关知识。

案例五十一

【背景材料】 某施工单位承接了一段长30km的沥青混凝土路面施工,其中基层采用厂拌二灰稳定碎石，施工前选择了相应的施工机械并经计算确定了机械台数。施工过程中发生如下事件：

事件1：其中部分路段基层采用两幅施工，纵缝采用斜缝连接；同日施工的两个工作段接缝处，要求前一段拌和整修后，留5～8m不进行碾压，作为后一段摊铺部分的高程基准面，后段摊铺完成后立即碾压以消除缝迹。

事件2：二灰基层施工完毕后，且在面层施工前，检测了如下项目：弯沉、压实度、平整度、纵断面高程、宽度、横坡、回弹模量，以评定该分项工程质量。

【问题】

1. 二灰基层施工准备中，请计算机械台数需要考虑哪些因素？

2. 针对事件1，请改正接缝处理中错误的做法？

3. 针对事件2，请指出二灰基层质量检测评定实测项目中的错项，并补充漏项。

4. 半刚性基层配合比设计的目标和原则是什么？

【参考答案】

第1问：

需考虑的因素：

(1)计划时段内应完成的工程量。

(2)计划时段内的制度台班数(或台班制度数)。

(3)机械台班生产率(或生产能力)。

(4)机械利用率。

第2问：

两幅施工纵缝必须采用垂直接缝(或直接缝)；后一段施工时，前一段未压部分，应加部分生石灰(或结合料)重新拌和(或与新生料一起拌和)，并与后段一起碾压。

第3问：

错项：弯沉、回弹模量。漏项：厚度、强度(无侧限抗压强度)。

第4问：

混合料配合比设计要求达到的目标是：所设计的混合料组成在强度上满足设计要求，级配符合要求，抗裂性能达到最优且便于施工。

配合比设计的基本原则是：结合料剂量合理，尽可能采用综合性能稳定的集料，且集料应具有一定的级配。

【答案解析】

本题的考点集中在半刚性基层的施工控制要点，要求考生熟悉《公路路面基层施工技术细则》(JTG/T F20—2015)和《公路工程质量检验评定标准　第一册　土建工程》(JTG F80/1—2017)中的相关知识点，同时了解混合料配合比设计的相关内容。

案例五十二

【背景材料】　地处北方的某施工企业，承接了南方某省高速公路沥青面层的施工任务，沥青面层的结构为4cm改性沥青AC-13＋6cm改性沥青AC-20＋8cm重浇沥青AC-25，施工单位进场之后按精细化施工的要求进行了详细的施工前期准备和施工组织工作，以确保了沥青路面结构层的顺利施工。施工过程中发生如下事件：

事件1：施工单位根据其在北方的施工经验，通过招投标的方式，拟采用A-90的基质沥青，通过现场改性，生产改性沥青以供沥青混合料使用。

事件2：施工单位为了节省工程造价和确保工期，沥青层之间初步拟定不洒布黏层沥青以加快施工进度。

【问题】

1. 该工程项目中，各层沥青面层的厚度是否合理？原因是什么？

2. 在事件1中，采用A-90的基质沥青进行改性是否合理？为什么？

3. 现场进行改性是否可行？理由是什么？

4. 在事件2中，沥青层之间不洒布黏层沥青是否合理？为什么？

【参考答案】

第1问：

合理。各结构层厚度均大于每层混合料要求的工程最大粒径的2.5倍。

第2问：

采用A-90基质沥青不合理。根据南方夏季的高温气候特点，改性沥青应采用A-70的基质沥青进行改性，以满足夏季高温稳定性的要求。

第3问：

可行。改性沥青的加工工艺分为成品改性沥青和现场改性沥青，而现行规范中，仅规定了不同气候、交通荷载等级下的改性沥青技术指标要求，与改性的方式无关。

第4问：

不合理。现行规范规定，双层式或三层式热拌热铺沥青混合料路面的沥青层之间，必须喷洒黏层油。

【答案解析】

本题的考点在于：现行规范规定，沥青面层厚度，除人行道外，沥青层的压实厚度不宜小于集料最大粒径的2倍。对于高速公路和一级，密级配沥青混合料的厚度不宜小于最大粒径的3倍，SMA等嵌挤密实型沥青混合料的厚度不宜小于工程最大粒径的2.5倍，以减少离析，便于施工和压实。

通常，较热的气候区、较繁重的交通情况下，沥青混合料应采用黏度较高的沥青。

改性沥青的加工工艺分为成品改性沥青和现场改性沥青，而现行规范中，仅列举了不同气候、交通荷载等级下的改性沥青技术指标要求，与改性的方式无关，只要保证质量，两种改性方式都可以。

《公路沥青路面施工技术规范》(JTG F40—2004)第9.2.1条规定，双层式或三层式热拌热铺沥青混合料路面的沥青层之间，必须喷洒黏层油，以保证沥青面层间黏结。

案例五十三

【背景材料】 某施工企业，承接了南方某省某高速公路沥青表面层的施工任务，该项目沥青表面层采用了4cm改性沥青SMA-13的结构，粗集料采用玄武岩碎石，细集料采用石灰岩碎石。该项目在实施过程中，发生了如下事件：

事件1:考虑该项目处于南方多雨地区,为了提高沥青与集料的黏附性,SMA-13混合料配合比设计和施工过程中,采用1%~2%的水泥等量替代矿粉。

事件2:在进行沥青混合料设计阶段,施工单位按照马歇尔试验方法确定了沥青用量之后,进行了水稳定性检验、高温稳定性检验和低温抗裂性检验。

【问题】

1. 按照密实类型来分类,SMA属于哪一种沥青混合料类型?

2. 在事件1中,用1%~2%的水泥等量替代矿粉是否可行?为什么?

3. 在事件2中,沥青混合料的性能检验指标是否合理和齐全?

4. 高温稳定性试验的评价指标和试验温度是如何规定的?

【参考答案】

第1问:

沥青混合料(SMA-13)是间断级配沥青混合料。

第2问:

用2%的水泥等量替代矿粉是可行。根据现行规范的规定,干燥的生石灰或消石灰粉、水泥可作为填料的一部分,其用量宜为矿料总量的1%~2%。

第3问:

沥青混合料的性能检验指标是合理和齐全的。

第4问:

现行规范规定,沥青混合料高温稳定性评价指标采用动稳定度来进行评价。试验要采用60℃的温度下进行。

【答案解析】

本题的考点在于:热拌沥青混合料按密实类型可分为5类,SMA属于间断级配的代表。

为了提高沥青与集料的黏附性,根据现行规范的规定,可以用干燥的生石灰或消石灰粉、水泥作为填料的一部分,其用量宜为矿料总量的1%~2%。

根据现行规范的规定,按照马歇尔试验方法确定沥青用量后,尚需进行水稳定性检验、高温稳定性检验、低温抗裂性检验和钢渣活性检验,因题中未采纳钢渣集料,所以检验内容是合理的。

《公路工程沥青及沥青混合料试验规程》(JTG E20—2011)有明确的评价指标和试验温度。

案例五十四

【背景材料】 某施工企业承接了北方某一条高速公路全长30km的沥青路面面层施工项目,该项目路面结构为5cm改性沥青混合料AC-13+6cm改性沥青混合料AC-20+7cm重交沥青混合料AC-25。该项目实施过程中发生了下列事件:

事件1:由于施工工期提前(业主的指令),导致改性沥青的现场施工需安排在12月施工,而项目所在地12月的平均气温在-5℃左右,拌和站设置在距工地1km的位置。

事件2:在热拌沥青混合料工程开工前14d,承包人在监理工程师批准的现场路段,并在监理工程师的监督下,用备齐的并投入该项工程的全部机械设备及合格的沥青混合料,铺筑了规范规定长度的试验路段。

【问题】

1. 根据现行规范,对热拌沥青混合料施工的气候条件是如何要求的?

2. 在事件1中,沥青混合料拌和场地与居民区的距离有何规定?

3. 在事件2中,修筑试验路的目的是什么?

4. 试验路完成后,需对哪些主要项目进行抽样试验?

【参考答案】

第1问:

《公路沥青路面施工技术规范》(JTG F40—2004)第1.0.4条规定:沥青路面不得在气温低于10℃(高速公路和一级公路)或5℃(其他等级公路),以及雨天、路面潮湿的情况下施工。

未经压实即遭雨淋的沥青混合料应全部清除,更换新料。

第2问:

拌和场地布置应远离居民区,其距离不少于1km。

第3问:

目的是:

(1)检验各种施工机械的类型、数量及组合方式是否匹配。

(2)通过试拌确定拌和机的操作工艺、考察可信度。

(3)通过试铺确定透层油的喷洒方式和效果、摊铺、压实工艺,确定松铺系数等。

(4)验证沥青混合料生产配合比设计,提出生产用的标准配合比和最佳沥青用量。

(5)确定压实度的检验方法等。

第4问:

应对其厚度、压实度、平整度、宽度、纵断高程、横坡度、渗水系数、沥青含量及矿料级配及其他项目进行抽样试验。

【答案解析】

本题主要考查考生对《公路沥青路面施工技术规范》(JTG F40—2004)的熟悉程度。现行规范中对于拌和厂的设置位置、气候条件、试验路的施工及总结报告和抽样检查的内容和频率都有明确规定。

案例五十五

【背景材料】 某施工企业承接了某一条全长40km的高速公路沥青路面面层施工项目,该项目路面结构为4cm改性沥青混合料AC-13+6cm改性沥青混合料AC-20+8cm重交沥青混合料AC-25。该项目实施过程中发生了下列事件:

事件1:该项目施工图文件说明书中,路面结构为4cm改性沥青混合料AC-13+黏层+6cm改性沥青混合料AC-20+黏层+8cm重交沥青混合料AC-25+1cm同步碎石封层+透层,而路面结构图中的路面结构为4cm改性沥青混合料AC-13+6cm改性沥青混合料AC-20+8cm重交沥青混合料AC-25,图纸说明中要求沥青层之间洒黏层,沥青层与半刚性基层之间洒透层。

事件2:透层和黏层均采用机械化进行施工,材料要求和洒布范围均按《公路沥青路面施工技术规范》(JTG F40—2004)执行,洒布量按施工图设计文件要求控制。

【问题】

1. 针对事件1的情况,质量评定时如何确定厚度标准值?

2. 现行规范规定,哪种材料可以作为透层材料?

3. 现行规范规定,哪种材料可以作为黏层材料?

4. 黏层施工对气候条件有何要求?

【参考答案】

第1问:

质量评定时,厚度标准值=4+6+8=18(cm)。沥青路面的黏层、透层、下封层不计厚度,现场取芯也不能检测其厚度。

第2问:

沥青透层可采用渗透性好的液体沥青、乳化沥青、煤沥青。

第3问:

黏层沥青宜采用快裂或中裂乳化沥青、改性乳化沥青、快凝或中凝液体石油沥青。所使用的基质沥青标号宜与主层沥青混合料相同。[依据《公路沥青路面施工技术规范》(JTG F40—2004)第9.1.2、第9.2.2条]

第4问:

洒布黏层材料的气温不应低于10℃,风速不大,浓雾或下雨路面潮湿时不应施工。寒冷季节不得不喷洒时,可以分成两次喷洒。

【答案解析】

目前对于同步碎石封层的厚度问题,国内有两种做法,其一是同步碎石封层不计厚度,其二是考虑一定厚度,该题目主要考核如果施工图设计文件前后不统一的情况下,相关单位如何进行协调及质量控制,同时要有充分的理由。

其余考点,要求考生熟悉《公路沥青路面施工技术规范》(JTG F40—2004)中的相关内容。

案例五十六

【背景材料】 某施工企业承接了一条高速公路全长40km的沥青路面面层施工项目,项目实施过程中,原材料、配合比设计、施工机械设备等方面均满足招标文件或相关规范的规定。该项目通车之后,发生了下列事件:

事件1:由于开放交通的初年,该项目所在地气温比往年明显偏高2℃左右,导致产生了严重车辙现象,造成了一定的负面影响。

事件2:该项目开放交通的初年,项目所在地的降雨量有明显的增大,沥青路面表面产生了很多的水破坏,影响日常的车辆通行。

【问题】

1. 请问事件1中的车辙是什么?

2. 请问影响车辙的主要外因是什么?

3. 沥青混凝土路面水破坏的现象有哪些?

4. 沥青混凝土路面施工造成水破坏产生的原因有哪些?

【参考答案】

第1问:

车辙是路面结构层及土基在行车重复荷载作用下的补充压实,以及结构层材料的侧向位移产生的永久变形。

第2问:

对于某一已知气候条件,影响车辙的外因主要有两个:

(1)交通条件对沥青路面的影响有车辆荷载、轮胎气压、行车速度、车流渠化等。通常情况下荷载越重,轮胎气压越大,行车速度越慢,渠化交通的程度越高,将会大幅加快沥青路面车辙的形成。

(2)气候条件对沥青路面的影响主要包括气温、日照、辐射、风、雨、地温等。主要反映在温度因素上,气温在25℃以上,路表温度在40℃以上是沥青路面产生车辙的重要外部条件。

第3问:

外部水分或降水进入沥青面层后,根据水滞留的位置情况,在大量高速行驶的车辆作用下,可能产生:

(1)表面层产生坑洞。

(2)表面层和中面层同时产生坑洞以及局部表面产生网裂和变形。

(3)唧浆、网裂、坑洞。

第4问:

施工导致沥青面层产生水破坏的主要原因有沥青混凝土本身的空隙率大、压实度不够和不均匀性、排水设施不完善、沥青混凝土本身抗水损坏能力不足、面层偏薄等。

【答案解析】

该题目主要针对沥青路面早期损坏的原因、现象等问题进行考核,要求考生对施工过程或养护维修等方面均有一定分析问题的能力。

案例五十七

【背景材料】 某施工企业承接了一条二级公路全长20km的水泥路面施工项目,该项目路面结构为24cm水泥混凝土面板+40cm水泥稳定碎石+15cm级配碎石,该项目实施过程中发生了下列事件:

事件1:由于该项目工程量不大,并且靠近城市,市区中有可利用的水泥混凝土拌和站,施工单位确定采用商品混凝土,并在施工过程中,对原材料和混凝土的拌和质量进行了严格控制。

事件2:施工单位根据设计文件和规范要求,在水泥路面施工中设置了接缝。

【问题】

1. 请问路面用水泥混凝土配合比设计指标是什么?

2. 水泥混凝土配合比设计的关键指标?

3. 水泥混凝土路面接缝的类型有哪些?

4. 横向施工缝设置要求有哪些?

【参考答案】

第1问:

水泥混凝土路面板配合比设计应满足弯拉强度、工作性能、耐久性等指标，还要兼顾经济性。

第2问：

水灰比、砂率和水泥用量。

第3问：

按照接缝的方向可以分为纵缝和横缝。纵缝又分为纵向缩缝和纵向施工缝；横缝又分为横向缩缝、胀缝和横向施工缝。

第4问：

横向施工缝的位置宜设在胀、缩缝处。

(1)横向施工缝只应在摊铺作业中断时间超过30min时设置。

(2)横向施工缝应与其他横向接缝合并设置。横向施工缝若与横向缩缝、胀缝分开设置时，其距离应不得小于2m。

(3)横向施工缝应在做纹理之前修整出光滑平齐的表面。

(4)断开的横向施工缝应设置传力杆与拉杆。

【答案解析】

本题主要考核考生对《公路水泥混凝土路面设计规范》(JTG D40—2011)和《公路水泥混凝土路面施工技术细则》(JTG/T F30—2014)的熟悉和掌握程度，并根据现场的实际情况，结合规范进行必要的调整，相关内容均在现行规范中有说明或规定。

案例五十八

【背景材料】 某施工企业承接了一矿区一级公路全长20km的水泥路面施工项目，设计单位根据交通量调查和计算结果，设计的路面结构为28cm连续配筋混凝土路面板+40cm水泥稳定碎石+20cm级配碎石，考虑该路段混合交通量比较大，设置了3m的应急停车带，应急停车带的纵向配筋率与行车道板的配筋率相同。该项目实施过程中发生了下列事件：

事件1：施工单位在水泥混凝土路面板施工过程中，要求适当减小水泥混凝土面板厚度。

事件2：施工单位在水泥混凝土路面板施工过程中，要求适当降低应急停车带的水泥混凝土面板纵向钢筋配筋率。

【问题】

1. 连续配筋混凝土路面板配合比设计包括的内容有哪些？
2. 连续配筋混凝土路面伸缩装置采用软法施工时，有哪些要求？
3. 事件1中，施工单位的诉求是否可以接受？
4. 事件2中，施工单位的诉求是否可以接受？

【参考答案】

第1问：

配合比设计包括材料标准试验、混凝土抗折和抗压强度、集料级配、水灰比、坍落度、水泥用量、质量控制等。

第 2 问:

连续配筋混凝土路面伸缩装置采用软法施工时,应在伸缩装置位置安装工作缝端模,端模应在每根纵向钢筋位置处钻孔,并将钢筋伸出端模。端模附近混凝土应采用振捣棒振捣密实,并抹平到平整度满足要求。拆模时应避免造成边角损坏。

第 3 问:

根据《公路工程设计变更管理办法》,路面结构类型、宽度和厚度发生变化属于“较大设计变更”,较大设计变更由省级交通运输主管部门负责审批,项目法人负责对“一般设计变更”进行审查。因此,监理单位无权接受施工单位提出路面厚度变更诉求。

第 4 问:

根据《公路工程设计变更管理办法》,路面结构类型、宽度和厚度发生变化属于“较大设计变更”,较大设计变更由省级交通运输主管部门负责审批,项目法人负责对“一般设计变更”进行审查。因此,监理单位无权接受对施工单位提出路面钢筋配筋变更诉求。

【答案解析】

本题主要考核考生对《公路水泥混凝土路面设计规范》(JTG D40—2011)的熟悉程度,该规范中对混凝土板厚、纵向钢筋配筋率等方面均有明确规定,如规范中提出,连续配筋混凝土路面板厚度在按照普通混凝土路面板厚度确定的基础上,根据工程实际情况,可以适当减薄路面板的厚度,可适当降低应急停车带中的纵向钢筋的配筋率。

关于配合比设计的相关要求,在《公路水泥混凝土路面施工技术细则》(JTG/T F30—2014)中,有明确要求。

《公路工程设计变更管理办法》规定,公路工程设计变更分为重大设计变更、较大设计变更和一般设计变更。属于较大设计变更为:

(1)连续长度 2km 以上的路线方案调整的;

(2)连接线的标准和规模发生变化的;

(3)特殊不良地质路段处置方案发生变化的;

(4)路面结构类型、宽度和厚度发生变化的;

(5)大中桥的数量或结构形式发生变化的;

(6)隧道的数量或方案发生变化的;

(7)互通式立交的位置或方案发生变化的;

(8)分离式立交的数量发生变化的;

(9)监控、通信系统总体方案发生变化的;

(10)管理、养护和服务设施的数量和规模发生变化的;

(11)其他单项工程费用变化超过 500 万元的;

(12)超过施工图设计批准预算的。

公路工程重大、较大设计变更属于对设计文件内容作重大修改,应当按照规定的程序进行审批。未经审查批准的设计变更不得实施。任何单位或者个人不得违反规定擅自变更已经批准的公路工程初步设计、技术设计和施工图设计文件。不得肢解设计变更规避审批。较大设计变更由省级交通运输主管部门负责审批。

案例五十九

【背景材料】 某市政工程公司中标一城乡道路水泥混凝土路面工程施工项目。中标路段路线东西走向，道路全长240m（K0+040～K0+300），道路全线直线，无圆曲线，路幅宽度29.5m，城镇次干路，设计速度40km/h。该项目基层结构由上到下为：20cm 5.5%水泥稳定碎石基层+25cm 4.0%水泥稳定碎石底基层。

施工前项目技术负责人组织编制施工方案，施工方案通过审核后，开始组织施工。施工过程中发生如下事件：

事件1：水泥稳定碎石基层材料拌和时，发现存放于仓库的水泥质量不符合要求。

事件2：监理工程师在检查过程中发现，基层压实过程中，压实方向从道路中心向两侧进行碾压。于是发出暂停施工的命令，并提出让施工单位进行整改。

【问题】

1. 请问该道路工程基层有哪些作用？

2. 针对水泥质量出现的问题，请说明施工单位应如何保证水泥的质量。

3. 项目技术负责人编制的施工方案的主要内容有哪些？

4. 监理单位的做法是否正确？并说明理由。

【参考答案】

第1问：

基层的作用：

(1)防止或减轻由于唧泥导致的板底脱空和错台等病害。

(2)与垫层共同作用，可控制或减少路基不均匀冻胀或体积变形对混凝土面层产生的不利影响。

(3)为混凝土面层提供稳定而坚实的基础，并改善接缝的传荷能力。

第2问：

施工单位为保证水泥质量应做到：

(1)水泥进场时应对其品种、等级、包装或散装仓号出厂日期等进行检查，并应对其强度、安定性及其他必要的性能指标进行复验，其质量必须符合现行国家标准的规定。

(2)在使用中对水泥质量有怀疑或水泥出厂超过3个月时，应进行复验，并按复验结果使用。

(3)水泥存放，应按不同的生产厂、品种、强度等级、生产日期分别堆放，不得混装。水泥是防潮物资，必须注意防潮。存放水泥的仓库，必须注意干燥，门窗不得有漏雨、渗水的情况，以免潮气侵入，导致水泥变质。临时存放的水泥，必须选择地势较高，干燥的场地作料棚，并做好上盖下垫工作。水泥储存期不宜过长，以免受潮变质或降低强度等级，储存期按出厂日期起，一般为3个月。

第3问：

施工方案的主要内容有施工方法的确定、施工机具的选择、施工顺序的确定、施工的组织、施工计划安排，还应包括季节性施工措施、四新技术措施等。

第4问：

监理单位的做法正确。因为施工单位进行基层压实工作的压实方向由中心向两侧是错误的,正确的压实方向为在直线段由两侧向中心进行碾压,设超高曲线的平曲线段由内侧向外侧进行碾压。

【答案解析】

本题主要考查考生对《公路路面基层施工技术细则》(JTG/T F20—2015)和《公路工程施工监理规范》(JTG G10—2016)的熟悉程度,在上述资料中,对于考点的内容均有陈述。

六、桥梁工程的质量、安全环保控制类案例

案例六十

【背景材料】 某公路工程项目桩基施工图纸规定,桩基直径为1.2~1.5m,桩基长度为20~30m,施工方法采用冲击钻成孔,导管法灌注水下混凝土,在施工中发生了以下事件:

事件1:某根桩基成孔后,现场浇筑基本准备完毕,但导管还没有到场,施工单位解释导管还在运输途中。施工单位技术人员就现场准备情况进行了报验,经监理工程师检查合格后,准备在导管进场后灌注混凝土,但是监理工程师没有同意灌注。

事件2:在桩基灌注混凝土过程中发生异常,混凝土灌注产生堵管,施工单位技术人员当即决定,将导管拔出,逐节拆开导管,清理掏出导管内混凝土,然后再重新安装连接,插入已经灌注的混凝土内,继续灌注混凝土,监理工程师认为不妥,不同意该施工方法。

【问题】

1. 针对以上事件,请问桩基成孔后、灌注前和灌注过程中,监理工程师要做哪些检查和记录?

2. 根据交通运输部、应急管理部关于发布《公路水运工程淘汰危及生产安全施工工艺、设备和材料目录》(以下简称《目录》)的公告,回答下列问题:

(1)人工挖孔桩手摇井架出渣工艺和基桩人工挖孔工艺在《目录》中的淘汰类型分别属于什么类型?

(2)"直接凿除法"桩头处理工艺,在高速公路工程、独立大桥、特大桥项目中是否可以继续使用?哪些施工工艺可以替代它?

3. 在事件1中,请问监理工程师做法是否妥当?

4. 在事件2中,监理工程师做法是否妥当?如不妥,正确的做法是什么?

【参考答案】

第1问:

(1)桩成孔后,应检查和记录的内容有:

①检验钻孔平面位置,是否偏位。

②孔径、孔深,钻孔倾斜度。

③泥浆比重、泥浆砂率。

④钻孔记录,钻孔过程中的地质情况,土质及深度,钻孔过程中是否有水头突变溶洞裂隙等特殊地质情况。

⑤孔底沉垫层厚度。

(2)灌注混凝土前,应检查和记录的内容有:

①钢筋笼加工质量,钢筋笼长度、直径等。

②检查导管完好性及水密性能。

③检查钢筋笼的保护层控制措施和对中措施。

④清孔记录及清孔后的各项泥浆指标及沉垫层厚度。

(3)灌注混凝土过程中,要检查和记录的内容有:

①料斗容积大小,能否满足首盘混凝土导管至少埋深1m的要求。

②混凝土坍落度及各项性能指标。

③导管长度,导管埋深,灌注混凝土方量等动态数据。

④灌注过程中泥浆上翻情况及是否有其他异常情况。

⑤灌注时间、孔内的水头高度、钢筋笼的偏差情况等。

第2问:

根据《目录》的规定:

(1)人工挖孔桩手摇井架出渣工艺属于禁止类、基桩人工挖孔工艺属于限制类。

(2)在高速公路工程、独立大桥、特大桥中均不得使用。

可替代的施工工艺有“预先切割法+机械凿除”桩头处理工艺或者“环切法”整体桩头处理工艺。

第3问:

事件1中,监理工程师的做法是妥当的。因为导管没在现场,没有做导管水密承压和接头抗拉试验,没有检验导管的水密性和拉伸性,不能保证灌注过程中不发生质量问题或事故,所以必须做导管试验保证导管质量。

第4问:

事件2中,监理工程师的做法是妥当的。施工单位的这种做法不妥。因为把导管拔出后再插入混凝土中,会造成孔内泥浆充满在导管中,继续灌注混凝土后,泥浆会与混凝土混合,造成混凝土中夹带杂质形成断桩的质量事故。

正确的做法是:此桩基当作断桩处理。拔出导管,趁混凝土还未凝固,用大吨位吊车拔出钢筋笼,然后重新钻孔处理已经灌注的混凝土。如果混凝土凝固,应重新冲击钻孔,符合要求后,再正常灌注混凝土。

【答案解析】

本题考查的是桥梁工程钻孔灌注桩施工方面的基本常用知识。主要是《公路桥涵施工技术规范》(JTG/T 3650—2020)第9章有相关的规定,监理工程师要做好钻孔灌注桩灌注前检查,合格后方可灌注混凝土。

《公路桥涵施工技术规范》(JTG/T 3650—2020)第9.2.9条规定,导管使用前应进行水密承压和接头抗拉试验,严禁采用压气试压。进行水密试验的水压应不小于孔内水深1.3倍的压力,亦应不小于导管壁和焊缝可能承受灌注混凝土时最大内压力 p 的1.3倍。

第2问主要是考查考生对交通运输部、应急管理部关于发布《公路水运工程淘汰危及生产安全施工工艺、设备和材料目录》的公告的学习掌握和运用程度。

第4问主要是钻孔灌注桩灌注过程中的异常处理,施工监理单位一定要严格遵照批复的施工方案、施工工艺施工,遵守施工监理程序进行施工,出现问题要符合要求、符合规范进行解决。

案例六十一

【背景材料】 某工程项目某桥梁桥型结构为30m+45m+30m预应力混凝土连续箱梁,梁高2.3m,桥梁净高9.2~10.2m,顶板宽度15.5m,底板宽度10.5m,桥梁纵坡1.8%。在施工准备阶段和施工阶段发生下列事件:

事件1:施工单位根据相关要求编制并提交了施工方案,准备采用满堂支架现浇施工,现浇梁体施工时,计划从高处开始浇筑,向低处逐步推进。监理工程师认为这种做法不妥,不同意该施工方案。

事件2:施工中施工单位组织12名民工进行现浇箱梁支架的预压加载作业。在作业过程中,支架突然倒塌,事故造成3人重伤,9人轻伤。

【问题】

1. 针对事件1,请问监理工程师做法是否正确?现浇梁体正确的浇筑顺序是什么?

2. 请根据交通运输部、应急管理部关于发布《公路水运工程淘汰危及生产安全施工工艺、设备和材料目录》的公告,下列说法中,符合《目录》要求的有哪些?

A. 门式钢管满堂支撑架被禁止使用

B. 扣件式钢管满堂支撑架被禁止使用

C. 普通碗扣式钢管满堂支撑架(立杆材质为Q235级钢)被限制使用

D. 普通碗扣式钢管满堂支撑架(构配件表面采用冷镀锌作防腐处理)被限制使用

E. 承插型盘扣式钢管支撑架、钢管柱梁式支撑架可以继续使用

3. 根据《公路桥涵施工技术规范》(JTG/T 3650—2020),试述对模板和支架应符合哪些规定?

4. 根据《生产安全事故报告和调查处理条例》,事件2属于哪个事件等级?应如何上报?上报事故主要包括哪些内容?

【参考答案】

第1问:

监理工程师的做法正确。正确的浇筑顺序是:梁式桥现浇施工时,梁体混凝土在顺桥向宜从低处向高处进行浇筑,在横桥向宜对称进行浇筑。

第2问:

符合《目录》要求的有:ACDE。

第3问:

根据规范,模板和支架应符合下列规定:

(1)模板和支架应具有足够的强度、刚度和稳定性,应能承受施工过程中所产生的各种荷载。

(2)模板和支架的构造应简单、合理,结构受力应明确,安装、拆除应方便。

(3)模板应能与混凝土结构或构件的特征、施工条件和浇筑方法相适应,应保证结构物各部位形状尺寸和相互位置的准确。

(4)模板的板面应平整,接缝处应严密且不漏浆;模板与混凝土的接触面应涂刷隔离剂,但不得采用废机油等油料,且不得污染钢筋及混凝土的施工缝。

(5)支架应稳定、坚固,应能抵抗在施工过程中可能发生的振动和偶然撞击。

(6)支架不得与应急安全通道相连接。

第4问:

事件2属于一般事故。

事故发生后,事故现场有关人员应当立即向本单位负责人报告;单位负责人接到报告后,应当于1小时内向事故发生地县级以上人民政府安全生产监督管理部门和负有安全生产监督管理职责的有关部门报告。情况紧急时,事故现场有关人员可以直接向事故发生地县级以上人民政府安全生产监督管理部门和负有安全生产监督管理职责的有关部门报告。

上报事故主要包括下列内容:

(1)事故发生单位概况。

(2)事故发生的时间、地点以及事故现场情况。

(3)事故的简要经过。

(4)事故已经造成或可能造成的伤亡人数(包括下落不明的人数)和初步估计的直接经济损失。

(5)已经采取的措施。

(6)其他情况。

【答案解析】

本题考查了交通运输部、应急管理部关于发布《公路水运工程淘汰危及生产安全施工工艺、设备和材料目录》的公告以及桥梁工程满布支架现浇箱梁的施工技术和《安全生产事故报告和调查处理条例》方面的知识点。考查考生对《公路桥涵施工技术规范》(JTG/T 3650—2020)和《安全生产事故报告和调查处理条例》的掌握程度。

《公路桥涵施工技术规范》(JTG/T 3650—2020)第17.3.2条规定,梁式桥现浇施工时,梁体混凝土在顺桥向宜从低处向高处进行浇筑,在横桥向宜对称进行浇筑。

《公路桥涵施工技术规范》(JTG/T 3650—2020)第5.1.2条规定了模板和支架应符合的要求。

《生产安全事故报告和调查处理条例》第三条对安全生产事故分类进行了规定,根据生产安全事故造成的人员伤亡或者直接经济损失,事故一般分为以下等级:

(1)特别重大事故,是指造成30人以上死亡,或者100人以上重伤(包括急性工业中毒,下同),或者1亿元以上直接经济损失的事故;

(2)重大事故,是指造成10人以上30人以下死亡,或者50人以上100人以下重伤,或者5000万元以上1亿元以下直接经济损失的事故;

(3)较大事故,是指造成3人以上10人以下死亡,或者10人以上50人以下重伤,或者1000万元以上5000万元以下直接经济损失的事故;

(4)一般事故,是指造成3人以下死亡,或者10人以下重伤,或者1000万元以下直接经济损失的事故。

《生产安全事故报告和调查处理条例》第十条规定,一般事故上报至设区的市级人民政府安全生产监督管理部门和负有安全生产监督管理职责的有关部门。特别重大事故、重大事故逐级上报至国务院安全生产监督管理部门和负有安全生产监督管理职责的有关部门。较大事故逐级上报至省、自治区、直辖市人民政府安全生产监督管理部门和负有安全生产监督管理职责的有关部门。

《生产安全事故报告和调查处理条例》第十二条对报告内容做了规定。

案例六十二

【背景材料】 某高速公路工程项目,桥梁工程设计共有476片先张法20m空心板梁,施工单位建设了预制厂,台座采用墩式。准备工作完成后,开始生产。张拉方式采用活动钢横梁整体张拉,活动钢横梁下浇筑了粗糙的水泥混凝土平面,便于活动钢横梁移动,见下图。

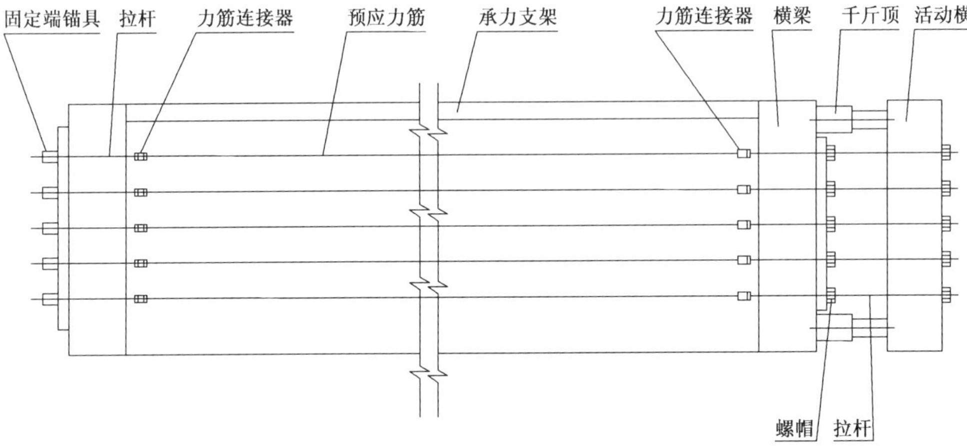

事件1:监理工程师检查预制厂后,认为活动钢横梁下面水泥混凝土粗糙平面处理不妥,并提出了整改措施。

事件2:施工单位准备按照下面顺序进行生产:①穿钢绞线,张拉至初应力;②绑扎钢筋;③支模板;④张拉钢绞线至设计应力;⑤浇筑混凝土;⑥养护拆模;⑦钢绞线放张。

【问题】

1. 根据题干和《公路桥涵施工技术规范》(JTG/T 3650—2020),请简述先张法预制梁板墩式台座的结构要求。

2. 事件1中,有何不妥?并指出整改措施。

3. 事件2中,上述施工顺序是否正确?如不正确,请说明原因,并列出正确的施工顺序。

【参考答案】

第1问：

先张法的墩式台座结构应符合下列规定：

(1)承力台座应进行专门设计，并应具有足够的强度、刚度和稳定性，其抗倾覆安全系数应不小于1.5，抗滑移系数应不小于1.3。

(2)锚固横梁应有足够的刚度，受力后挠度应不大于2mm。

第2问：

整体张拉时，活动钢横梁在水泥混凝土平面拖拉活动不妥，这样会有较大的摩擦力，抵消掉部分张拉力，导致钢绞线张拉应力不足。正确的做法是在活动钢横梁下制作滑动轨道或其他的减小摩擦的措施，减小活动钢横梁的摩擦力，并试验测试摩擦力的具体大小，在张拉时，对摩擦力修正到千斤顶张拉力中，避免预应力损失。

第3问：

上述施工顺序不正确，张拉钢绞线至设计应力不应放到绑扎钢筋和支模板后面，而应该放在绑扎钢筋前面进行施工，如果按照题目中的施工顺序，会造成张拉钢绞线时的预应力损失。正确的施工顺序应该是：①④②③⑤⑥⑦。

【答案解析】

本题考查的是桥梁工程先张法预应力空心板梁施工方面的基本常用知识。包括台座设计要求，张拉措施及张拉施工顺序。

《公路桥涵施工技术规范》(JTG/T 3650—2020)第7.7.1条对先张法的墩式台座结构进行了规定，既要进行专门设计，又要满足强度、刚度、稳定性的要求。

案例六十三

【背景材料】 某高速公路工程项目工地预制厂预制一批30m后张法预应力混凝土小箱梁，混凝土强度等级C50。采用标准强度$f_{tk}=1860MPa$的高强度低松弛钢绞线，弹性模量$E_p=1.95\times10^5MPa$，松弛率$\rho=0.35$，松弛系数$\xi=0.3$。控制应力采用$0.75f_{tk}$，单根钢绞线公称面积$A=140mm^2$，设计预应力钢绞线若干束，最多的用ϕ_s15.2的钢绞线8根。在预制生产过程中发生了下列事件：

事件1：在预制生产过程中，发现有一片小箱梁腹板处外观存在问题，有水纹状波纹存在，并有较多的小孔。现场技术人员和监理工程师对产生的原因进行了分析。

事件2：混凝土浇筑完成后，强度已达到要求，施工单位准备张拉钢绞线，拟用额定张拉力150t的千斤顶两台，两端同时张拉，申请监理工程师检查同意。

事件3：张拉完成后，施工单位准备孔道压浆。压浆前，监理工程师超前提示，要求施工单位做好压浆前的准备工作。

【问题】

1. 试分析事件1中这些质量问题产生的可能原因。

2. 事件2中，监理工程师能否同意张拉？请说明原因。

3. 事件3中，监理工程师超前提示压浆前的准备工作有哪些规定？

【参考答案】

第1问:

可能产生的原因:

(1)混凝土拌合物质量不好,混凝土离析。

(2)振捣混凝土过振,或振捣不充分。

(3)钢筋保护层较小,粗集料在保护层部位不能进入或进入较少。

(4)分层浇筑混凝土,两层混凝土施工间隔时间较长。混凝土浇筑分层太厚,振捣时气泡不能有效排出。

第2问:

监理工程师不能同意张拉,因为千斤顶额定张拉力太小。

单根钢绞线张拉力 $f = 0.75 \times f_{tk} \times A = 0.75 \times 1860 \times 10^{6} \times 140 \times 10^{-6} = 195.3(kN)$,折合19.53t。

单束张拉力 $F = 19.53 \times 8 = 156.24(t)$。

《公路桥涵施工技术规范》(JTG/T 3650—2020)第7.6.1条规定,张拉千斤顶的额定张拉力宜为所需张拉力的1.5倍,且不得小于1.2倍。

则 $156.24 \times 1.2 = 187.5(t)$,$156.24 \times 1.5 = 234.36(t)$。

150t小于计算的156.24t张拉力。

第3问:

(1)应在工地试验室对压浆材料加水进行试配,各种材料的称量(均以质量计)应精确到±1%。经试配的浆液各项性能指标均应满足规范要求后方可用于正式压浆。

(2)应对孔道进行清洁处理。对抽芯成型的孔道应冲洗干净,并把孔壁完全湿润;金属和塑料管道在必要时亦应冲洗清除附着于孔道内壁的有害材料。对孔道内可能存在的油污等,可采用对预应力筋和管道无腐蚀作用的中性洗涤剂或皂液,用水稀释后进行冲洗;冲洗后,应使用不含油的压缩空气将孔道内的积水吹出。

(3)检查压浆设备性能。应对压浆设备进行清洗,清洗后的设备内不应有残渣和积水。

【答案解析】

本题考查的是桥梁工程后张法预应力梁施工质量控制方面的基本常用知识。

第1问:考查分析产生混凝土外观质量缺陷的原因及处理,属于常见常识性的问题。见目标控制相关要求。

第2问:考查张拉计算公式应用,$f = 0.75 \times f_{tk} \times A$。计算出理论张拉力后,根据规范规定的系数选用千斤顶。

第3问:考查压浆前的主要准备工作的规定。

案例六十四

【背景材料】 某公路工程项目有座斜拉桥,主桥结构为跨径140m+110m的梭形独塔斜拉桥,见下图。索塔下承台体积4950m^3,承台高度4.5m,采用C30混凝土。主梁在索塔中心线两侧32m范围内为预应力混凝土箱梁,其余区段为钢箱梁。钢箱梁采用全焊钢箱梁结构,宽度32.3m,梁中心高度3m。

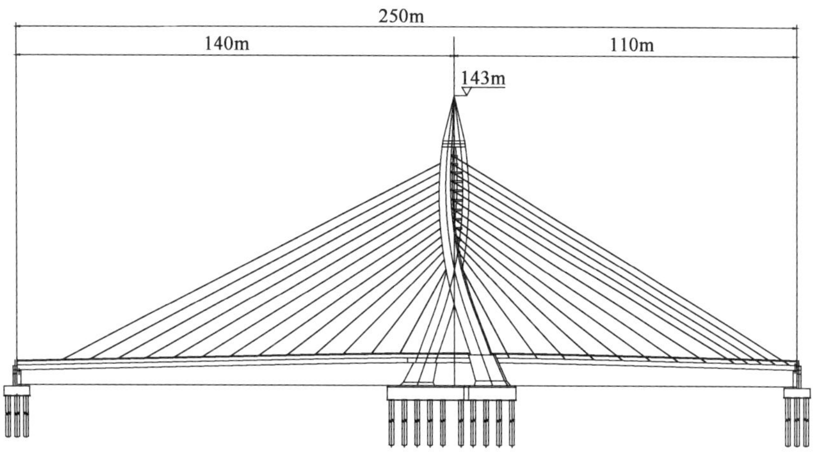

塔柱高 90m，索塔由三个曲线形塔柱交织成梭形，桥面以上塔柱采用钢箱结构，桥面以下通过钢混结合塔脚和承台连接，索塔分节段在工厂内加工完成后，在索塔位置就位后，逐段焊接而成，节段长度 8.84 ~ 13.7m。主材采用 Q345qE 钢板，共 6000t。混凝土梁与钢箱梁结合处的混合梁接头设计采用部分连接承压板方案。

事件 1：主塔桩基施工完成后，准备施工承台，承台结构属大体积混凝土结构，大体积混凝土如果内外温差超过 25℃，要求采取防止产生裂缝的降温措施，施工单位就采取了一系列措施进行施工。

事件 2：索塔中心两侧系预应力混凝土箱梁，梁下净高 9.7m，采用满布式支架现浇施工，满布式支架搭设完成后，铺设方木和底模，同时，上方塔柱节段也在同步焊接安装。

事件 3：钢箱梁节段在胎架上试拼装合格后，准备在工地焊接连接成桥。

【问题】

1. 事件 1 中，为降低大体积混凝土水化热，请简述在混凝土原材料选用和配合比设计方面的需遵循的原则。

2. 事件 2 中，是否存在安全隐患？如果有，存在哪些？

3. 请简述事件 3 钢箱梁焊接连接时的规定。

【参考答案】

第 1 问：

（1）宜选用低水化热和凝结时间长的水泥品种。粗集料宜采用连续级配，细集料宜采用中砂。宜掺用可降低混凝土早期水化热的外加剂和掺合料，外加剂宜采用缓凝剂、减水剂；掺合料宜采用粉煤灰、粒化高炉矿渣粉等。

（2）进行配合比设计时，在保证混凝土强度、和易性及坍落度要求的前提下，宜采取改善粗集料级配、提高掺合料和粗集料的含量、降低水胶比等措施，减少单方混凝土胶凝材料中的水泥用量。

（3）大体积混凝土进行配合比设计及质量评定时，可按 60d 龄期的抗压强度控制。

第2问:

事件2中存在安全隐患,主要有高处作业隐患和交叉作业隐患。

第3问:

事件3中,钢箱梁在工地焊接连接时应符合下列规定:

(1)钢构件的工地施焊连接应按设计规定的顺序进行。

(2)箱形梁梁段间的焊接连接,应按顶板、底板、纵隔板的顺序对称进行;梁段间的焊缝经检验合格后,应按先对接后角接的顺序焊接U形肋嵌补件。

(3)当桥梁钢结构为焊接与高强度螺栓合用连接时,栓接结构应在焊缝检验合格后再终拧高强度螺栓连接副。

(4)工地焊接前应做工艺评定试验,施焊应严格按已评定的焊接工艺进行。焊接前应对接头坡口、焊缝间隙和焊接板面高低差等进行检查,并对焊缝区域进行除锈,且工地焊接应在除锈后的12h内进行。

(5)工地焊接时应设立防风、防雨设施,遮盖全部焊接处。工地焊接的环境要求为:风力应小于5级;温度应大于5℃;相对湿度应小于80%;在箱梁内焊接时应有通风防护安全措施。

(6)焊接施工时的技术要求应符合《公路桥涵施工技术规范》(JTG/T 3650—2020)规定;工地焊接接缝应按规范的规定检验。

【答案解析】

本题考查的是大体积混凝土配合比、钢箱梁加工和交叉作业施工、安全方面的知识。

第1问:在《公路桥涵施工技术规范》(JTG/T 3650—2020)第6.13.1条有明确规定,大体积混凝土在选用原材料和进行配合比设计时,应按降低水化热温升的原则进行。

第2问:涉及高处作业和交叉作业方面的安全生产知识。在《建筑施工高处作业安全技术规范》(JGJ 80—2016)第7部分有交叉作业的规定,在支模、粉刷、砌墙等各工种进行上下立体交叉作业时,不得在同一垂直方向上操作。下层作业的位置,必须处于依上层高度确定的可能坠落范围半径之外。不符合以上条件时,应设置安全防护层。在《公路工程施工安全技术规范》(JTG F90—2015)第5.7节有高处作业不得有交叉施工作业的规定。

第3问:是桥梁钢结构在工地焊接连接时的规定,内容在《公路桥涵施工技术规范》(JTG/T 3650—2020)第8.12.2条有规定。

案例六十五

【背景材料】 某三跨变截面预应力混凝土连续刚构桥,见下图。桥长224m,跨径布置为62m+100m+62m,桩基础,主墩墩身是薄壁单室空心墩。施工中发生下列事件:

事件1:施工单位准备主桥上部结构采用悬臂浇筑挂篮施工,其中主墩0号和1号块采用托架法施工。

事件2:施工方案经施工单位编制,监理工程师审核后进行了施工,施工工程正常。

【问题】

1.按结构形式分,请问挂篮分为哪几类?

2.你作为此桥的监理工程师,根据现行《公路桥涵施工技术规范》(JTG/T 3650),对挂篮应做出哪些要求？

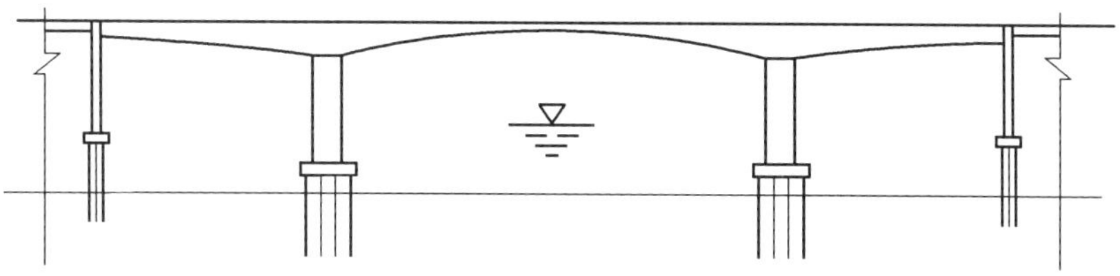

3. 根据桥梁结构，判断此桥在悬臂施工中，是否需要采取临时固结措施？说明理由。

【参考答案】

第 1 问：

挂篮按结构形式可分为桁架式、斜拉式、型钢式及混合式四类，其中桁架式又分为平行弦、菱形挂篮、弓弦式。

第 2 问：

用于悬臂浇筑施工的挂篮，其结构除应满足强度、刚度和稳定性要求外，尚应符合下列规定：

(1)挂篮与悬浇梁段混凝土的质量比宜不大于 0.5，且挂篮的总重量应控制在设计规定的限重之内。

(2)挂篮的最大变形（包括吊带变形的总和）应不大于 20mm。

(3)挂篮在浇筑混凝土状态和行走时的抗倾覆安全系数、锚固系统的安全系数、斜拉水平限位系统的安全系数及上水平限位的安全系数均应不小于 2。

(4)挂篮的支承平台应有足够的平面尺寸，应能满足梁段现场施工作业的需要。

(5)挂篮模板的制作与安装应准确、牢固，安装误差应符合规范规定。后吊杆和下限位拉杆孔道应严格按设计尺寸准确预留。

(6)挂篮锚固系统所用的轴销、键、拉杆、垫板、螺母、分配梁等应专门设计、加工，不得随意更换或替代。

(7)悬挂系统两端应能与承压面密贴配合，混凝土承压面不规则、不平整时应事前处理，应使吊杆能轴向受拉而不承受额外的弯矩和剪力。

(8)挂篮制作加工完成后应进行试拼装。挂篮在现场组拼后，应全面检查其安装质量，并应进行模拟荷载试验，符合挂篮设计要求后方可正式投入使用。

第 3 问：

不需要采取临时固结措施。因为连续刚构桥的梁墩是刚性连接，没有支座，结构具有一定抗弯能力，故无须临时固结。

【答案解析】

本题考查的是挂篮施工、连续钢构桥型施工的基本知识。

第 1 问：考查了挂篮分类，主要分类标准有按结构形式、使用材料、行走模式等进行分类，这里主要指按结构形式。

第 2 问：见《公路桥涵施工技术规范》(JTG/T 3650—2020)第 17.5.1 条，该条明确规定了挂篮的要求。

第 3 问：是考查连续刚构桥本身的受力模式和特点，因为其结构体系是墩梁固结。

案例六十六

【背景材料】 某高速公路工程项目某合同段预制厂,共有预制 260 片 30m 后张法预应力混凝土小箱梁,混凝土强度等级 C50。采用标准强度 $f_{tk}=1860MPa$ 的高强度低松弛钢绞线,夹片式锚具。设计图纸没有给定张拉的混凝土条件。施工中发生了下列事件:

事件 1:某片梁浇筑混凝土后,按规定做了几组标准试块,其中一组随梁同条件养护,供检测参考使用。养护 3 天后,检测了随梁养护试块的强度,其值分别是 40.1MPa、45.8MPa、43.2MPa。

事件 2:施工单位技术人员认为,随梁养护试块已经达到 40MPa 以上,达到了设计强度的 80%,符合规范要求,可以张拉,监理工程师则认为不可。

【问题】

1. 根据事件 1,试评价这组试块的 3 天强度。
2. 根据事件 2,请判断监理工程师做法的对错,并给出理由。
3. 根据《公路桥涵施工技术规范》(JTG/T 3650—2020),试述小箱梁张拉程序。

【参考答案】

第 1 问:

评价混凝土试块强度。将试块强度从小到大排列:40.1MPa、43.2MPa、45.8MPa。根据《混凝土强度检验评定标准》(GB/T 50107—2010),最大值和最小值与中间值之差均没有超过中间值的 15%,则以这 3 个试块的强度平均值作为这组试块的代表值,故这组试块的强度代表值为(40.1 + 45.8 + 43.2)/3 = 43.0(MPa)。

第 2 问:

监理工程师的做法是正确的。《公路桥涵施工技术规范》(JTG/T 3650—2020)第 7.8.5 条规定:张拉时,结构或构件混凝土的强度、弹性模量(或龄期)应符合设计规定;设计未规定时,混凝土的强度应不低于设计强度等级值的 80%,弹性模量应不低于混凝土 28d 弹性模量的 80%,当采用混凝土龄期代替弹性模量控制时应不少于 5 天。现在只是混凝土的强度达到了设计强度的 80%,而没有弹性模量的数值,养护时间也没有达到 5 天,故不能张拉。

第 3 问:

张拉顺序是:0→初应力→σ_{con}(持荷 5min 锚固)。

【答案解析】

本题考查的是后张法预应力小箱梁施工质量控制方面的基础知识。

第 1 问:根据混凝土试块强度评定标准,每组 3 个试件应在同一盘混凝土中取样制作。其强度代表值的确定,应符合下列规定:

(1)取 3 个试件强度的算术平均值作为每组试件的强度代表值。

(2)当一组试件中强度的最大值或最小值与中间值之差超过中间值的 15% 时,取中间值作为该组试件的强度代表值。

(3)当一组试件中强度的最大值和最小值与中间值之差均超过中间值的 15% 时,该组试件的强度不应作为评定的依据。

第2问：关于张拉前混凝土强度和弹性模量的规定，《公路桥涵施工技术规范》（JTG/T 3650—2020）第7.8.5条有具体规定。

第3问：根据《公路桥涵施工技术规范》（JTG/T 3650—2020），低松弛预应力筋张拉程序如下表。

锚具和预应力类别		张拉程序
夹片式等具有自锚性能的锚具	钢绞线束、钢丝束	低松弛力筋：0→初应力→σ_{con}（持荷5min锚固）
其他锚具	钢绞线束	0→初应力→1.05σ_{con}（持荷5min）→σ_{con}（锚固）
	钢丝束	0→初应力→1.05σ_{con}（持荷5min）→0→σ_{con}（锚固）
螺母锚固锚具	螺纹钢筋	0→初应力→σ_{con}（持荷5min）→0→σ_{con}（锚固）

案例六十七

【背景材料】　某高速公路项目有一大桥，桥跨结构为60m＋3×108m＋60m，上部结构为变截面预应力混凝土连续箱梁，箱梁采用三角斜拉带式挂篮进行悬臂浇筑法对称施工。施工单位在施工中以线形控制、边跨及跨中合龙段混凝土裂缝控制、张拉吨位及预应力束伸长量控制作为质量控制关键点。施工过程中发生下列事件：

完成下部结构施工后，施工单位先复测了墩台顶面高程和桥轴线，然后开始制作和安装扇形托架作为0号、1号块的工作平台，接下来立模、钢筋制作、浇筑0号和1号块混凝土。混凝土强度符合要求后，进行了预应力束张拉、孔道压浆，在梁底和墩顶之间浇筑临时混凝土块作为临时固结措施。施工顺序为：组装挂篮→箱梁模板安装校正就位→钢筋制作→混凝土浇筑→混凝土强度满足要求后进行预应力束张拉→孔道压浆、拆模→移动挂篮就位，准备下一梁段的施工。

【问题】

1. 在事件中，0号、1号块施工完成后，需进行临时固结，采取临时固结措施的目的是什么？请写出几种临时固结的种类及各自的优缺点。

2. 在事件中，在“组装挂篮，箱梁模板安装校正就位”这一施工过程中，缺少一道关键施工工序，这一工序是什么？这道工序的作用是什么？

【参考答案】

第1问：

采取临时固结措施的目的是使梁具有抗弯抗倾覆能力。临时固结的种类有：

（1）墩顶预埋钢筋和硫黄砂浆临时固结垫块组成的墩梁固结。其优点是结构简单，施工较为方便，梁体施工过程中比较稳固安全。

（2）墩顶预埋钢筋与砂筒组成的墩梁固结。优点是墩梁固结较为稳定，拆除方便。

（3）钢管混凝土柱与混凝土柱内预埋钢筋组成的墩梁固结，墩身中心线两侧各设钢管，每根钢管下口与承台预埋钢筋焊接，管内浇筑混凝土，钢管上口预埋钢筋与梁体连接。优点是可适于较长的0号块，可简化0号块支架搭设。可承受不平衡荷载，拆除方便。

(4)竖向预应力钢筋与钢管组合成墩梁固结。采用钢管设置在承台、墩身两侧,钢管倾斜,钢管内各设竖向临时锚固预应力钢筋,墩身两侧相应钢管在纵向支撑处用穿过墩身预应力钢绞线对拉。优点是钢管作为0号块支撑,简化了支架,拆除方便。

(5)墩梁间四周采用混凝土支墩连接,混凝土支墩内设置钢筋,并在支墩混凝土和墩顶混凝土设置薄层,便于拆除。

(6)在主墩外设置临时支撑墩,并与桥墩连成一个整体。

第2问:

关键工序是应对挂篮进行质量检查,并应进行模拟荷载试验,作用是以测定各构件变形量,并尽可能消除非弹性变形,并测定弹性变形,并对悬臂浇筑的预拱度提供数据。

【答案解析】

本题考查的是连续梁挂篮悬臂浇筑方面的基本知识。

第1问:临时固结相关内容在教材《交通运输工程目标控制(公路专业知识篇)》第四章第四节桥梁工程上部结构施工质量监理中有相关要求。

第2问:相关内容在教材《交通运输工程目标控制(公路专业知识篇)》第四章第四节桥梁工程上部结构施工质量监理中预应力混凝土梁的悬臂浇筑部分有相关表述。

案例六十八

【背景材料】 某在建工程项目A合同段,有一桥梁工程,设计有36根直径2m的桩基,桩长25m,探明的地质条件是,从原地面往下依次是黏土、风化岩和泥岩。在桩基施工中,发生了下列事件:

事件1:根据现场地质岩性条件,施工单位上报了施工方案,方案中准备选用冲抓钻机成孔,报监理工程师审查。

事件2:在桩基钻进过程中,监理工程师巡视工地,发现施工单位在泥浆和沉渣没有处理净化的情况下,直接排入河流。

事件3:采用了导管法灌注混凝土,导管水密承压和接头抗拉试验合格,安装导管完成后,居中进行就位,开始灌注混凝土前,检测混凝土坍落度为110mm,然后灌注混凝土。

【问题】

1. 事件1中,选用的冲抓钻机是否合适?如不合适,应选用什么钻机?监理工程师对施工方案的审查内容有哪些?

2. 事件2中,监理工程师应采取哪些措施?

3. 事件3中,施工过程是否存在问题,为什么?

【参考答案】

第1问:

不合适,应选用冲击钻机。对施工方案的审查基本内容包括:

(1)施工方案及主要施工工艺控制要点等是否符合有关技术标准。

(2)所配备的技术、质量和安全管理人员及主要操作人员等的配备是否满足施工合同要求和施工需要。

第2问：

(1)监理工程师应发出书面指令，要求施工单位停止排放泥浆和沉渣。

(2)要求施工单位拿出对污染河流的书面处理意见，并研究制订纠正措施。

(3)在施工单位没有完成整改，落实环保措施前，不得进行下一步的施工；情况严重的，要发布停工令，并上报建设单位。

第3问：

施工过程存在问题，主要是混凝土坍落度110mm偏小，不符合规范规定，不能使用。混凝土坍落度宜为160～220mm，且应考虑气温、运距及施工时间的影响导致的坍落度损失。

【答案解析】

本题考查的是桩基施工中的技术和环保方面的知识。

第1问：关于钻机选型，属施工技术方面知识，对于有岩石性质的地质条件一般选用冲击钻。对于施工单位提交的分部工程及主要分项工程开工申请，监理工程师应进行严格审查，并在规定时间内完成批复。

第2问：属于监理环保控制方面的知识点，《公路桥涵施工技术规范》(JTG/T 3650—2020)第9.2.6条规定，施工完成后废弃的泥浆应采取先集中沉淀，再处理的措施，严禁随意排放，污染环境。

第3问：《公路桥涵施工技术规范》(JTG/T 3650—2020)第9.2.10条规定，混凝土拌合物应具有良好的和易性，灌注时应能保持良好的流动性，坍落度宜为160～220mm，且应考虑气温、运距及施工时间的影响导致的坍落度损失。

案例六十九

【背景材料】　桥梁，一般指架设在江河湖海上或跨越某种交通线路障碍物的，使车辆、行人等能顺利通行的建筑物。为适应现代高速发展的交通运输行业，桥梁亦引申为跨越山涧、不良地质或满足其他交通运输需要而架设的使通行更加便捷的建筑物。桥梁一般由上部结构、下部结构、支座和附属构造物四大部分组成。比如美国旧金山金门大桥(Golden Gate Bridge)于1937年建成，全长2737.4m，宽27.5m，高227.4m，主跨1280m，是世界上第一座跨径超过1000m的悬索桥。

【问题】

1. 桥梁按承重构件受力体系可分为哪几类？试以表格的形式列示其中基本桥型的特点，包括主要承重构件、受力特点(竖向力作用)、材料要求和结构体系四项。

2. 按照《公路工程技术标准》(JTG B01—2014)，以跨径分，金门大桥属于什么类别？

3. 按照《公路工程质量检验评定标准　第一册　土建工程》(JTG F80/1—2017)，在悬索桥锚碇单位工程中，可以分为哪些分部工程？

【参考答案】

第1问：

桥梁按承重构件受力体系可分为梁式桥、拱式桥、刚架桥、吊桥和组合体系桥。其桥型特点如下表。

桥型类别	主要承重构件	受力特点	材料要求	结构体系
梁式桥	梁或板	以主梁受弯承担使用荷载,结构不产生水平反力	抗弯能力强(钢、钢筋混凝土、预应力钢筋混凝土)	简支梁、悬臂梁、连续梁桥
拱式桥	拱圈或拱肋	墩台不仅产生竖向反力,还产生水平推力,从而使拱主要受压	抗压能力强(砖、石、混凝土、钢筋混凝土、钢管混凝土)	简单体系拱桥、组合体系拱桥
刚架桥	钢架结构	梁部受弯为主、柱脚有水平反力,介于梁、拱之间	钢筋混凝土、预应力混凝土	适合悬臂法施工,但刚节点施工困难,易于开裂
吊桥	缆索	缆索只受拉力,墩台受竖向力及水平力	高强钢丝束	自重轻,跨越能力强,刚度差,变形及振动大

第2问:

金门大桥主跨1280m,属于特大桥梁。

第3问:

分锚碇基础和锚体两个分部工程。

【答案解析】

本题考查的基本桥型受力特点、材料和结构体系、桥梁分类和悬索桥工程划分方面的基本知识。

第1问:教材《交通运输工程目标控制(公路专业知识篇)》桥梁工程的分类部分中有相关内容。

第2问:教材《交通运输工程目标控制(公路专业知识篇)》中有桥涵工程按总长和跨径分类表。

第3问:《公路工程质量检验评定标准》(JTG F80/1—2017)附录A,有具体的工程划分,考生必须掌握。

案例七十

【背景材料】 某高速公路工程项目总长150km,沿线为山区,投资215亿元,施工合同段分为8个。其中第6合同段有一座主线上跨通行中的国道桥梁,桥位位于旱地;上部结构设计采用3×30m现浇箱梁,经计算施工总荷载大于15kN/m^2;下部结构设计采用31.5m钻孔桩,最高桥墩高度为25.45m。第6合同段经理部计划30d后施工该桥,并向监理机构提交该桥的开工申请及包含专项方案等开工申请所需附的资料。

【问题】

1. 该桥施工前,哪些需要编制专项施工方案?是否需要专家论证审查?为什么?

2. 请简述编制专项方案有哪些主要内容?

3. 请问现浇箱梁支架选型应考虑哪些因素?本桥应选择哪种结构类型的支架?

【参考答案】

第1问:

按照《公路工程施工安全技术规范》(JTG F90—2015)规定,可得:

(1)桥梁基础工程为旱地31.5m钻孔桩,需要编制专项方案,不需要专家论证。

(2)桥梁下部现浇墩柱高度25.45m,小于40m,需要编制专项方案,不需要专家论证。

(3)桥梁上部现浇箱梁上跨既有公路施工,支架高度大于8m,总荷载大于15kN/m^2,需要编制专项方案,需要组织专家论证。

第2问:

专项施工方案的主要内容包括:

(1)工程概况:工程基本情况、施工平面布置、施工要求和技术保证条件。

(2)编制依据:相关法律法规、规范性文件、标准、规范及图纸、施工组织设计等。

(3)施工计划:包括施工进度计划、材料与设备计划。

(4)施工工艺技术:技术参数、工艺流程、施工方法、检查验收等。

(5)施工安全保证措施:分部分项工程影响质量、安全的风险源分析及组织保障、技术措施、应急预案、监测监控、项目负责人轮流带班生产方案等施工安全保证措施。

(6)劳动力计划:专职安全生产管理人员、特种作业人员等。

(7)计算书和相关图纸等。

第3问:

现浇箱梁选择支架的结构类型应主要考虑安全、经济、施工方便、工艺可靠,是否有通行和通航要求。该桥梁上跨国道,需要通行车辆,不宜采用满布式支架,应采用钢管立柱贝雷梁或型钢支架。

【答案解析】

本题主要考查的是桥梁安全施工技术、施工方案、现浇箱梁支架选型方面的技术知识。

第1问:危险性较大工程专项施工方案和专家审查见《公路工程施工安全技术规范》(JTG F90—2015)附录A的具体规定。

第2问:专项施工方案的主要内容见《公路工程施工安全技术规范》(JTG F90—2015)附录B。

第3问:考查支架选型的知识,结合工地实际,因为跨越国道,要在保持畅通下施工,所以不能用满布式支架,应采用钢管立柱贝雷梁或型钢支架。

案例七十一

【背景材料】 某公路工程梁桥,采用5×20m先张法预应力空心板,空心板宽度1.24m,预制空心板之间采用混凝土铰缝连接,桥面铺装设计为15cm水泥混凝土和10cm沥青混凝土铺装,陆续进行了梁板预制、吊装和桥面铺装施工。在施工中,发生了下列事件:

事件1:预制20m空心板梁按期施工完成,但因桥位处基础和下部结构施工较慢,存梁6个月后,开始架梁,施工时用起重机将工人运至盖梁顶,然后做准备工作。

事件2:监理工程师接到吊装开工申请后,审阅了相关方案和准备,认为不符合要求,不同意梁板架设,理由是没有提交审查安全专项方案。

事件3:在水泥混凝土桥面铺装施工过程中,采用混凝土搅拌运输车运输混凝土,为了混凝土便于运输,混凝土搅拌运输车直接开到空心板梁上,浇筑铺装混凝土。

【问题】

1.事件1中,哪些方面不妥?为什么?

2. 事件 2 中,监理工程师做法是否正确? 请说明理由。

3. 事件 3 中,施工单位有何不妥? 水泥混凝土桥面铺装施工有何规定?

【参考答案】

第 1 问:

(1)存梁 6 个月不妥。存梁期不宜超过 3 个月,特殊情况下应不超过 5 个月,应对梁、板的上拱度值进行检测,当上拱度值过大时不得使用。

(2)起重机将工人运至盖梁顶不妥,起重机严禁吊人。

第 2 问:

监理工程师的做法正确,因为梁板吊装作业属危险性较大工程,需要编制专项施工方案,并经专家论证通过后,监理工程师要对专项方案进行审批。

第 3 问:

(1)混凝土搅拌运输车直接开到梁上不妥,因为桥面铺装还没有施工完成,没有形成整体受力结构,混凝土搅拌运输车直接开到梁上,产生的荷载会超过裸梁的承载能力,可能会对梁体造成破坏或失稳。

(2)水泥混凝土桥面铺装的施工应符合下列规定:

①铺装的厚度、材料、铺装层结构、混凝土强度、防水层设置等均应符合设计规定。

②桥面铺装工作应在梁体的横向联结钢板焊接工作或湿接缝浇筑完成后,方可进行。

③铺装施工前应使梁、板顶面粗糙,清洗干净,并应按设计要求铺设纵向接缝钢筋和桥面钢筋网。

④水泥混凝土桥面铺装,其表面应采取防滑措施,做面宜分两次进行,第二次抹平后,应沿横坡方向拉毛或采用机具压槽,拉毛或压槽的深度应符合现行《公路水泥混凝土路面施工技术细则》(JTG/T F30)的有关规定。

⑤水泥混凝土桥面铺装如设计为防水混凝土,施工时应按防水混凝土的相关规定执行。

⑥纤维水泥混凝土桥面铺装的施工,可按现行《纤维混凝土结构技术规程》(CECS 38)的规定执行。

【答案解析】

本题考查的是预制空心板梁桥架梁、桥面铺装施工方面的施工质量控制和安全生产知识。

第 1 问:《公路桥涵施工技术规范》(JTG/T 3650—2020)第 17.2.7 条规定,预应力混凝土梁、板的存放时间宜不超过 3 个月,特殊情况下应不超过 5 个月;存放时间超过 3 个月时,应对梁、板的上拱度值进行检测,当上拱度值过大将会严重影响后续桥面铺装施工或梁板混凝土产生开裂时,不得使用。

第 2 问:《公路工程施工安全技术规范》(JTG F90—2015)第 3.0.2 条规定,危险性较大的工程应编制专项施工方案;第 5.6.17 条规定,起重机严禁吊人。

第 3 问:桥面铺装完成前,预制梁还不能单独承受重荷载。水泥混凝土桥面铺装规定见《公路桥涵施工技术规范》(JTG/T 3650—2020)第 23.5.2 条。

案例七十二

【背景材料】 某正在施工的公路桥上部结构为 6 × 30m 装配式,后张法预应力混凝土小

箱梁,墩柱直径1.8m,高度9.2m,采用定型钢模板施工,共两节模板,每节5m。在墩柱施工过程中,发生下列事件:

事件1:墩柱模板支好后,用缆风绳固定,经监理工程师检查模板和钢筋并确认合格后,准备浇筑混凝土。作业平台采用工人自制,上端采用两个固定螺栓,固定在模板上口,工人直接爬上墩柱模板顶部进行施工。

事件2:混凝土浇筑采用吊车、料斗吊送混凝土,采用料斗吊送至模板上口后,打开料斗仓门直接放混凝土入模,插入式振捣棒振捣,分层施工,施工时一次放入混凝土约1.5m^3,厚度约0.5m。

【问题】

1. 事件1中,存在哪些不妥之处?

2. 事件2中,施工有何不妥之处?请说明原因。

3. 在墩柱混凝土浇筑过程中,还应特别注意哪些问题?

【参考答案】

第1问:

(1)没有搭设脚手架和作业平台,脚手架和作业平台不能与模板及其支撑体系连接。自制作业平台不能固定在模板上,工人不能直接爬模板,要通过专用上下行爬梯来通行。

(2)监理工程师不能同时检查模板和钢筋,应先对钢筋安装进行验收,合格后方可安装模板,然后对模板工程进行验收。

第2问:

(1)混凝土直接放入墩柱模板内不妥,因为墩柱高度9.2m,为防止离析,混凝土自由下落高度不能超过2m,在料斗放料时应设置串桶、溜管(槽)或振动溜管(槽)等。

(2)混凝土一次入模厚度0.5m不妥,混凝土分层浇筑厚度不宜超过0.3m。

(3)料斗吊送至模板上口卸料不妥,影响模板结构安全。

第3问:

浇筑过程中,为防止混凝土压力过大产生胀模或者发生严重的安全事故,需注意放缓浇筑速度,设专人检查模板紧固情况,有脱松的要及时紧固,检查缆风绳和脚手架是否牢固可靠,发现安全隐患及时暂停施工,排除隐患。

【答案解析】

本题考查的是墩柱施工的技术知识和安全知识点。

第1问:《公路工程施工安全技术规范》(JTG F90—2015)第8.9.2条规定,脚手架及作业平台应搭设牢固,不得与模板及其支撑体系连接。

第2问:《公路桥涵施工技术规范》(JTG/T 3650—2020)第6.11.2条规定,自高处向模板内倾卸混凝土时,应防止混凝土离析。直接倾卸时,其自由倾落高度宜不超过2m;超过2m时,应通过串筒、溜管(槽)或振动溜管(槽)等设施下落;倾落高度超过10m时,应设置减速装置。表6.11.3规定,混凝土分层浇筑厚度不宜超过0.3m。

第3问:是施工方面应该注意的问题,监理工程师应掌握常见质量问题和质量通病的防治方法。

案例七十三

【背景材料】 2019年8月13日,正在建设的某大桥发生坍塌事故,造成64人死亡、22人受伤,直接经济损失3974.7万元。

1. 事故原因和性质

(1)直接原因:由于大桥主拱圈砌筑材料未满足规范和设计要求,拱桥上部结构施工工序不合理,主拱圈砌筑质量差,降低了拱圈砌体的整体性和强度,随着拱上荷载的不断增加,造成1号孔主拱圈靠近0号桥台一侧约3~4m宽范围内,即2号腹拱下的拱脚区段砌体强度达到破坏极限而坍塌,受连拱效应影响,整个大桥迅速坍塌。

(2)间接原因:①施工单位项目经理部擅自变更原主拱圈施工方案,现场管理混乱,违规乱用料石,主拱圈施工不符合规范要求,在主拱圈未达到设计强度的情况下就开始落架施工作业。②建设单位项目管理混乱,当发现施工质量问题时未认真督促施工单位整改,未经设计单位同意擅自与施工单位变更原主拱圈设计施工方案,盲目倒排工期赶进度,越权指挥,甚至要求监理工程师不要上桥检查。③监理单位未能制止施工单位擅自变更原主拱圈施工方案,对发现的主拱圈施工质量问题督促整改不力,在主拱圈砌筑完成但强度资料尚未测出的情况下即签字验收合格。④事故性质是一起生产安全责任事故。

2. 大桥突然坍塌存在问题

(1)为了州庆缩短大桥主拱圈养护期。大桥施工工期过紧,施工中变更了主拱圈砌筑的程序,拱架拆卸过早。据了解,主拱圈的养护期要求28d,第19d开始卸架,养护期不够,比规定少了9d。因为养护期减短,大桥拱圈承载能力减弱。

(2)桥下地质复杂桥墩严重裂缝。施工中就已经发现桥墩的地质构造比较复杂,而且还发现0号桥墩下面有严重裂隙。施工中虽然对此处进行了一定处理,但现在看来,没有从根本上解决问题。大桥垮塌的方向从0号桥墩开始,像积木一样顺一个方向垮塌。

(3)主拱圈砌筑质量有问题。砌筑要使用料石,但事故后发现,塌下来的主拱圈中还有片石;砌筑的砂浆不饱满,有空隙、空洞;砂石含泥量比较高,影响混凝土的黏结力。

(4)质量管理方面存在问题。施工中有工程变更,却没有及时告知监理单位;监理单位发现了问题,没有及时向上级部门反映;工程分包单位多,层层分包。

【问题】

1. 上述案例中,监理工程师巡视发现施工单位未按主拱圈施工方案施工时,该如何处理?

2. 安全监理工作中,监理工程师该如何检查分包单位?

3. 事故发生后,监理工程师应做哪些工作?

【参考答案】

第1问:

(1)监理工程师在巡视、旁站过程中应监督施工单位按专项施工方案组织施工。若发现施工单位未按有关安全法律、法规和工程强制性标准施工,违规作业时,应予以制止。

(2)对危险性较大的工程作业等要定期巡视检查,发现安全事故隐患,应立即书面指令施工单位整改;情况严重的应签发“工程暂停令”,要求施工单位暂停施工,并及时报告建设单位。

(3)施工单位拒不整改或者不停止施工的,监理工程师应及时向有关主管部门报告。

第2问:

(1)按照《公路水运工程平安工地建设管理办法》(交安监发〔2018〕43号)规定,监理工程师在危险性较大分部分项工程施工前要核查该工程的安全生产条件。

(2)核查分包单位的施工资质,所承揽的施工业务是否在其资质许可范围内。

(3)核查分包单位从业人员持证是否符合要求。

(4)危险性较大工程施工前安全生产条件核查结果要书面报建设单位确认。

第3问:

(1)事故发生后,事故现场有关人员立即向总监理工程师报告,总监理工程师应立即向建设单位、监理公司负责人和有关单位报告。

(2)总监理工程师启动监理机构应急预案,指令有关单位和人员立即抢救人员、防止事态发展、妥善保护事故现场。同时下达“工程暂停令”,要求施工单位暂停施工,全面排查安全隐患。

(3)事故发生24小时内,安全监理工程师形成书面报告,经总监理工程师审核后上报。

(4)事故报告后出现新情况的,应及时补报。自事故发生之日起30日内,事故造成的伤亡人数发生变化的,应及时补报。

(5)配合上级部门进行事故调查。

(6)按照《公路水运工程平安工地建设管理办法》要求,并对施工单位的平安工地建设重新进行全面评定。

【答案解析】

本题考查的是拱桥施工发生违反施工方案的处理、分包单位的施工质量责任、质量问题和事故的处理程序等知识点。

(1)根据《建设工程质量管理条例》和《公路工程施工监理规范》(JTG G10—2016)的规定,施工单位应当依法取得相应等级的资质证书,并在其资质等级许可的范围内承揽工程。禁止施工单位超越本单位资质等级许可的业务范围或者以其他施工单位的名义承揽工程。禁止施工单位允许其他单位或者个人以本单位的名义承揽工程。

施工单位不得转包或者违法分包工程。总承包单位依法将建设工程分包给其他单位的,分包单位应当按照分包合同的约定对其分包工程的质量向总承包单位负责。

施工单位必须按照工程设计要求、施工技术标准和合同约定,对建筑材料、建筑构配件、设备和商品混凝土进行检验,检验应当有书面记录和专人签字;未经检验或者检验不合格的,不得使用。

监理工程师应当按照工程监理规范的要求,采取旁站、巡视和平行检验等形式,对建设工程实施监理。未经监理工程师签字,建筑材料、建筑构配件和设备不得在工程上使用或者安装,施工单位不得进行下一道工序的施工。

(2)根据《生产安全事故报告和调查处理条例》的规定,事故发生后,事故现场有关人员应当立即向本单位负责人报告;单位负责人接到报告后,应当于1小时内向事故发生地县级以上人民政府安全生产监督管理部门和负有安全生产监督管理职责的有关部门报告。

情况紧急时,事故现场有关人员可以直接向事故发生地县级以上人民政府安全生产监督管理部门和负有安全生产监督管理职责的有关部门报告。

七、隧道工程的质量、安全环保控制类案例

案例七十四

【背景材料】 某公路双车道隧道,全长1500m,洞身为较坚硬岩,岩体较完整,BQ为351~450,抗压强度30~60MPa,进出口各30m围岩相同,施工单位上报施工方案中选用全断面法开挖,使用隧道掘进机掘进,并按《公路隧道施工技术规范》(JTG/T 3660—2020)有关规定编写了隧道施工监控量测内容。

请根据《公路隧道施工技术规范》(JTG/T 3660—2020)、《公路隧道设计规范》(JTG 3370.1—2018)和《公路工程技术标准》(JTG B01—2014)回答。

【问题】

1. 根据隧道长度分类,隧道分为几类?该隧道属于哪类隧道?请说明理由。
2. 根据什么内容对围岩级别进行划分?BQ是指什么指标?洞身为几级围岩?为什么?
3. 洞身是否可以用隧道掘进机掘进?为什么?隧道掘进机的施工方法有何特点?
4. 进出口处是否可以用全断面开挖方法?还可以用什么方法开挖?为什么?
5. 什么是全断面法开挖?全断面开挖方法的主要工序有什么?
6. 隧道施工监控量测主要包含哪些内容?

【参考答案】

第1问:

(1)根据《公路工程技术标准》(JTG B01—2014),隧道长度分4类,分为:短隧道($L \leq$ 500m)、中隧道($500 < L \leq 1000$m)、长隧道($1000 < L \leq 3000$m)和特长隧道($L > 3000$m)。

(2)该隧道全长1500m,为长隧道,因为$1000 < L \leq 3000$m,为长隧道。

第2问:

(1)根据《公路隧道设计规范》(JTG 3370.1—2018),可依据调查、勘探、试验等资料,隧道岩质围岩定性特征、岩体基本质量指标或岩体修正质量指标、土质围岩中的土体类型、密实状态等定性特征。

(2)BQ是指岩体基本质量指标。

(3)洞身为Ⅲ级围岩,根据公路隧道围岩级别划分表,岩体特征为较坚硬岩,岩体较完整,BQ为351~450的围岩级别为Ⅲ级。

第3问:

洞身可以用隧道掘进机掘进。因为洞身为较坚硬岩,岩体较完整,抗压强度30~60MPa,最适宜采用掘进机。隧道掘进机施工有以下特点:

(1)作业人员少,进度快,日进度可达10~30m,有时可达50m。

(2)与钻爆法施工比较,洞内粉尘、有害气体含量低,改善了劳动条件。

(3)对围岩扰动小,岩壁完整,施工安全,减少隧洞塌方事故。

(4)成洞质量好,无超、欠挖现象,可减少洞壁衬砌与灌浆,节省投资。

(5)缺点是掘进机设备一次性投资大,开挖直径不能随意改变,机械运输和组装较难。

第4问:

(1)可以用全断面开挖方法,还可以用短台阶法开挖。

(2)《公路隧道施工技术规范》(JTG/T 3660—2020)第7.2.1条规定,根据地质条件、隧道开挖断面和围岩稳定情况选择开挖方法,双车道隧道Ⅰ～Ⅲ级围岩可选全断面法开挖,双车道隧道Ⅲ～Ⅳ级围岩可选长台阶法开挖。

第5问:

(1)隧道设计开挖断面一次开挖成形的开挖方法叫全断面法开挖。

(2)全断面开挖方法的主要工序有:全断面开挖、初期支护、隧道底部开挖(捡底)、底板(仰拱及填充)浇筑、拱墙二次衬砌。

第6问:

隧道施工监控量测主要包含变形量测、受力监测、有害气体监测和建(构)筑物监测等内容。

【答案解析】

本题考查的是隧道分类的标准,围岩的等级划分判断,隧道掘进机及施工特点、全断面施工方案工序、围岩发生及质量问题和事故的处理程序等知识点。

第1问:《公路工程技术标准》(JTG B01—2014)第8.0.2条给出的隧道按长度分类见下表。

隧道分类	特长隧道	长隧道	中隧道	短隧道
隧道长度 L(m)	$L>3000$	$1000<L\leqslant3000$	$500<L\leqslant1000$	$L\leqslant500$

第2问:考查《公路隧道设计规范》(JTG 3370.1—2018)第3.6节“围岩分级”部分内容。

第3问:因为洞身为较坚硬岩,岩体较完整,抗压强度30～60MPa,最适宜采用掘进机。

第4问:根据《公路隧道施工技术规范》(JTG/T 3660—2020)第7.2.1条,不同围岩条件和开挖断面适宜的开挖方法,双车道隧道Ⅰ～Ⅲ级围岩可选全断面法开挖,双车道隧道Ⅲ～Ⅳ级围岩可选长台阶法开挖。

第5问:考查《公路隧道施工技术规范》(JTG/T 3660—2020)第2.0.7条“全断面法”和第7.2节“开挖方法”的有关内容。

第6问:考查《公路隧道施工技术规范》(JTG/T 3660—2020)第18章“监控量测”内的有关内容。

案例七十五

【背景材料】　某公路工程双车道隧道施工,穿越的岩层主要为Ⅴ级围岩,岩层主要由砂层泥岩和砂岩组成,开挖方法如下图,复合式衬砌,内层防水层设计为塑料防水板。施工过程

中发生以下事件:

事件1:在隧道开挖过程中,由于地下水发育,洞壁局部有股水涌出,特别是断层地带岩石破碎,裂隙发育,出现涌水,并采取注浆止水措施。在注浆过程中发生支护结构变形超过允许值、地表隆起、注浆浆液窜出地表等异常情况。

事件2:洞口段由于洞顶覆盖层较薄,岩隙发育。开挖中地表水从岩石裂隙中渗入洞内,导致该段两次冒顶,塌方。

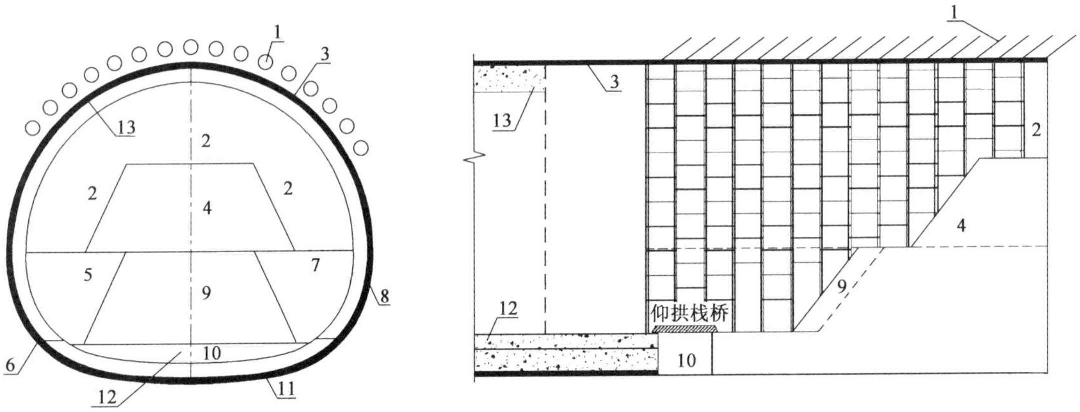

1-超前支护;2-?;3-上部初期支护;4-?;5、7-两侧开挖;6、8-两侧初期支护;9-?;10-?;11-仰拱初期支护;12-仰拱及填充混凝土;13-?

【问题】

1. 写出上述开挖方法的名称,指出图中2、4、9、10、13的工序名。

2. 根据《公路隧道施工技术规范》(JTG/T 3660—2020),该开挖方法施工应符合哪些规定?

3. 根据《公路隧道施工技术规范》(JTG/T 3660—2020),针对事件1发生的情况,应采取哪些措施?

4. 衬砌混凝土的施工缝和沉降缝,采用塑料止水带防水时,施工中应符合哪些要求?

5. 简述隧道塌方的处理措施。

【参考答案】

第1问:

(1)上述开挖方法的名称是环形开挖留核心土法。

(2)各工序的名称为:2-上部环形导坑开挖;4-上部核心土开挖;9-下部核心土开挖;10-仰拱开挖;13-拱墙二次衬砌。

第2问:

环形开挖留核心土法施工应符合下列规定:

(1)台阶开挖高度宜为2.5~3.5m。

(2)环形开挖每循环进尺,Ⅴ级围岩宜不大于1榀钢架间距,Ⅳ级围岩宜不大于2榀钢架间距。中下台阶每循环进尺,不得大于2榀钢架间距。核心土面积宜不小于断面面积的 50%。

(3)上台阶钢架施工时,应采取有效措施控制其下沉和变形。

(4)拱部超前支护完成后,方可开挖上台阶环形导坑;留核心土长度宜为 3 ~5m,宽度宜为隧道开挖宽度的 1/3 ~1/2。

(5)各台阶留核心土开挖每循环进尺宜与其他分部循环进尺相一致。

(6)核心土与下台阶开挖应在上台阶支护完成且喷射混凝土强度达到设计强度的 70% 后进行。下台阶左、右侧开挖应错开 3 ~5m,同 1 榀钢架两侧不得同时悬空。

(7)仰拱施作应紧跟下台阶,以及时闭合成稳固的支护体系。

第 3 问:

根据《公路隧道施工技术规范》(JTG/T 3660—2020)第 15.4.11 条,针对事件 1 发生的情况,应采取以下措施:

(1)停止注浆,分析原因。

(2)降低注浆压力、采用间歇注浆。

(3)改变注浆材料、调整工艺和参数。

(4)调整注浆方案,改变注浆材料。

(5)加强支护措施。

第 4 问:

止水带不得被钉子、钢筋或石子刺破;在固定止水带和灌注混凝土过程中应防止止水带偏移;灌注混凝土时注意排除止水带内气泡和空隙,使止水带与混凝土紧密结合;塑料止水带接头采用搭接或对接,搭接长度不小于 10cm,冷粘或焊接的缝宽不小于 5cm。

第 5 问:

隧道塌方的处理措施有:

(1)隧道发生塌方时,应及时迅速处理。处理时必须详细观测塌方范围、形状、塌穴的地质构造,查明塌方发生的原因和地下水活动情况,经认真分析,制订处理方案。

(2)处理塌方应先加固未塌地段,防止继续发展,并可按下列方法进行处理:

①小塌方,纵向延伸不长、塌穴不高,首先加固塌体两端洞身,并抓紧喷射混凝土或采用锚喷联合支护封闭塌穴顶部和侧部,再进行清渣。在确保安全的前提下,也可在塌渣上架设临时支架,稳定顶部,然后清渣。临时支架待灌注衬砌混凝土达到要求强度后方可拆除。

②大塌方,塌穴高、塌渣数量大,塌渣体完全堵住洞身时,宜采用先护后挖的方法。在查清塌穴规模大小和穴顶位置后,可采用管棚法和注浆固结法稳固围岩体和渣体,待其基本稳定后,按先上部后下部的顺序清除渣体,采取短进尺、弱爆破、早封闭的原则挖塌体,并尽快完成衬砌。

③塌方冒顶,在清渣前应支护陷穴口,地层极差时,在陷穴口附近地面打设地表锚杆,洞内可采用管棚支护和钢架支撑。

④洞口塌方,一般易塌至地表,可采取暗洞明做的办法。

(3)处理塌方的同时,应加强防排水工作。塌方往往与地下水活动有关,治塌应先治水。防止地表水渗入塌体或地下,引截地下水防止渗入塌方地段,以免塌方扩大。具体措施有:

①地表沉陷和裂缝,用不透水土壤夯填紧密,开挖截水沟,防止地表水渗入塌体。

②塌方通顶时,应在陷穴口地表四周挖沟排水,并设雨棚遮盖穴顶。陷穴口回填应高出地面并用黏土或圬工封口,做好排水。

③塌体内有地下水活动时,应用管槽引至排水沟排出。防止塌方扩大。

(4)塌方地段的衬砌,应视塌穴大小和地质情况予以加强。衬砌背后与塌穴洞孔周壁间必须紧密支撑。当塌穴较小时,可用浆砌片石或干砌片石将塌穴填满,当塌穴较大时,可先用浆砌片石回填一定厚度,其以上空间应采用钢支撑等顶住,稳定围岩;特大塌穴应做特殊处理。

(5)采用新奥法施工的隧道或有条件的隧道,塌方后要加设量测点,增加量测频率,根据量测信息及时研究对策。浅埋隧道,要进行地表下沉测量。

【答案解析】

第1、2问:见《公路隧道施工技术规范》(JTG/T 3660—2020)第7.2.4条"环形开挖留核心土法施工"有关内容和其"条文说明"。

第3问:见《公路隧道施工技术规范》(JTG/T 3660—2020)第15.4.11条有关内容。

第4问:见《公路隧道施工技术规范》(JTG/T 3660—2020)第11.3节"防排水结构施工"有关内容。

第5问:根据《公路隧道施工技术规范》(JTG/T 3660—2020)中各章节对隧道塌方的有关处理内容,并结合工程实践中对隧道塌方的处置措施,总结隧道塌方的处理措施,具体内容见参考答案。

案例七十六

【背景材料】 某公路隧道左洞长1930m(ZK67+545~ZK69+475),右洞长1935m(YK67+525~YK69+460);隧道总长3865m(单洞合计)。洞内设人行横洞3处,车行横洞2处,紧急停车带4处。

全隧道采用新奥法施工,即隧道采用光面爆破之后及时进行锚喷支护,在施工过程中再通过监控量测的数据及时确定支护的时间和调整适当的支护参数,确保施工正常有序地进行。为加快施工进度,Ⅲ级围岩采用全断面开挖法施工;Ⅳ级采用上、下断面短台阶法施工;Ⅴ级围岩采用环形开挖预留核心土的方法施工。在工程建设过程中,发生以下事件:

事件1:施工单位向监理单位上报了隧道分部分项工程划分,隧道分部工程划分为:总体及装饰装修、明洞、洞口工程、洞身开挖、洞身衬砌、喷射混凝土支护、锚杆、钢筋网支护、仰拱、混凝土衬砌、钢支撑、防排水、防水层、排水沟、路面、辅助通道、超前小导管、管棚、明洞回填等。

事件2:施工单位向监理单位上报了总体施工组织设计,其中总体施工工艺流程为:洞顶截水沟开挖、砌筑及洞口排水工程→洞口土石方开挖及边、仰坡和成洞面临时防护→浅埋段及洞口明洞模筑衬砌施工洞门施工→浅埋段开挖、初期支护→进洞辅助措施施工→洞身开挖→洞身防排水及预留、预埋件施工→仰拱和铺底→洞身初期支护→二次衬砌→洞内路面及其他附属工程。

事件3:施工单位向监理单位上报了洞身开挖施工方案,其中两台阶法开挖顺序为:①上台阶开挖;②下台阶错开开挖;③上台阶初期支护;④下台阶初期支护;⑤底部开挖(捡底);⑥二次衬砌;⑦仰拱及填充(底板)。

【问题】

1. 事件 1 中,根据《公路工程质量检验评定标准　第一册　土建工程》(JTG F80/1—2017),请指出正确的隧道分部工程。

2. 事件 2 中,请指出正确的隧道总体施工工艺流程。

3. 事件 3 中,请指出正确的两台阶法开挖顺序。

4. 新奥法施工的基本原则是什么?锚喷支护中锚杆的作用是什么?锚杆按其与被支护体的锚固形式来划分,可分为哪几种锚杆?

5. 隧道监控量测必测的项目是什么?量测仪器类型有哪些?

【参考答案】

第 1 问:

在事件 1 中,根据《公路工程质量检验评定标准　第一册　土建工程》(JTG F80/1—2017),正确的隧道分部工程为:总体及装饰装修、洞口工程、洞身开挖、洞身衬砌、防排水、路面和辅助通道。

第 2 问:

在事件 2 中,正确的隧道总体施工工艺流程为:洞顶截水沟开挖、砌筑及洞口排水工程→洞口土石方开挖及边、仰坡和成洞面临时防护→进洞辅助措施施工→浅埋段开挖、初期支护→浅埋段及洞口明洞模筑衬砌施工洞门施工→洞身开挖→洞身初期支护→仰拱和铺底→洞身防排水及预留、预埋件施工→二次衬砌→洞内路面及其他附属工程。

第 3 问:

在事件 3 中,两台阶法开挖顺序为:①上台阶开挖;②上台阶初期支护;③下台阶错开开挖;④下台阶初期支护;⑤底部开挖(捡底);⑥仰拱及填充(底板);⑦二次衬砌。

第 4 问:

(1)新奥法施工的基本原则是:少扰动,早喷锚,勤量测,紧封闭。

(2)锚喷支护中锚杆的作用是:悬吊作用;组合梁作用;加固围岩;支承围岩。

(3)可分为:端头锚固式锚杆;全长黏结式锚杆;摩擦式锚杆;混合式锚杆。

第 5 问:

(1)根据《公路隧道施工技术规范》(JTG/T 3660—2020)第 18.1.6 条,隧道监控量测必测的项目是:洞内、外观察;周边位移;拱顶下沉;地表下沉;拱脚下沉。

(2)量测仪器类型有:机械式、电测式、光弹式和物探式。

【答案解析】

第 1 问:考查《公路工程质量检验评定标准　第一册　土建工程》(JTG F80/1—2017)附录 A“单位、分部及分项工程划分”有关隧道工程部分内容。

第 2 问:根据隧道施工组织及施工总体工艺流程要求,正确的一般隧道总体施工工艺流程为:洞顶截水沟开挖、砌筑及洞口排水工程→洞口土石方开挖及边、仰坡和成洞面临时防护→进洞辅助措施施工→浅埋段开挖、初期支护→浅埋段及洞口明洞模筑衬砌施工洞门施工→洞身开挖→洞身初期支护→仰拱和铺底→洞身防排水及预留、预埋件施工→二次衬砌→洞内路面及其他附属工程。

第 3 问:考查《公路隧道施工技术规范》(JTG/T 3660—2020)第 7.2.3 条“台阶法施工”和

相应条文说明有关内容。

第4问:考查新奥法施工介绍内容、锚喷支护施工内容及锚杆的介绍内容等。

第5问:考查《公路隧道施工技术规范》(JTG/T 3660—2020)表18.1.6隧道监控量测必测的项目内容和有关量测仪器类型介绍。

案例七十七

【背景材料】 某公路隧道左幅起讫桩号为ZK70+052~ZK70+335、右幅起讫桩号为YK70+090~YK70+285,左幅隧道长283m、右幅隧道长195m。洞门形式进出口均为端墙式。洞室净空10.25m×5.0m。隧道左右洞的辅助施工措施有:超前长管棚、超前小导管。由于该隧道地质水文复杂,可能存在坍塌、涌水突泥、瓦斯爆炸等事故风险。因此,施工单位组织专家按照《公路桥梁和隧道工程施工安全风险评估指南》(试行)进行了专项风险评估,并出具了相应的风险评估报告。在施工过程中也出现了一些质量问题,总监办根据《公路工程施工监理规范》(JTG G10—2016)进行了处理。

【问题】

1. 请写出除端墙式以外的隧道洞门形式名称(至少4种)和端墙式洞门的适用条件。

2. 根据《公路桥梁和隧道工程施工安全风险评估指南》(试行),隧道坍塌事故、瓦斯爆炸事故、隧道涌水突泥事故的可能性可分别从什么指标进行估算(测)?

3. 根据《公路桥梁和隧道工程施工安全风险评估指南》(试行),风险评估报告包含的内容有哪些?

4. 超前小导管施工应符合哪些规定?

5. 根据《公路工程施工监理规范》(JTG G10—2016),简述总监办处理施工质量问题应遵循的有关规定。

6. 根据《公路瓦斯隧道设计与施工技术规范》(JTG/T 3374—2020),人工瓦斯检测地点应包括哪些地方?人工瓦斯检测频率应符合哪些规定?

【参考答案】

第1问:

(1)环框式洞门、柱式洞门、翼墙式洞门、削竹式洞门、台阶式洞门、遮光式洞门等。

(2)端墙式(一字式)洞门是最常见的洞门,它适用于边坡仰坡不高、地形开阔、石质较稳定的地区。

第2问:

(1)隧道坍塌事故的可能性,可从施工区段的围岩级别、断层破碎带、渗水状态、地质符合性、施工方法、施工步距等指标进行估算。

(2)瓦斯爆炸事故的可能性,可从施工区段的瓦斯含量、洞内通风情况、机械设备防爆情况、瓦斯监测体系等指标进行估算。

(3)隧道涌水突泥事故的可能性,可从施工区段的岩溶发育程度、断层破碎带、外水压力水头等指标进行估测。

第3问:

风险评估报告应包含下列内容:

(1)编制依据:项目风险管理方针及策略;相关的国家和行业标准、规范及规定;项目设计和施工方面的文件;项目各阶段(工可、初设、详设等)审查意见;设计阶段风险评估成果。

(2)工程概况。

(3)评估过程和评估方法。

(4)评估内容:总体风险评估;专项风险评估,包括风险源普查、辨识、分析以及重大风险源的估测。

(5)对策措施及建议。

(6)评估结论:重大风险源风险等级汇总;Ⅲ级和Ⅳ级风险存在的部位、方式等情况;分析评估结果的科学性、可行性、合理性及存在问题。

第4问:

超前小导管施工应符合下列规定:

(1)小导管各项参数应满足设计要求。

(2)超前小导管尾端应支撑于钢架上,并应焊接牢固;管口应设置止浆阀。

(3)超前小导管与围岩间出现间隙时,应采用喷射混凝土填满。

(4)超前小导管管内应注满砂浆。

(5)超前小导管施工完成8h后方可进行开挖。

(6)开挖时导管间仍有掉块时,应立即补打导管,并应在下一环小导管施工时适当加密。

第5问:

根据《公路工程施工监理规范》(JTG G10—2016),总监办处理施工质量问题应遵循的规定如下:

(1)质量不合格的材料、构配件不得在工程上使用。

(2)对工程质量缺陷,总监办应签发监理指令单,要求施工单位整改。

(3)对质量不合格的工程,总监办应签发监理指令单,要求施工单位返工处理。

(4)对可能危及结构安全或存在重大隐患的质量问题,应签发停工令并向建设单位报告。

(5)当发生质量事故时,总监办应依法按有关规定报告和处理。

(6)总监办应建立质量问题处理台账。

第6问:

(1)人工瓦斯检测地点应包括以下地方:

①隧道内掌子面、仰拱及二次衬砌等作业面。

②爆破地点附近20m内风流中。

③拱顶、脚手架顶、台车顶、塌腔区、断面变化处、联络通道及预留硐室等风流不易到达、瓦斯易发生积聚处。

④过煤层、断层破碎带、裂隙带及瓦斯异常涌出点。

⑤局部通风机、电机、变压器、电气开关附近、电缆接头等隧道内可能产生火源的地点。

(2)人工瓦斯检测频率应符合下列规定:

①微瓦斯工区不应少于1次/4h,低瓦斯工区、高瓦斯工区不应少于1次/2h。

②高瓦斯工区和煤(岩)与瓦斯突出工区的开挖工作面及瓦斯涌出量较大、变化异常区域,应提高瓦斯浓度检测频率。

③当瓦斯浓度低于0.5%时,应每0.5~1h检测一次;当高于0.5%时,应随时检测。

④瓦斯工区内进行钻孔作业、塌腔及采空区处治和焊接动火、切割时,应随时检测瓦斯。

【答案解析】

第1问:考查有关隧道洞门形式的分类、适用条件和介绍内容。

第2问:参考《公路桥梁和隧道工程施工安全风险评估指南》(试行)第5.3.5条、第5.3.7条、第5.3.9条有关内容。

第3问:参考《公路桥梁和隧道工程施工安全风险评估指南》(试行)第7章"风险评估报告编制"有关内容。

第4问:参考《公路隧道施工技术规范》(JTG/T 3660—2020)第15.3.4条"超前小导管施工"部分内容。

第5问:参考《公路工程施工监理规范》(JTG G10—2016)第5.2.8条"监理机构在监理过程中发现施工质量不符合法律法规、技术标准及施工合同约定的,应要求施工单位改正,并应符合下列规定"等内容。

第6问:参考《公路瓦斯隧道设计与施工技术规范》(JTG/T 3374—2020)第7.3.5条"人工瓦斯检测地点"和第7.3.6条"人工瓦斯检测频率"有关内容。

案例七十八

【背景材料】 某高速公路项目第6合同段为隧道工程,施工单位进场后,根据《关于开展公路桥梁和隧道工程施工安全风险评估试行工作的通知》文件要求,编制了隧道工程施工安全风险评估报告,并依据风险评估结论,对风险等级较高的分部分项工程编制专项施工方案,并附安全验算结果,经施工单位技术负责人签字后报监理工程师批准执行。

在施工监理过程中,发生以下事件:

事件1:在审查施工单位上报的隧道开挖专项施工方案中,对于超前管棚支护有如下施工规定:

(1)管棚的各项参数应符合设计规定。

(2)管棚开孔前宜先施作导向墙,其纵向长度不应小于1.5m、厚度应不小于0.5m,并应有足够的强度和刚度,导向墙基础应置于稳定地基上。

(3)导向墙内的导向管内空直径应不小于管棚钻孔的钻头直径,布置间距和方向应满足设计要求。

(4)管棚钻孔不应侵入开挖范围,钻孔机械应具有纠偏功能。

(5)管棚钢管宜分节连接顶入钻孔,节段长度不宜小于1.3m,相邻钢管的接头错开距离应大于0.8m,各节段间应采用丝扣连接或套管焊接连接,连接长度不应小于60mm。

(6)管棚钢管就位后,应插入钢筋笼,并应及时进行注浆施工,每根钢管应一次连续注满砂浆,注浆参数应根据现场试验确定,砂浆强度等级不应低于M20。

(7)管棚钻孔应逐孔连续实施,不必等已实施的管棚注浆凝固后,才进行其相邻管棚的钻孔施工。

(8)围岩破碎、钻进难以成孔时,可采用钢管钻孔工艺施工。

(9)当洞内采用超前管棚时,管棚工作室参数应根据机具设备尺寸和设计管棚外倾角等因素设置。

事件2:在施工过程中发现隧道周边局部渗漏水,施工单位提出采取局部径向注浆处理的措施,并提出径向注浆应符合下列规定:

(1)径向注浆应在初期支护完成且混凝土强度达到设计强度的85%后进行。

(2)注浆范围宜控制在开挖轮廓线以外3~6m。

(3)径向注浆孔深应满足设计要求,最小深度不应小于3m,注浆管直径不宜小于40mm。

(4)注浆钻孔宜与开挖岩面成10°~15°的倾斜角度。

(5)注浆可分段、分片进行,注浆顺序应从水多区域向水少区域方向进行,宜从下往上进行,可多孔同时注浆。

(6)注浆终压力宜为0.5~1.5MPa。

(7)仰拱径向注浆应根据拱墙注浆效果、隧底排水条件确定,应首先进行仰拱径向注浆。

事件3:在钻爆开挖施工前,施工单位负责项目管理的技术人员将关于安全施工的技术要求向施工作业班组、作业人员作出详细说明,并由双方签字确认。

【问题】

1. 根据《公路隧道施工技术规范》(JTG/T 3660—2020),请判断事件1中每项的说法是否正确;若不正确,请改正。

2. 根据《公路隧道施工技术规范》(JTG/T 3660—2020),请判断事件2中每项的说法是否正确;若不正确,请改正。

3. 事件3中,监理工程师审查施工单位技术交底,对钻爆开挖施工中的装药作业应审查符合哪些规定?

4. 根据《公路工程施工安全技术规范》(JTG F90—2015)附录B,施工单位编制的专项施工方案应包括哪些主要内容?

5. 依据《建设工程安全生产管理条例》,工程监理单位的安全责任有哪些?

【参考答案】

第1问:

(1)正确。

(2)不正确。应改为:管棚开孔前宜先施作导向墙,其纵向长度不应小于2m、厚度应不小于0.8m,并应有足够的强度和刚度,导向墙基础应置于稳定地基上。

(3)正确。

(4)正确。

(5)不正确。应改为:管棚钢管宜分节连接顶入钻孔,节段长度不宜小于2m,相邻钢管的接头错开距离应大于1m,各节段间应采用丝扣连接或套管焊接连接,连接长度不应小于50mm。

(6)正确。

(7)不正确。应改为:管棚钻孔应跳孔实施,先实施的管棚注浆凝固后,方可进行其相邻管棚的钻孔施工。

(8)正确。

(9)正确。

第2问:

(1)不正确。应改为:径向注浆应在初期支护完成且混凝土强度达到设计强度的100%后进行。

(2)正确。

(3)正确。

(4)不正确。应改为:注浆钻孔宜垂直开挖岩面。

(5)不正确。应改为:注浆可分段、分片进行,注浆顺序应从水少区域向水多区域方向进行,宜从上往下进行,可多孔同时注浆。

(6)正确。

(7)不正确。应改为:仰拱径向注浆应根据拱墙注浆效果、隧底排水条件确定,需进行仰拱径向注浆时,应最后进行。

第3问:

装药作业应符合下列规定:

(1)严禁装药与钻孔平行作业。

(2)严禁作业人员穿戴化纤衣物。

(3)装药前,无关人员与机具等应撤至安全地点。

(4)应使用木质或竹质炮棍装药。非间隔装药各药卷间应彼此密接。

(5)已装药的炮孔应及时堵塞密封。除膨胀岩土地段和寒区隧道外,炮泥宜采用水炮泥、黏土炮泥。严禁用块状材料、煤粉或其他可燃材料作炮泥。

第4问:

专项施工方案应包括以下主要内容:

(1)工程概况:工程基本概况、施工平面布置、施工要求和技术保证条件。

(2)编制依据:相关法律、法规、规范性文件、标准、规范及图纸(国标图集)、施工组织设计等。

(3)施工计划:包括施工进度计划、材料与设备计划。

(4)施工工艺技术:技术参数、工艺流程、施工方法、检查验收等。

(5)施工安全保证措施:组织保障、技术措施、应急预案、监测监控等。

(6)劳动力计划:专职安全生产管理人员、特种作业人员等。

(7)计算书及相关图纸。

第5问:

依据《建设工程安全生产管理条例》第十四条规定,工程监理单位的安全责任有以下内容:

(1)工程监理单位应当审查施工组织设计中的安全技术措施或者专项施工方案是否符合工程建设强制性标准。

(2)工程监理单位在实施监理过程中,发现存在安全事故隐患的,应当要求施工单位整改;情况严重的,应当要求施工单位暂时停止施工,并及时报告建设单位。施工单位拒不整改或者不停止施工的,工程监理单位应当及时向有关主管部门报告。

(3)工程监理单位和监理工程师应当按照法律、法规和工程建设强制性标准实施监理,并对建设工程安全生产承担监理责任。

【答案解析】

第1、2问：参考《公路隧道施工技术规范》（JTG/T 3660—2020）第15.3.5条“超前管棚支护”和第15.4.7条“径向注浆”有关内容。

第3问：参考《公路隧道施工技术规范》（JTG/T 3660—2020）第7.4.11条“装药作业”有关内容。

第4问：参考《公路工程施工安全技术规范》（JTG F90—2015）附录B“专项施工方案”有关内容。

第5问：参考《建设工程安全生产管理条例》第十四条规定的有关内容。

案例七十九

【背景材料】 某公路隧道全长3249m，里程范围为DK311+046～DK314+295，洞身段穿越砂页岩夹泥灰岩地层，围岩类别为Ⅳ、Ⅴ级，全隧均采用复合式衬砌结构，即以锚杆、喷射混凝土（掺入钢纤维）、型钢钢架等为初期支护，使其与二次衬砌共同受力，以保证施工安全、便于机械化快速施工、提高隧道衬砌抗震性与防水效果。二次衬砌使用模筑钢筋混凝土。在初期支护与二次衬砌之间敷设土工布加EVA防水卷材作为防水层，防止地下水渗入隧道内。洞身段还穿越溶洞和断层带，断层带内以断层压碎岩和断层泥为主，围岩结构松散，地下水发育，施工中极易坍塌。在施工期间引进TSP202超前地质预报系统，利用地震波在地质体中产生的反射波特性来预报隧道掌子面及周围临近区域的地质情况，根据该系统预报结果合理组织施工。

根据《公路隧道施工技术规范》（JTG/T 3660—2020）的有关规定，请回答下列问题。

【问题】

1. 该隧道钢纤维喷射混凝土应符合哪些规定？
2. 锚杆孔钻孔施工应符合哪些规定？
3. 喷射混凝土施工应做好哪些准备工作？
4. 二次衬砌施工中，拱墙模板就位后，混凝土浇筑前应进行哪些工作？
5. 防水层铺挂施工质量检查项目有哪些？
6. 隧道超前地质预报应包括哪些主要内容？

【参考答案】

第1问：

钢纤维喷射混凝土应符合以下规定：

（1）水泥强度等级不宜低于42.5级。

（2）钢纤维喷射混凝土粗集料粒径不宜大于10mm。

（3）钢纤维喷射混凝土的水泥、砂石料、钢纤维应先干拌，搅拌时间不得少于1.5min，加水后湿拌时间不应少于3min。

（4）钢纤维抗拉强度不得低于380MPa。

（5）钢纤维不得有油渍及明显的锈蚀。

第2问：

锚杆孔钻孔施工应符合以下规定：

(1)锚杆孔宜采用锚杆钻孔机或(多臂)钻孔台车钻孔。

(2)钻孔前应按设计布置要求,标出钻孔位置,钻孔数量不得少于设计数量。

(3)系统锚杆钻孔方向应为设计开挖轮廓法线方向,垂直偏差不宜大于20°。

(4)局部锚杆应与岩层层面或主要结构面呈大角度相交。

(5)锚杆钻孔直径应大于锚杆杆体直径15mm。

(6)钻孔深度应满足设计要求,与设计锚杆长度允许偏差为±50mm。

第3问:

喷射混凝土施工应做好下列准备工作:

(1)清理受喷岩面的浮石、岩肩、杂物和粉尘等。

(2)检查开挖断面净空尺寸,凿除欠挖凸出部分。

(3)岩面渗水处采取引排措施。

(4)设置控制喷射混凝土厚度的标识。

(5)检查作业机具、设备、风水管路、电缆线路,并试运转正常。

(6)检查作业场地的通风和照明条件。

第4问:

拱墙模板就位后,混凝土浇筑前应进行以下工作:

(1)检查模板背后混凝土浇筑净空尺寸。

(2)清除钢筋上的油污。

(3)钢模板涂脱模剂,木模板用水湿润。

(4)涂刷模板脱模剂时,不得污染钢筋。

(5)混凝土直接接触的喷射混凝土应洒水润湿。

(6)检查防水板、排水盲管、衬砌钢筋、预埋件等隐蔽工程,做好记录。

(7)清除底部杂物、积水;有仰拱地段,仰拱交接面用高压水冲洗干净并涂刷界面剂。

第5问:

防水层铺挂施工质量检查项目有:

(1)搭接宽度。

(2)焊接、粘接缝宽。

(3)固定点间距。

(4)焊缝充气检查。

(5)铺挂松紧度。

第6问:

隧道超前地质预报应包括下列主要内容:

(1)地层岩性预报,特别是对软弱夹层、破碎地层、煤层及特殊性岩土的岩性预报。

(2)地质构造预报,特别是对断层、节理裂隙密集带、褶皱等影响岩体完整性的构造发育情况的预报。

(3)不良地质预报,特别是对岩溶、人为坑洞、瓦斯等发育情况的预报。

(4)地下水预报,特别是对岩溶管道水以及富水断层、富水褶皱轴、富水地层中的裂隙水等发育情况的预报。

【答案解析】

第1问：参考《公路隧道施工技术规范》(JTG/T 3660—2020)第9.2.10条"钢纤维喷射混凝土"有关内容。

第2问：参考《公路隧道施工技术规范》(JTG/T 3660—2020)第9.3.3条"锚杆孔钻孔施工"有关内容。

第3问：参考《公路隧道施工技术规范》(JTG/T 3660—2020)第9.2.1条"喷射混凝土施工"有关内容。

第4问：参考《公路隧道施工技术规范》(JTG/T 3660—2020)第9.6.8条"拱墙模板就位后、混凝土浇筑前应进行下列工作"有关内容。

第5问：参考《公路隧道施工技术规范》(JTG/T 3660—2020)第11.4.7条"防水层铺挂施工质量检查及控制标准"有关内容。

第6问：参考《公路隧道施工技术规范》(JTG/T 3660—2020)第19.1.4条"隧道超前地质预报"有关内容。

案例八十

【背景材料】 某高速公路上下行分离式隧道，洞口间距60m，左线长3160m，右线长3210m，隧道最大埋深600m，进出口为浅埋段，Ⅳ级围岩。洞身地质条件复杂，地质报告指出，隧道穿越地层为三叠系底层，岩性主要为炭质泥岩、砂岩、泥岩砂岩互层，且有瓦斯设防段、源水段和岩爆段，Ⅰ、Ⅱ、Ⅲ级围岩大致各占1/3，节理裂隙发育，岩层十分破碎，且穿越一组背斜，在其褶曲轴部地带中的炭质泥岩及薄煤层中并存有瓦斯等有害气体，有瓦斯聚集涌出的可能，应对瓦斯重点设防，加强通风、瓦斯监测等工作。在施工过程中发生以下事件：

事件1：现场施工人员认为全断面开挖法的特点是工作空间较小、施工速度快、便于施工组织和管理；且全断面开挖法具有较小的断面进尺比，每次爆破振动强度较小，爆破对围岩的振动次数少，有利于围岩的稳定。考虑到该隧道地质情况与进度要求，所以该隧道应采用全断面开挖。同时针对该隧道采用的新奥法施工，提出了"勤量测、紧封闭"的基本原则。

事件2：隧道施工过程中为防止发生塌方冒顶事故，项目部加强了施工监控量测，量测项目有地质和支护状况、锚杆或锚索内力及抗拔力、地表下沉、围岩体内位移、支护及衬砌内应力。

事件3：施工单位采取了一系列措施，要求进入隧道施工现场的所有人员必须经过专门的安全知识教育，接受安全技术交底；电钻钻眼应检查把手胶套的绝缘是否良好，电钻工应戴棉纱手套，穿绝缘胶鞋；爆破作业人员不能穿着化纤服装，炸药和雷管分别装在带盖的容器内用汽车一起运送；隧道开挖及衬砌作业地段的照明电器电压为110～220V。同时加强瓦斯等有毒有害气体的防治，通风设施由专职安全员兼管。

事件4：为防止瓦斯涌出，现场采取机械通风，并根据施工通风需风量计算结果选取合适的通风设备。施工通风需风量按爆破排烟、工作的最多人数、作业机械、最小风速及绝对瓦斯涌出量分别计算，取其最大值作为需风量，并进行风速验算。

【问题】

1.针对事件1，改正现场施工人员对全断面开挖法特点阐述的错误之处，并补充新奥法施工还应遵循的两条基本原则。

2. 针对事件2,补充本项目施工监控量测的必测项目,并指出隧道监控量测时出现冒顶塌方的危险信号(征兆)有哪些?

3. 针对事件3,指出并改正项目部安全管理措施中的错误。

4. 针对事件4,洞内供风量的计算,除考虑保证施工人员身体健康需要的新鲜空气外,尚需满足施工单位面的其他要求,应从哪几个方面综合考虑?

【参考答案】

第1问:

针对事件1:

(1)“工作空间较小”错误,应为:工作空间较大。

“全断面开挖法具有较小的断面进尺比”错误,应为:全断面开挖法具有较大的断面进尺比。

(2)新奥法应遵循的原则:少扰动、早喷锚、勤量测、紧封闭,故还应增加“少扰动、早喷锚”两点。

第2问:

针对事件2:

(1)根据《公路隧道施工技术规范》(JTG/T 3660—2020)第18.1.6条,隧道监控量测必测的项目有:洞内、外观察;周边位移;拱顶下沉;地表下沉;拱脚下沉。地质和支护状况属于《公路隧道施工技术规范》(JTJ 042—94)监测项目,已淘汰。因此,本项目施工监控量测的必测项目还有:洞内、外观察;周边位移;拱顶下沉;拱脚下沉。

(2)冒顶塌方的危险信号(征兆)有:支护变形、喷射混凝土开裂掉块、洞内出水增大变浑、地面沉陷、异常声响、位移-时间曲线出现反弯点等。

第3问:

针对事件3:

(1)“电钻工应戴棉纱手套”错误,应戴绝缘胶皮手套。

(2)“炸药和雷管分别装在带盖的容器内用汽车一起运送”错误,应改为:炸药和雷管分别装在带盖的容器内,用汽车分别运送。

(3)“隧道开挖及衬砌作业地段的照明电器电压为110~220V”错误,应改为:隧道开挖及衬砌作业地段的照明电器电压为12~36V。

(4)“通风设施由专职安全员兼管”错误,应改为:通风设施由专人管理。

第4问:

针对事件4:

洞内供风量的计算,除考虑保证施工人员身体健康需要的新鲜空气外,尚需满足施工方面的其他要求。因此,从以下几个方面综合考虑:

(1)按洞内同时工作的最多人数需要的新鲜空气计算风量。

(2)在规定时间内把同时爆破且使用最多炸药量所产生的有害气体稀释到允许浓度以下,由此方法计算风量。

(3)根据不同的施工方法,按坑道内规定的最小风速计算风量。

(4)当隧道采用内燃机械施工时,还应按内燃设备总功率(kW)需要的空气计算风量。

(5)稀释瓦斯涌出量至安全浓度所需风量。

按以上方法计算后,以其中最大者作为需风量。

【答案解析】

第1问:(1)全断面开挖法的特点是速度快、便于施工组织和管理,且具有较大的断面进尺比,每次爆破振动强度较小,爆破对围岩的振动次数少,有利于围岩的稳定。所以,“工作空间较小”和“全断面开挖法具有较小的断面进尺比”说法错误。

(2)新奥法应遵循的原则:少扰动、早喷锚、勤量测、紧封闭;故还应增加“少扰动、早喷锚”两点。

第2问:(1)根据《公路隧道施工技术规范》(JTG/T 3660—2020)第18.1.6条的规定,隧道监控量测必测的项目有:洞内、外观察;周边位移;拱顶下沉;地表下沉;拱脚下沉。因此,本项目施工监控量测的必测项目还有:洞内、外观察;周边位移;拱顶下沉;拱脚下沉。

(2)根据隧道施工常见问题的特点,冒顶塌方的危险信号(征兆)有:支护失效、地面沉陷、异常声响、位移-时间曲线出现反弯点等。

第3问:隧道施工安全管理方面,电钻工应戴绝缘胶皮手套;炸药和雷管分别装在带盖的容器内用汽车分别运送;隧道开挖及衬砌作业地段的照明电器电压为12～36V;通风设施应由专人管理等。因此,“电钻工应戴棉纱手套”“炸药和雷管分别装在带盖的容器内,用汽车一起运送”“隧道开挖及衬砌作业地段的照明电器电压为110～220V”和“通风设施由专职安全员兼管”说法错误。

第4问:考查《公路瓦斯隧道设计与施工技术规范》(JTG/T 3374—2020)第7.2.1条“瓦斯工区施工通风需风量”计算的有关内容。

案例八十一

【背景材料】 某公路项目隧道最大埋深约190m,设计净高5.0m,净宽14.0m,隧道长1612m。隧道区域内主要为微风化岩石,隧道区域内地表水系较发育,区域内以基岩裂隙水为主,浅部残坡积层赋存松散岩类孔隙水,洞口围岩变化段水系较发达,隧道洞身线路为人字坡。隧道施工采用钻爆法进行光面爆破,施工中按照爆破设计布置了周边眼、掏槽眼及辅助眼。

【问题】

1. 采用光面爆破是否合适? 什么叫光面爆破?
2. 光面爆破的分区起爆顺序是什么?
3. 采用光面爆破要注意哪些技术要求?
4. 施工中布置的掏槽眼、辅助眼、周边眼各有什么作用?
5. 隧道排水与防护施工技术应注意的问题有哪些?

【参考答案】

第1问:

(1)采用光面爆破合适。

(2)光面爆破是通过调整周边眼的各爆破参数,使爆炸先沿各孔的中心连线形成贯通的破裂缝,然后内围岩体裂解,并向临空面方向抛掷。这种爆破在围岩中产生的裂缝较少,使爆破后的岩石表面能按设计轮廓线成型,表面较平顺,超欠挖很小。

第2问:

光面爆破的分区起爆顺序是:掏槽眼→辅助眼→周边眼→底板眼。

第3问:

光面爆破的技术要求:根据围岩特点合理选择周边眼间距和周边的最小抵抗线,严格控制周边眼的装药量,应使用药量沿炮眼全长合理分布,并合理选择炸药品种和装药结构。采用周边同时起爆。

第4问:

掏槽眼、辅助眼、周边眼的作用:

(1)掏槽眼的作用是将开挖面上适当部位先掏出一个小型槽口,形成新的临空面,为后爆的辅助炮开创更有利的临空面,以达到提高爆破效率的作用。

(2)辅助眼的作用是进一步扩大槽口体积和爆破量,并逐步接近开挖断面形状,为周边眼创造有利的条件。

(3)周边眼是一种辅助炮眼,目的是成型作用。周边眼爆破后使坑道断面达到设计的形状和尺寸。

第5问:

隧道排水与防护施工技术应注意的问题有:施工防排水和结构防排水施工。

(1)施工防排水:由于隧道洞身线路为人字坡,可采用顺坡排水,通过排水沟或管道向两个洞口排除积水和渗水。

(2)结构防排水施工:洞内永久性防排水结构物施工时,防排水结构物的断面形状尺寸、位置和埋设深度应符合设计要求。衬砌背后设置排水暗沟、盲沟和引水管时,应根据隧道的渗水部位和开挖情况适当选择排水设施位置,并配合衬砌进行施工。衬砌的施工缝和沉降缝采用橡胶止水带或塑料止水带防水。复合式衬砌中防水层的施工应在初期支护变形基本稳定后,二次衬砌施作前进行。防水层可在拱部和边墙按环状铺设,并视材质采取相应的接合方法。

【答案解析】

第1问:光面爆破是通过调整周边眼的各爆破参数,使爆炸先沿各孔的中心连线形成贯通的破裂缝,然后内围岩体裂解,并向临空面方向抛掷。这种爆破在围岩中产生的裂缝较少,使爆破后的岩石表面能按设计轮廓线成型,表面较平顺,超欠挖很小。所以,采用光面爆破合适。

第2问:光面爆破是一种爆出的新壁面保持平整而不受明显破坏的控制爆破技术。其特点是在设计开挖轮廓线上钻凿一排孔距与最小抵抗线相匹配的光爆孔,并采用不耦合装药或其他特殊的装药结构,在开挖主体爆破后,光爆孔内的装药同时起爆,从而形成一个贯穿光爆炮孔且光滑平整的开挖面。光面爆破的分区起爆顺序为:掏槽眼→辅助眼→周边眼→底板眼。

第3问:光面爆破技术是指通过正确选择爆破参数和合理的施工方法,分区分段微差爆破,达到爆破后轮廓线符合设计要求,临空面平整规则的一种控制爆破手段。光面爆破的技术要求为:根据围岩特点合理选择周边眼间距和周边的最小抵抗线,严格控制周边眼的装药量,应使用药量沿炮眼全长合理分布,并合理选择炸药品种和装药结构。采用周边同时起爆的方式。

第4问:掏槽眼的作用是将开挖面上某一部位的岩石掏出一个槽,以形成新的临空面。辅助眼布置主要是解决间距和最小抵抗线问题。周边眼的作用是爆破后使坑道断面达到设计的形状和规格。

第5问:隧道防排水遵循“防、堵、截、排相结合,因地制宜,综合治理”的原则,采取切实可靠的措施,达到防水可靠、排水畅通、经济合理的目的。隧道的排水与防护施工技术应注意的问题有:施工防排水和结构防排水施工。

案例八十二

【背景材料】 某公路隧道长1920m,穿越的岩层主要由泥岩和砂岩组成,设计采用新奥法施工,台阶法开挖,复合式衬砌,夹层防水层设计为塑料防水板。洞口段由于洞顶覆盖层较薄,岩隙发育。开挖中地表水从岩石裂隙中渗入洞内,导致该段两次冒顶、塌方。隧道施工采用风管式通风。

刚开始施工时,两个施工技术员在现场为采用光面爆破和预裂爆破发生争执,甲施工技术员认为应采用光面爆破,因为光面爆破是一种爆出的新壁面保持平整而不受明显破坏的控制爆破技术。其特点是在设计开挖轮廓线上钻凿一排孔距与最小抵抗线相匹配的光爆孔,并采用不耦合装药或其他特殊的装药结构,在开挖主体爆破后,光爆孔内的装药同时起爆,从而形成一个贯穿光爆炮孔且光滑平整的开挖面。乙施工技术员认为应采用预裂爆破,因为预裂爆破是指进行石方开挖时,在主爆区爆破之前沿设计轮廓线先爆出一条具有一定宽度的贯穿裂缝。以缓冲、反射开挖爆破的振动波,控制其对保留岩体的破坏影响,使之获得较平整的开挖轮廓。

【问题】

1. 甲、乙施工技术员谁的意见正确?为什么?

2. 光面爆破与普通爆破法比较,光面爆破有哪些显著特点?光面爆破的炮孔有哪些施工要求?

3. 山岭隧道的洞口施工应该注意什么问题?

4. 采用台阶法施工应符合哪些规定?

5. 风管式通风有何优缺点?

6. 混凝土衬砌应检查哪些项目?关键项目是哪几个?

【参考答案】

第1问:

甲施工技术员的意见正确。因为:

(1)预裂爆破一般用于露天、边坡爆破,光面爆破一般用于巷道、隧道爆破。

(2)预裂爆破是指进行石方开挖时,在主爆区爆破之前沿设计轮廓线先爆出一条具有一定宽度的贯穿裂缝。以缓冲、反射开挖爆破的振动波,控制其对保留岩体的破坏影响,使之获得较平整的开挖轮廓。光面爆破是指通过正确选择爆破参数和合理的施工方法,分区分段微差爆破,达到爆破后轮廓线符合设计要求,临空面平整规则的一种控制爆破技术,是支撑新奥法原理的重要技术之一。

第2问：

(1)与普通爆破法比较,光面爆破有如下显著特点：

①爆破后成型规整,符合设计断面轮廓要求,特别在松软岩层中更能显示出光面爆破的作用。光面爆破后通常可在新形成的壁面上残留清晰可见的半边孔壁痕迹,超挖量大为减少,从而减少了排渣量,减轻了挖掘装载运输系统的负担;对于锚喷支护的硐室还节省了喷射原材料,加快了掘进速度。

②岩体保持稳定,爆破后不产生或很少产生爆振裂隙,原有的构造裂隙不因爆破而有所扩展,增强了围岩自身的承载力,特别是对于松软破碎岩层其作用和效果尤为显著。因而可有效地保证施工安全,为快速施工创造有利条件。

③新岩壁平整,通风阻力小,不产生瓦斯聚集;岩面上应力集中现象减少,在深部岩壁表面可以减少岩爆的危害,有利安全。

④浇注混凝土容易并且节省费用。

(2)光面爆破的炮孔宜按照以下要求施工：

①所有周边孔应彼此平行,并且其深度一般不应比其他炮孔深。

②各炮孔均应垂直于工作面。实际施工时,周边孔不可能完全与工作面垂直,必然有一个角度,根据炮孔深度,此角度一般取3°~5°。

③如果工作面不齐,应按实际情况调整炮孔深度及装药量,力求所有炮孔底落在同一个横断面上。

④开孔位置要准确,偏差值不大于30mm。对于周边孔开孔位置均应位于掘进断面的轮廓线上,不允许有偏向轮廓线里面的误差。

第3问：

山岭隧道的洞口施工应注意：

(1)隧道洞口各项工程应通盘考虑,妥善安排,尽快完成,为隧道洞身施工创造条件。隧道引道范围内的桥梁墩台、涵管、下挡墙等工程的施工应与弃渣相协调,尽早完成。洞口支挡工程应结合土石方开挖一并完成。

(2)洞门衬砌拱墙应与洞内相连的拱墙同时施工,连成整体。如系接长明洞,则应按设计要求采取加强连接措施,确保与已成的拱墙连接良好。洞门端墙的砌筑与墙背回填应两侧同时进行,防止对衬砌边墙产生偏压。

第4问：

采用台阶法施工应符合下列规定：

(1)台阶数量和台阶高度应综合考虑隧道断面高度、机械设备及围岩稳定性等因素确定。台阶开挖高度宜为2.5~3.5m。台阶数量可采用二台阶或者三台阶,不宜大于三个台阶。

(2)上台阶开挖每循环进尺,Ⅲ级围岩宜不大于3m;Ⅳ级围岩宜不大于2榀钢架间距;Ⅴ级围岩宜不大于1榀钢架间距。Ⅳ、Ⅴ级围岩下台阶每循环进尺宜不大于2榀钢架间距。下台阶单侧拉槽长度宜不超过15m。

(3)下台阶左、右侧开挖宜前后错开3~5m,同一榀钢架两侧不得同时悬空。

(4)下部施工应减少对上部围岩、支护的干扰和破坏。

(5)下台阶应在上台阶喷射混凝土强度达到设计强度的70%以后开挖。

第5问:

(1)风管式通风的优点:设备简单,布置灵活,易于拆装,故为一般隧道施工采用。

(2)风管式通风的缺点:但由于管路的增长及管道的接头或多或少有漏风,若不保证接头的质量就会造成因风管过长而达不到要求的风量。

第6问:

混凝土衬砌应检查:混凝土强度、衬砌厚度、墙面平整度、衬砌背部密实状况。关键项目为:混凝土强度和衬砌背部密实状况。

【答案解析】

第1问:甲施工技术员的意见正确。因为:

(1)使用场景不同。预裂爆破一般用于露天、边坡爆破,光面爆破一般用于巷道、隧道爆破。

(2)使用目的不同。预裂爆破是指进行石方开挖时,在主爆区爆破之前沿设计轮廓线先爆出一条具有一定宽度的贯穿裂缝。以缓冲、反射开挖爆破的振动波,控制其对保留岩体的破坏影响,使之获得较平整的开挖轮廓。光面爆破是指通过正确选择爆破参数和合理的施工方法,分区分段微差爆破,达到爆破后轮廓线符合设计要求,临空面平整规则的一种控制爆破技术,是支撑新奥法原理的重要技术之一。

(3)使用效果不同。光面爆破体现在爆破后成型规整,符合设计断面轮廓要求,特别在松软岩层中更能显示出光面爆破的作用。而预裂爆破的预裂孔同时起爆效果较好,但当同时起爆的预裂孔过多时,为防止产生过大的爆破振动,可采用分段微差起爆。

(4)爆破机理不同。预裂爆破时,药包在受夹制的状态下爆炸,只有一个自由面,而光面爆破则有两个自由面。

(5)技术要求不同。预裂的目的在于先爆一条贯穿裂缝,预裂面与最近一排主炮孔之间的距离一般为主炮孔排间距的一半。炮孔直径一般为50~200mm,对深孔宜采用较大的孔径。炮孔间距宜为孔径的8~12倍,坚硬岩石取小值。光面爆破层厚度,即最小抵抗线的大小,一般为炮孔直径的10~20倍。岩质软弱、裂隙发育者,眼距应小而抵抗线应大;坚硬、稳定的岩石上,眼距应大而抵抗线应小。孔距一般为光面爆破层厚度的0.75~0.90倍。光面爆破秉承多打孔、少装药的原则爆破。孔径较预裂爆破要小,一般为50mm。

第2问:(1)光面爆破是一种爆出的新壁面保持平整而不受明显破坏的控制爆破技术,单位炸药消耗量小。其特点是在设计开挖轮廓线上钻凿一排孔距与最小抵抗线相匹配的光爆孔,并采用不耦合装药或其他特殊的装药结构,在开挖主体爆破后,光爆孔内的装药同时起爆,从而形成一个贯穿光爆炮孔且光滑平整的开挖面。与普通爆破法比较,光面爆破有如下显著特点:

①爆破后成型规整,符合设计断面轮廓要求,特别在松软岩层中更能显示出光面爆破的作用。光面爆破后通常可在新形成的壁面上残留清晰可见的半边孔壁痕迹,超挖量大为减少,从而减少了排渣量,减轻了挖掘装载运输系统的负担;对于锚喷支护的硐室还节省了喷射原材料,加快了掘进速度。

②岩体保持稳定,爆破后不产生或很少产生爆震裂隙,原有的构造裂隙不因爆破而有所扩展,增强了围岩自身的承载力,特别是对于松软破碎岩层其作用和效果尤为显著。因而可有效地保证施工安全,为快速施工创造有利条件。

③新岩壁平整,通风阻力小,不产生瓦斯聚集;岩面上应力集中现象减少,在深部岩壁表面可以减少岩爆的危害,有利安全。

④浇注混凝土容易并且节省费用。

(2)为保证光面爆破的良好效果,除根据岩层条件、工程要求正确选择光面爆破参数外,精确的钻孔也极为重要,是保证光面爆破质量的前提。对钻孔的要求是"平""直""齐""准"。炮孔要按照以下要求施工:

①所有周边孔应彼此平行,并且其深度一般不应比其他炮孔深。

②各炮孔均应垂直于工作面。实际施工时,周边孔不可能完全与工作面垂直,必然有一个角度,根据炮孔深度此角度一般取3°~5°。

③如果工作面不齐,应按实际情况调整炮孔深度及装药量,力求所有炮孔底落在同一个横断面上。

④开孔位置要准确,偏差值不大于30mm。对于周边孔开孔位置均应位于掘进断面的轮廓线上,不允许有偏向轮廓线里面的误差。

第3问:山岭隧道的洞口是山岭隧道施工工况最复杂、质量及安全隐患最多的地段。合理选择山岭隧道的洞口施工方案,借助一些辅助施工措施,不伤坡进洞,能有效地避免刷坡、拉槽、偏压引发的山体边仰坡失稳,大大降低洞口施工风险。因此,洞口施工应注意:

(1)隧道洞口各项工程应通盘考虑,妥善安排,尽快完成,为隧道洞身施工创造条件。隧道引道范围内的桥梁墩台、涵管、下挡墙等工程的施工应与弃渣相协调,尽早完成。洞口支挡工程应结合土石方开挖一并完成。

(2)洞门衬砌拱墙应与洞内相连的拱墙同时施工,连成整体。如系接长明洞,则应按设计要求采取加强连接措施,确保与已成的拱墙连接良好。洞门端墙的砌筑与墙背回填应两侧同时进行,防止对衬砌边墙产生偏压。

第4问:考查《公路隧道施工技术规范》(JTG/T 3660—2020)第7.2.3条"台阶法施工"有关内容。

第5问:隧道施工通风方式有:自然通风、机械通风。机械通风方式可分为风管式通风、巷道式通风和风墙式通风。风管式通风的优缺点有:

(1)风管式通风的优点:设备简单,布置灵活,易于拆装,故为一般隧道施工采用。

(2)风管式通风的缺点:由于管路的增长及管道的接头或多或少有漏风,若不保证接头的质量就会造成因风管过长而达不到要求的风量。

第6问:考查《公路工程质量检验评定标准　第一册　土建工程》(JTG F80/1—2017)第10.14.2条"混凝土衬砌实测项目"有关内容。

案例八十三

【背景材料】 某隧道采用锚喷支护,中空注浆锚杆,二次衬砌为厚度40cm的C30模筑混凝土。采用先拱后墙法施工时,拱架支撑变形下沉,施工单位施工中存在泵送混凝土水灰比偏大、局部欠挖超过限值未凿除、模板移动部分钢筋保护层厚度不足等问题,造成其中一段衬砌完工后顶部、侧墙均出现环向裂缝,局部地段有斜向裂缝,严重者出现纵、环向贯通裂缝,形成网状开裂,缝宽最小0.1mm、最大4mm,必须进行补救处理。

【问题】

1. 请分析衬砌开裂的原因。

2. 应该从哪几个方面对隧道衬砌裂缝病害进行防治?

3. 根据衬砌裂缝情况,简述其处理措施。

4. 二次衬砌施作应满足什么要求?

5. 喷射混凝土作业应符合哪些规定?

6. 中空锚杆安装施工应符合哪些规定?

【参考答案】

第1问:

衬砌开裂的原因有:

(1)施工时,由于先拱后墙法施工时拱架支撑变形下沉,造成拱部衬砌产生不均匀下沉,拱腰和拱顶发生施工早期裂缝。

(2)由于施工测量放线发生差错、欠挖、模板拱架支撑变形、塌方等原因,而在施工中又未能妥善处理,造成局部衬砌厚度偏薄。

(3)施工质量管理不善、混凝土材料检验不力、施工配合比控制不严、水灰比过大等造成衬砌质量不良,降低承载能力。

第2问:

隧道衬砌裂缝病害的防治措施主要有:

(1)设计时应根据围岩级别、性状、结构等地质情况,正确选取衬砌形式及衬砌厚度,确保衬砌具有足够的承载能力。

(2)施工过程中发现围岩地质情况有变化、与原设计不符时,应及时变更设计。

(3)钢筋保护层必须保证不小于3cm,钢筋使用前应做除锈、清污处理。

(4)混凝土强度必须符合设计要求,宜采用较大的骨灰比,降低水灰比,合理选用外加剂。

(5)衬砌背后如有可能形成水囊,应对围岩进行止水处理,根据设计施作防水隔离层。

(6)衬砌施工时应严格按要求正确设置沉降缝、伸缩缝。

第3问:

对衬砌已产生的较大裂缝可采取压注纯水泥浆或化学浆液等进行填充封闭处理;对较小的表面开裂可采用化学浆液进行裂缝封闭处理。

第4问:

二次衬砌的施作应在满足以下要求后进行:

(1)各测试项目的位移速率明显收敛,围岩基本稳定。

(2)已产生的各项位移已达预计总位移量的80% ~90%。

(3)周边位移速率或拱顶下沉速率小于规定值。

第5问:

喷射混凝土作业应符合下列规定:

(1)喷射混凝土应直接喷在围岩面上,与围岩密贴,受喷面不得填塞杂物。

(2)喷射混凝土作业应按初喷混凝土和复喷混凝土分别进行,复喷混凝土可分层多次施作。

(3)喷射混凝土应分段、分片、分层由下而上顺序进行,拱部喷射混凝土应对称作业。

(4)初喷混凝土厚度宜控制在20~50mm,岩面有较大凹洼时,可结合初喷找平。

(5)根据喷射混凝土设计厚度、喷射部位和钢架、钢筋网设置情况,复喷可采用一次作业或分层作业。拱顶每次复喷厚度不宜大于100mm。边墙每次复喷厚度不宜大于150mm。复喷最小厚度不宜小于50mm。

(6)后一层喷射混凝土应在前一层喷射混凝土终凝后进行,若终凝后初喷射混凝土表面已蒙上粉尘时,后一层喷射混凝土作业前,受喷面应吹洗干净。

(7)未掺入速凝剂的混合料存放时间不宜大于2h。

(8)喷射混凝土作业时喷嘴宜垂直岩面,喷枪头到受喷面的距离宜为0.6~1.5m。喷射机工作压力宜根据混凝土坍落度、喷射距离、喷射机械、喷射部位确定,可先在0.2~0.7MPa之间选择,并根据现场试喷效果调整。

(9)喷射混凝土不得挂模喷射。

(10)喷射混凝土回弹物不得重新用作喷射混凝土材料。

第6问:

中空锚杆安装施工应符合下列规定:

(1)中空锚杆应有锚头、止浆塞、中空杆体、垫板、螺母等配件。

(2)插入中空锚杆后,应安装止浆塞。止浆塞应留有排气孔。

(3)应对锚杆中孔吹气或注水疏通。

(4)待排气孔出浆后,方可停止注浆。

(5)浆体终凝后应安装垫板、拧紧螺母。

【答案解析】

第1问:衬砌开裂的原因有很多,如:塑性收缩裂缝、沉降收缩裂缝、干燥收缩裂缝、温度裂缝、注浆回填压力过大造成的裂缝、基础悬空造成的裂缝、工序安排不当造成的裂缝、混凝土厚度不够形成的裂缝、混凝土受到意外伤害造成的裂缝、内约束裂缝、沉陷裂缝、爆破造成的裂缝、脱模时操作失误造成的裂缝、荷载变形裂缝、衬砌施工缝新旧混凝土接茬间产生的裂缝(接茬缝)、基底产生不均匀沉降造成的裂缝等。结合本题题干内容,衬砌开裂的原因为:

(1)施工时,由于先拱后墙法施工时拱架支撑变形下沉,造成拱部衬砌产生不均匀下沉,拱腰和拱顶发生施工早期裂缝。

(2)由于施工测量放线发生差错、欠挖、模板拱架支撑变形、塌方等原因,而在施工中又未能妥善处理,造成局部衬砌厚度偏薄。

(3)施工质量管理不善、混凝土材料检验不力、施工配合比控制不严、水灰比过大等造成衬砌质量不良,降低承载能力。

第2问:隧道衬砌裂缝病害的防治措施很多,结合本题衬砌开裂的原因分析,隧道衬砌裂缝病害的防治措施主要有:

(1)设计时应根据围岩级别、性状、结构等地质情况,正确选取衬砌形式及衬砌厚度,确保衬砌具有足够的承载能力。

(2)施工过程中发现围岩地质情况有变化,与原设计不符时,应及时变更设计。

(3)钢筋保护层必须保证不小于3cm,钢筋使用前应做除锈、清污处理。

(4)混凝土强度必须符合设计要求,宜采用较大的骨灰比,降低水灰比,合理选用外加剂。

(5)衬砌背后如有可能形成水囊,应对围岩进行止水处理,根据设计施作防水隔离层。

(6)衬砌施工时应严格按要求正确设置沉降缝、伸缩缝。

第3问:隧道衬砌裂缝的处理方法,一般为:

(1)对隧道二次衬砌进行全面排查,检查出所有二次衬砌裂缝,将裂缝的宽度、长度、深度、走向等信息进行登记,以便逐条进行处理。

(2)聘请专业处理混凝土裂缝的施工队伍,根据不同的裂缝类型,采用不同的方法逐条进行处理。

(3)对处理后的二衬裂缝进行跟踪观测,发现继续发展的裂缝及时进行二次处理,直至裂缝稳定不再继续发展。

具体的处理措施有:

(1)表面覆盖法。表面覆盖法适用于由温差、养护不足、拆模时间短、水泥材质等原因引起的微细裂缝(宽度小于0.2mm)处理。它是在微细裂缝的表面上涂膜,以达到修补混凝土微细裂缝的目的,分涂覆裂缝部分及全部涂覆两种方法。这种方法的缺点是修补工作无法深入到裂缝内部,对延伸裂缝难以追踪其变化。

(2)低压注浆法。低压注浆法适用于由变形缝未设置、施工缝不成环、爆破振动、应力集中等原因引起的宽度为0.2~0.3mm的二次衬砌混凝土裂缝修补。

(3)开槽修补法。开槽修补法适用于由地质原因、施工进度过快等原因引起的较宽裂缝(宽度大于0.5mm)修补。

结合本题题干内容,隧道衬砌裂缝病害的防治措施为:

对衬砌已产生的较大裂缝可采取压注纯水泥浆或化学浆液等进行填充封闭处理;对较小的表面开裂可采用化学浆液进行裂缝封闭处理。

第4问:为了充分发挥围岩的自承能力,二次衬砌的施作应在满足以下要求后进行:

(1)各测试项目的位移速率明显收敛,围岩基本稳定。

(2)产生的各项位移已达预计总位移量的80%~90%。

(3)周边位移速率或拱顶下沉速率小于规定值。一般为:周边位移速率小于0.1~0.2mm/d,或拱顶下沉速率小于0.07~0.15mm/d。

第5问:参见《公路隧道施工技术规范》(JTG/T 3660—2020)第9.2.7条。

第6问:参见《公路隧道施工技术规范》(JTG/T 3660—2020)第9.3.7条。

八、交通安全设施、机电工程的质量、安全环保控制类案例

案例八十四

【背景材料】　高速公路的交通安全设施包括护栏、隔离栅、标线等设施,隔离栅主要构件包括立柱、网片、螺栓螺母等,立柱材质可以是钢管、型钢、钢筋混凝土等。反光标线施工质量要求是玻璃珠应撒布均匀,施划后无起泡、剥落现象等。

事件1:隔离栅的立柱埋设施工前应清理场地,某监理工程师要求施工单位不得将立柱坐埋在虚土上和易坍塌的土埂上,还要求施工单位在任何立柱运到工地之前应向监理机构提交每一种柱子的试样。建设单位的某工程师说监理机构可以在交货的每种立柱每300个立柱中任选一个进行复验。

事件2:总监巡视工地时要求施工单位在交通标线施划前认真清扫路面,使之达到规范要求,要求把标线厚度和反光玻璃珠的撒布量作为质量控制的重点。

【问题】

1. 针对事件1:

(1)监理工程师的两项要求是否符合有关规定?为什么?建设单位的说法是否符合《公路工程标准施工招标文件》(2018年版)的规定?

(2)预制混凝土立柱的埋设要求有哪些?

(3)对隔离栅的施工质量进行检查时,主要的实测项目有哪些?并说明检查的方法和频率。

2. 针对事件2:

(1)交通标线施划前清扫路面,应达到什么程度?

(2)交通标线的质量检查项目有哪些?关键项目是哪几个?

【参考答案】

第1问:

(1)监理工程师的两项要求都符合有关规定。因为《公路工程标准施工招标文件》(2018年版)"隔离栅"的有关条文中,明确规定施工单位不得将立柱坐埋在虚土上和易坍塌的土埂上,在任何立柱运到工地之前应向监理机构提交每一种柱子的试样。

建设单位的说法不符合《公路工程标准施工招标文件》(2018年版)的规定。

(2)预制混凝土立柱的埋设应分段进行,应先埋设两端的立柱,然后拉线埋设中间立柱,控制立柱与中间立柱的平面投影在一条直线上,柱顶应平顺。

(3)主要的实测项目、检查方法和频率如下:

①高度:用尺量,每1km测5处。

②立柱中距:用尺量,每1km测5处。

③立柱垂直度:用尺量,每1km测5处。

④立柱埋置深度:过程检查,用尺量,抽检2%。

⑤刺钢网的中心垂度:用尺量,每1km测5处。

第2问:

(1)应达到清洁、干燥、无起灰的程度。

(2)检查项目包括标线的线段长度、标线宽度、标线厚度、标线横向偏位、标线纵向间距、逆反射亮度系数等指标。其中,标线厚度、逆反射亮度系数是关键项目。

【答案解析】

本题主要考查监理工程师对公路工程交通安全设施中的隔离栅、交通标线施工质量控制要点的掌握程度,考查对《公路工程质量检验评定标准 第一册 土建工程》(JTG F80/1—2017)的掌握程度,包括质量检查指标及其检查方法、频率、关键项目等。

案例八十五

【背景材料】 某高速公路机电工程的收费站设施施工项目，在项目实施过程中发生以下事件：

事件1：在机电工程施工准备阶段，前一天下大雨，第二天建设单位、施工单位人员组织对全路段房建、管线进行考察。在考察了4个收费站后监理工程师赶到现场，施工单位人员用数字万用表对各处机房联合接地母线端子进行了测量，发现有两处接地电阻大于1Ω，其余均不大于1Ω。监理工程师审核后要求机电施工单位对不符合要求的两处地线进行改造，费用由机电施工单位承担。其余房建提供的联合接地母线端子均符合要求。

事件2：预置钢筋混凝土设备基础。建设单位分别与土建、机电工程施工单位签订了基础预置、设备安装工程施工合同。两个施工单位都编制了相互协调的进度计划，且进度计划已得到批准。基础施工完毕，机电工程施工单位按计划将设备与材料运进现场准备施工。经检测发现有近1/6的设备基础的预埋螺栓位置偏移过大，无法将设备安装到基础上，须返工处理。机电工程进度因基础返工而受到影响，机电工程施工单位提出索赔要求。

【问题】

1. 请问在事件1中：

(1)施工单位人员与监理工程师存在哪些问题？为什么？

(2)该如何进行考察及审核施工单位的检查结论？

2. 请问在事件2中：

(1)机电工程施工单位的损失应由谁负责？为什么？

(2)机电工程施工单位提出索赔要求，监理工程师应如何处理？

【参考答案】

第1问：

(1)施工单位人员存在问题有：施工单位测量地阻不能使用数字万用表，应使用地阻仪；一般测量地阻不能在下雨后地面很湿的情况下进行。测量应严格按照技术规程的要求进行；测量地阻应选择无雨天进行，保证测量的地阻值真实；测量地阻的测量仪器设备是地阻测量仪，使用测量设备不正确。

监理工程师存在问题有：监理工程师应在考察工作开始前到达现场，有4个收费站的考察工作监理工程师没有参加是不对的。判定机房联合接地线改造与改造费用由机电施工单位承担不正确，首先应正确判断是否是地线不符合要求，其次是应根据合同条款判断地线施工单位是哪一方，由责任方承担整改费用；如果是设计原因导致接地电阻值达不到小于或等于不大于1Ω，需要改造的，改造费用应由建设单位承担。

(2)应按如下步骤进行考察与审核：

施工单位在开始考察前须向监理工程师提交考察计划，监理工程师审批后才能进行考察工作。监理工程师应在考察开始前赶到现场，对所有考察内容进行全过程、全方位监理。

第2问：

(1)机电工程施工单位的损失应由建设单位负责，因机电工程施工单位和建设单位有合同。由于建设单位没能按合同规定提供符合施工要求的作业条件，使安装工作不能按计划进行,建设单位应承担由此引起的损失。机电工程施工单位与土建施工单位没有合同关系,虽然安装施工受阻是由于土建施工单位施工质量问题引起的,但不能直接向土建施工单位索赔,建设单位可根据合同规定,向土建施工单位提出赔偿要求或给予其处罚。

(2)监理工程师收到机电工程施工单位索赔要求后,应审核索赔申请,根据合同核实由此引起的损失金额和延误的工期,并会同建设单位和机电工程施工单位进行协商,协商一致后形成文件报建设单位批准,监理工程师需签证批准的索赔补偿。

如果建设单位对土建施工单位提出赔偿要求,监理工程师应提供土建施工单位违约证明。

对于地脚螺栓偏移的质量问题,由机电监理机构、机电工程施工单位向建设单位详细说明质量问题情况,由建设单位要求土建监理工程师应向原施工单位发出整改通知,要求施工单位返工整改;对施工单位提出的具体施工措施,由土建监理工程师应进行审核,征得机电监理工程师的认可后,严格监督检查整改施工况;整改完成后,进行检查验收,验收合格后,由机电监理工程师、施工单位技术人员确认符合安装要求后,机电工程施工单位开始安装施工作业。

【答案解析】

本题主要考查机电施工的电阻测量专业知识,监理工程师发现质量问题如何处理,还有索赔和反索赔的相关理论知识。

根据《公路工程标准施工招标文件》(2018 年版)通用合同条款第 22.1 款,承包人违反规定使用了不合格的材料或工程设备,工程质量达不到标准,监理人可向承包人发出整改通知,要求其限期改正。承包人应承担其违约所引起的费用增加和工期延误。这里主要指未能按时提供工作面。

第 22.2 款,由于发包人违约,承包人可以提出索赔,发包人违约就是未按规定事件给安装单位提供工作面。

案例八十六

【背景材料】 某高速公路机电工程施工单位计划于 2019 年 5 月 23 日在幸福收费站进行综合接地线施工,施工完工后立即进行接地电阻检测,施工单位于 2019 年 5 月 21 日向监理机构提交了此施工计划。监理机构安排一名监理工程师进行旁站监理,此综合接地线施工如期顺利完成。

【问题】

1. 请简要说出监理工程师旁站接地线施工与接地电阻检测见证的内容,特别注意保证工程质量监理必须关注的环节。

2. 综合接地线施工过程的监理旁站记录内容有哪些?

3. 项目总监说旁站监理记录、巡视监理记录等监理资料可以打印。你是否同意总监的说法?并写出你的理由(或根据)。

4. 旁站监理行为的实施者是监理工程师还是监理员?

【参考答案】

第 1 问:

(1)监理旁站的施工内容有:

①依据施工图设计确认施工位置正确，或施工位置符合施工图设计标定地址；

②接地极与接地材料符合设计要求；

③开挖深度或埋设深度符合设计要求；

④焊接施工与防腐处理、回填压实符合设计要求或施工规范；

⑤施工现场处理符合文明施工要求。

（2）检测见证内容：

①地阻仪及接地极配套完整，且校准或检定证明显示有效；

②检测方法正确；

③检测记录表适用；

④检测记录数据与地阻仪检测数值一致；

⑤当检测结果没有达到设计值时，施工单位现场处理方法符合施工工艺要求，直至接地电阻值达到设计值。

第2问：

监理旁站的记录内容主要有：旁站项目，施工过程简述，旁站工作情况，主要数据记录，发现的问题和处理结果等。

第3问：

同意总监的说法。理由（或根据）是《公路工程施工监理规范》第9.1.4条规定，除监理人员签字部分、现场抽检记录部分外，监理资料可以打印。

第4问：

旁站监理行为的实施者既可以是监理工程师，也可以是监理员。

【答案解析】

本题主要考查监理工程师接地线施工旁站与接地电阻检测监理内容和见证试验的内容，旁站监理记录的主要内容。

按《公路工程施工监理规范》（JTG G10—2016）附录B.2旁站记录的格式填写旁站记录，监理人员应熟悉《公路工程施工监理规范》（JTG G10—2016），掌握规定的表格名称、格式、内容、主要栏目、填写者、审核者等。

《公路工程施工监理规范》（JTG G10—2016）的术语部分，将旁站定义为：监理人员对旁站项目的施工过程进行的现场监督活动。监理人员包括监理工程师和监理员。

案例八十七

【背景材料】　某高速公路收费设施安装工程，于2007年4月28日完工，建设单位向安装工程施工单位颁发完工证书，收费设施开始试运行，于2007年7月28日进行了交工验收，随即签发交工证书，办理设备移交手续。收费设施试运行期间，某收费站发生了雷击事件，致使入口广场配电箱内防雷器、广场摄像机光端机，入口3号车道工控机、5号车道工控机视频捕捉卡、7号车道费额显示器损坏。

现场调查发现，雷电击中收费广场高杆灯，与广场摄像机相距10m，与入口车道相距40m，入口广场电缆、光缆路径从高杆灯下经过（详见下图）。

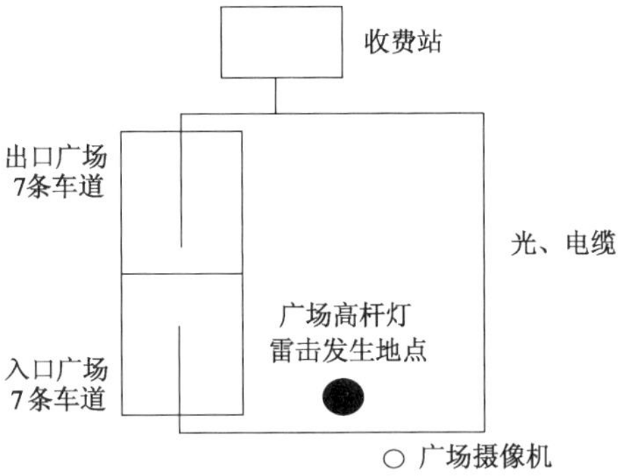

1. 相关信息

(1)收费大棚与高杆照明灯由A公司施工;收费设施由B公司施工。

(2)该收费站收费设施采用联合接地,接地电阻小于1Ω。

(3)收费广场配电箱内安装有防雷器,广场摄像机控制箱内安装有控制、视频、电源线路防雷器,收费车道设备(摄像机、工控机、费额显示器)均无防雷设备。

(4)雷击事件发生后,收费设施施工监理工程师组织施工单位人员对该收费站联合接地电阻进行了检测,接地电阻值为0.87Ω。

2. 相关合同条款

(1)业主的风险:①因业主使用或占用永久工程的某一部分而造成的损失或损坏,但合同中规定的除外;②因业主提供的设计不当而造成的损失或损坏,而这种设计不是由承包人提供的或不是由承包人负责的。

(2)不可抗力:本条所说的不可抗力指自然力或社会动乱的破坏作用,如地震、台风、洪水、火灾、战争等(发生在现场的,一个有经验的承包人不能合理预见,或可以合理预见但不可能采取措施来防止损失和破坏,或不能合理投保)。

(3)由承包人和业主对工程的照管:从工程开工日期直到整个工程或部分工程发出移交证书止,承包人应全面负责照管工程以及材料和待安装设备。发出整个工程或部分工程移交证书后,则照管责任移交给业主,但移交证书另有规定者除外。

(4)补偿损失或损坏的责任:①由于承包人风险造成损失或损坏:在承包人负责照管工程期间,如工程(或其任何部分)或材料或待安装的工程设备,由于第(1)条款所规定的风险以外的其他原因发生损失或损坏,承包人应负责弥补这些损失或损坏。②由于业主风险和不可抗拒力造成的损失和损坏:当损失或损坏由于第1条款规定的风险或其他风险综合作用造成的,如工程师要求,承包人应按照工程师要求的程度来补救这些损失和损坏,而工程师则应适当增加合同价,并通知承包人,将一副本交业主。对因综合风险造成的损失或损坏,工程师在作出上述决定时,应考虑承包人和业主分别承担的责任和比例。

(5)对不利的自然条件和障碍的补救:如果在工程施工中承包人在现场遇到了气候条件以外不利的自然条件和障碍,在他看来这些条件和障碍是一个有经验的承包人无法预见的,承包人应立即通知监理工程师,并交业主一副本。在接到该通知后,如果工程师认为这类条件或障碍是一个有经验的承包人无法合理预见的,经过与业主和承包人的协商后,他应决定按照第

25 条（延期的条款）规定给予承包人延长工期的权利；或将承包人因此发生的该费用增加到合同价上。工程师应将上述决定通知承包人，并将一副本交给业主。这类决定应将工程师发出具体指令前后，承包人是否采取合理措施考虑在内。

（6）工程保险：①承包人需以业主和承包人双方名义为本工程投保工程一切险和第三方责任险，报单与合同内容保持一致；发生损失时，承包人应按报单向业主报告。②任何不能投保或不能从保险公司获得补偿的损失金额，应由承包人和业主根据合同责任分担；任何可以从保险公司得到补偿而因承包人没有投保或投保不当造成的损失由承包人负担。

【问题】

1. 你作为收费设施施工项目的监理工程师，应如何处理此次雷击事故？

2. 如何确定各方责任？

【参考答案】

第 1 问：

收费设施施工监理工程师应做以下工作：

（1）指令收费设施施工单位 B 公司尽快修复被雷击损坏的收费设备。

（2）指令收费设施施工单位查明设备损坏原因，评估损失。

（3）向建设单位报告雷击事故情况。

（4）指令施工单位研读保险条款，收集、整理保险索赔资料。

（5）建议建设单位、施工单位准备启动工程保险索赔程序。

（6）监理工程师研读施工项目合同文件，准备关于此次雷击事故的监理证明材料与监理报告。

第 2 问：

确定各方责任（建设单位、收费设施施工单位）：

（1）雷击事故是由于下雨天打雷造成的，属于自然现象，不属于不可抗力。

（2）收费站车道收费设备安装在雨棚下，在雨棚防雷保护范围之内，并且收费车道设备接地电阻符合设计要求，连接可靠、良好。

（3）收费广场摄像机防雷设施完备，接地可靠、良好。

（4）此次雷击事故应该是由感应雷造成的，且强度较大。

（5）收费设施工程处于试运行阶段，保管责任由施工单位负责。

（6）基于以上分析，可以得出的结论是：此次雷击事故属于建设单位、施工单位的风险。建设单位承担工期损失，施工单位承担设备修复费用。

（7）建议：①建设单位安排该公司对收费雨棚与广场高杆照明灯接地电阻进行复测，保证其接地电阻符合要求，并连接可靠、良好。②增加收费车道设备供电线路防雷设备。

【答案解析】

本题主要考查公路机电工程监理工程师对公路机电收费设施组成、系统工作原理及工程合同管理的掌握情况，具体见《交通运输工程目标控制（公路工程专业知识篇）》教材。

案例八十八

【背景材料】　根据你自己从事公路机电工程监理的实践，回答以下问题。

【问题】

1. 公路隧道交通控制系统包括哪些主要设备?

2. 公路双洞单向隧道的交通控制运行模式,一般可分为哪几种?

3. 公路隧道交通控制系统中,交通控制设施的主要功能是什么?

4. 公路隧道车辆检测器施工的质量控制要点有哪些?

【参考答案】

第1问:

隧道交通控制系统包括车辆检测器、交通信号灯、车道指示器、可变限速标志、可变信息标志、中心控制计算机等设备。

第2问:

双洞单向隧道的运行模式一般可分为以下五种:

(1)双洞单向双车道运行模式(正常运行)。

(2)左洞单向单车道,右洞单向双车道。

(3)左洞单向双车道,右洞单向单车道。

(4)左洞双向单车道,右洞关闭。

(5)右洞双向单车道,左洞关闭。

第3问:

隧道交通控制系统中,交通控制设施的主要功能如下:

交通控制设施主要用于收集和处理交通信息,根据车辆检测器数据分析、判断交通拥挤和阻塞等异常状况及其发生地点和时间,做出相应的报警处理,同时接收中央控制室计算机传来的有关信息和命令,按照选定的方案或控制命令,实现对隧道内交通流和交通状态的有效控制。

第4问:

车辆检测器施工的质量控制要点如下:

(1)检测器线圈的安装应符合下列规定:

①线圈不得跨伸缩缝安装,埋设位置应避开金属物体;切缝应干燥、清洁。

②环形线圈不应有接头、断裂、打结或外皮损坏现象。

③环形线圈电感量符合车辆检测器工作要求。

④在250V直流电压测试条件下,线圈对地电阻应大于10MΩ。

⑤线圈敷设应留有余量;敷设完成后,宜采用环氧树脂进行封装。

⑥封装应避免产生气泡;馈线与环形线圈应为完整电缆;馈线应扭绞结花。

(2)微波车辆检测器的安装高度、倾斜角度应满足设备技术文件要求。

(3)控制箱安装应牢固,机箱表面应无损伤。

(4)控制箱强电端子对机壳的绝缘电阻不应小于50MΩ,接地电阻不应大于4Ω。

(5)控制箱内接线应布线平直、整齐、牢固可靠、标识清晰,插头牢固。

【答案解析】

本题主要考查公路机电工程监理工程师对公路隧道交通控制系统、隧道的交通控制运行模式、交通控制系统中交通控制设施的主要功能、公路隧道车辆检测器施工质量控制要点的掌握情况。

案例八十九

【背景材料】 某高速公路交通安全设施工程项目于2018年3月签订施工合同协议书，JA-SG1标由A公司承建，JA-SG2标由B公司承建，JA-SG3标由C公司承建，该交通安全设施施工监理工作由D公司承担。2018年4月施工、监理单位全部按合同约定到位开展工作。

事件1：2018年5月建设单位通知施工与监理单位，根据《公路交通安全设施设计规范》（JTG D81—2017）和《公路交通安全设施设计细则》（JTG/T D81—2017）两个新规范的实施，对该高速公路交通安全设施进行了优化设计，随即发布了新版施工图设计文件。

事件2：其中一段水泥混凝土路面标线施划施工，计划于6月1日零时完工，该路段热熔标线施工全过程可在12h内完成。5月30日早晨5时，施工所在地区开始下大雨，直至10时雨停，施工单位组织施工人员于5月31日早晨8时进场开始清理路面并进行标线放样，放好水线后，于9时正式开始标线划线施工，当日12时至13时，天气刮起6级大风，施工单位抓紧时间继续进行施工作业，于5月31日晚8时，该段水泥混凝土路面标线施划施工完成。

【问题】

1. 针对事件1，作为称职的监理工程师，此交通安全设施施工准备阶段的监理工作有哪些？

2. 针对事件2，请指出施工过程中存在的问题，并给出正确的方法或措施。

【参考答案】

第1问：

根据《公路工程施工监理规范》（JTG G10—2016）第4章施工准备阶段监理的规定，监理工程师进行的监理工作有两类：监理准备工作与监理工作。

（1）监理准备工作：

①编制监理计划与监理细则。

②熟悉有关技术标准、合同文件和工程设计文件。

③了解、核查施工现场环境和条件。

④发现施工图设计文件有差错或与现场条件不相符时，及时书面通知建设单位。

⑤填写质量责任登记表。

⑥配备试验仪器，建立工地试验室。

（2）监理工作：

①审查A、B、C三个施工单位的施工组织设计。

②立即通知施工单位执行新的施工图设计文件，并建议暂停或中止交通安全设施材料采购。

③尽快明确交通安全工程新版施工图设计与原施工图设计工程量变化情况，履行工程量变更手续后启动采购程序。

④要求施工单位根据新版施工图设计文件修订施工组织设计，并审查。

⑤参加设计交底，掌握工程设计意图、设计标准和要点，了解对施工质量、安全和环保控制

的要求,澄清有关问题。

⑥参加现场施工基准点线位的确定,并对工程量清单进行复核。

⑦审核施工单位施工准备工作的完成情况,审核施工单位提交的工程开工预付款担保,按合同约定的金额签署开工预付款支付证书,报建设单位。

⑧总监理工程师主持召开监理交底会,介绍监理计划的相关内容。

⑨总监理工程师主持召开第一次工地会议。

⑩总监理工程师收到施工单位提交的合同段开工申请后,分别核查申请开工合同段的开工条件,具备开工条件的,签发开工令,并报建设单位。

第 2 问:

(1)放水线后不能直接划标线,应先划底漆再进行热熔标线的施工。

(2)热熔标线不能在 9 点就开始施工,应在雨停 24h 之后开始施工。

(3)大风时不能直接施工,应进行遮挡或采取其他防风措施。

【答案解析】

本题主要考查公路交通工程监理工程师对交通安全设施施工准备阶段监理工作内容的掌握情况,以及对监理规范的熟悉程度;还有对水泥混凝土路面进行标线施划注意事项的掌握情况。

案例九十

【背景材料】 ××高速公路××隧道单洞长 1100m,现进行交通标线施工。

【问题】

1. 公路隧道交通标线施工包括哪些内容?

2. 公路隧道交通标线施工质量监理要点有哪些?

【参考答案】

第 1 问:

公路隧道交通标线施工包括路面标线、突起路标和轮廓标。

第 2 问:

公路隧道交通标线施工监理要点是:

(1)路面标线施工监理。

①交通标线用涂料产品应符合现行《路面标线涂料》(JT/T 280)、《路面标线用玻璃珠》(GB/T 24722)的规定,防滑涂料应符合现行《路面防滑涂料》(JT/T 712)的规定,同时,也应符合现行《道路交通标线质量要求和检测方法》(GB/T 16311)的规定。

②交通标线的颜色、形状和规格应符合现行《道路交通标志和标线》(GB 5768)的规定,并符合设计要求。

③交通标线施工前,确认交通标线涂料配方满足施工图设计的要求,施工机具和工艺符合项目设计要求。

④交通标线的设置位置和标线划法符合设计文件的规定。

⑤交通标线位置应以道路横纵断面图为基准进行放样,经检查确认符合设计要求。

⑥确认交通标线施划道路表面应干净和干燥,严禁在阴雨天气施划。

⑦热熔型标线的施划,要检查材料的加热温度。

⑧确认划线车的行驶速度、线宽、标线厚度等能否满足要求。

⑨交通标线的线段长度、宽度、厚度符合设计要求;在施工完成后,要对其进行保护,防止污染和破坏。

⑩反光标线玻璃珠撒布均匀,附着牢固,反光均匀。

⑪交通标线线形流畅,与公路线形相协调,曲线圆滑。

⑫交通标线的逆反射亮度系数 R_L(mcd · m^{-2} · lx^{-1})满足规定值。

⑬抗滑标线和彩色抗滑标线的抗滑值(BPN)满足规定或设计要求。

⑭交通标线表面不应出现网状裂缝、断裂裂缝、起泡、变色、剥落、纵向有长的起筋或拉槽等现象。

⑮交通标线分项工程有效的材料检验合格报告或证书资料等工程质量保证料齐全。

⑯交通标线质量符合现行《公路工程质量检验评定标准　第一册　土建工程》(JTG F80/1)的规定。

(2)突起路标施工监理。

①突起路标产品的形状尺寸、反射器的亮度、颜色应符合现行《突起路标》(GB/T 24725)、《太阳能突起路标》(GB/T 19813)的规定。

②突起路标的布设及其颜色应符合现行《道路交通标志和标线》(GB 5768)的规定,并满足设计要求。

③根据施工设计的要求确定突起路标的设置位置,放样定位准确。

④突起路标施工前,路面应清洁、干燥。

⑤突起路标反射体应面向行车方向安装。

⑥突起路标和路面黏结后用橡皮锤敲击突起路标上表面,保证黏结牢固。

⑦突起路标安装角度、纵向间距及横向偏位符合设计要求。

⑧突起路标线形应流畅,与公路线形相协调,曲线圆滑。

⑨公路突起路标分项工程有效的产品、材料检验合格报告或证书资料等工程质量保证料齐全。

⑩突起路标质量符合现行《公路工程质量检验评定标准　第一册　土建工程》(JTG F80/1)的规定。

(3)轮廓标施工监理。

①轮廓标的反射器的亮度、颜色应满足现行《轮廓标》(GB/T 24970)及《道路交通标志和标线》(GB 5768)的规定。

②轮廓标的外形尺寸符合设计文件的规定。

③轮廓标应按施工设计图放样定位。

④轮廓标的布设符合设计要求,安装符合施工技术规范的规定。

⑤轮廓标安装角度准确、高度一致,反射器的安装角度符合设计要求。

⑥轮廓标安装牢固,色度性能和光度性能符合设计要求。

⑦轮廓标安装完成后应与公路线形协调一致,反光明亮、线条流畅。

⑧公路轮廓标分项工程有效的产品、材料检验合格报告或证书资料等工程质量保证料齐全。

⑨轮廓标质量符合现行《公路工程质量检验评定标准　第一册　土建工程》(JTG F80/1)的规定。

【答案解析】

本题主要考查公路交通工程监理工程师对公路隧道交通标线施工所包括内容和对公路隧道交通标线施工质量监理要点的掌握情况。

第三部分　往年考试真题及参考答案

2011 年公路工程综合考试试题(A 卷)

案例分析题(按所给案例的背景材料,正确分析并回答问题,请将答案写在答题纸指定位置,每题 20 分,共 100 分。)

第　一　题

【背景材料】 某高速公路工程开工里程为 24km,划分为两个施工合同段。建设单位通过施工监理招标,将该工程施工监理工作委托给某监理单位。监理合同签订后,监理单位立即着手组建项目监理单位。监理单位根据该工程特点设置了二级监理单位,即总监理工程师办公室(简称总监办)和驻地监理工程师办公室(简称驻地办)。

总监办配备 1 名总监理工程师和若干名监理员。驻地办配备 1 名驻地监理工程师和若干名专业监理工程师。总监办和驻地办的主要职责如下:

总监办的主要职责有:(1)主持召开监理交底会;(2)审批施工组织设计;(3)签发支付证书;(4)签发合同工程开工令、单位或合同工程的暂停令和复工令;(5)审核变更单价和总额以及延期和费用索赔;(6)组织编写监理竣工文件及监理工作报告。

驻地办的主要职责有:(1)主持编制监理计划;(2)主持召开第一次工地会议;(3)审批总体进度计划、重要工程材料及混合料配合比;(4)审批分项工程开工申请,签发分项和分部工程暂停令和复工令;(5)日常巡视、旁站、抽检,并做好记录;(6)核算工程量清单,负责对已完工程进行计量;(7)组织分项、分部工程中间验收和质量评定,签发中间交工证书;(8)审查交工验收申请,评定工程质量;(9)组织编制监理月报。

建设单位和监理单位签订的监理合同由以下几部分组成:(1)监理合同协议书及附件;(2)中标通知书;(3)合同专用条款;(4)合同通用条款;(5)在本合同专用条款中约定的构成本合同组成部分的其他文件。

监理合同中有如下内容:(1)监理工作目标是确保工程获得“鲁班奖”;(2)建设单位有权要求监理单位更换不能按监理合同约定进行监理服务的监理人员;(3)监理单位可以将监理服务的任何部分转让或分包;(4)监理单位不履行监理职责,或与施工单位串通损害建设单位利益,给建设单位造成经济损失,应向建设单位赔偿,监理单位的累计赔偿限额为监理服务费总额;(5)建设单位应指定一名授权代表,与监理单位建立工作联系;(6)建设单位在监理合同约定的监理服务范围内,对施工单位的任何意见或要求可直接向施工单位提出。

【问题】

1. 监理单位设置二级监理单位是否合理?为什么?

2. 总监办和驻地办配备的监理人员是否合理?若不合理,请说明理由。

3. 试说明总监理工程师、驻地监理工程师的任职条件。

4. 指出本题所述的二级监理单位中总监办和驻地办的职责有何不妥之处。

5. 本工程监理合同的组成是否完备?如不完备,还缺少哪几种文件?

6. 若监理合同签订后,监理单位发现监理合同协议书、合同专用条款、合同通用条款对某一问题的规定不一致,应以哪一个文件的规定为准?

7. 本题所述监理合同的内容中有何不妥之处?为什么?

【参考答案】

1. 监理单位设置二级监理单位合理。

根据《公路工程施工监理规范》(JTG G10—2006)规定,高速和一级公路可设置二级监理单位,即总监办和驻地办。高速和一级公路开工里程在20km以下的,宜设置一级监理单位,即总监办。该工程开工里程为24km,且划分为两个施工合同段,符合设置二级监理单位的条件。(2分)

2. 总监办配备的监理人员不合理。

理由:总监办应配备1名总监理工程师和若干名专业监理工程师及监理员。

驻地办配备的监理人员不合理。(1分)

理由:驻地办应根据工程复杂程度配备1~2名驻地监理工程师和若干名专业监理工程师及监理员。(1分)

3. 总监理工程师应具有交通运输部颁发的监理工程师证书及相应专业的高级技术职称,五年以上的现场工程监理经历、担任过两项以上同类工程的驻地监理工程师或总监理工程师职务。(1分)

驻地监理工程师应具有交通运输部颁发的监理工程师证书及相应专业的中级或高级技术职称、同类工程三年以上的监理经历。(1分)

4. 本题所列总监办的各项职责是正确的。(1分)

本题所列驻地办职责中的(1)(2)(3)(8)(9)不妥,这些职责应是总监办的职责。(2分)

5. 本工程监理合同的组成不完备,还缺少以下几种文件:(1)监理投标文件;(2)工程专用规范;(3)监理规范;(4)技术规范。(2分)

6. 按监理合同文件的优先次序,监理合同协议书排在最前面,因此,应以合同协议书的规定为准。(1分)

7. 监理合同内容中的不妥之处如下:

(1)“监理工作目标是确保工程获得‘鲁班奖’”不妥。(2分)

因为“鲁班奖”是一种建筑业奖项,监理单位的产品是服务。确保工程质量是施工单位的职责,获得“鲁班奖”是建设单位与施工单位的合同约定。

(2)“监理单位可以将监理服务的任何部分转让或分包”不妥。(2分)

按照有关法律法规及规章的规定,监理单位不得转让工程监理业务,也不得将监理服务的任何部分分包。

(3)“监理单位的累计赔偿限额为监理服务费总额”不妥。(2 分)

按照监理合同通用条款规定,监理单位的累计赔偿限额为监理服务费总额的 30%。达到此限额时,建设单位有权单方面终止监理合同。

(4)“建设单位在监理合同约定的监理服务范围内,对施工单位提出的任何意见或要求可直接向施工单位提出”不妥。

因为按监理合同条款规定,建设单位在监理合同约定的服务范围内,对施工单位的任何意见或要求应通过监理工程师提出。(2 分)

第 二 题

【背景材料】 某施工单位与建设单位按《公路工程标准施工招标文件》(2009 年版)签订了施工承包合同,合同工期 400 天,合同总价 5000 万元。施工前监理工程师已批准了施工单位提交的施工进度计划,其中的网络计划图如图所示。

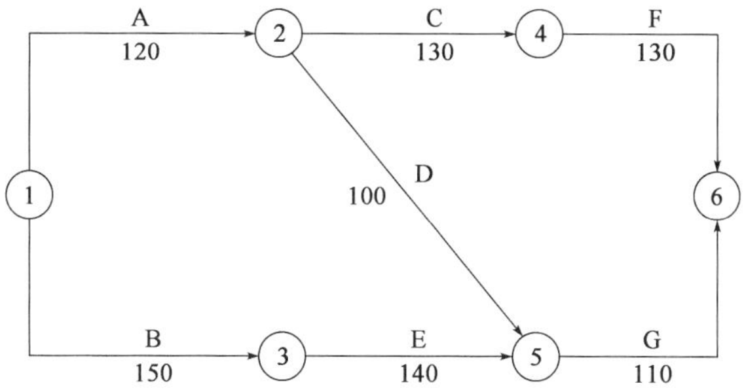

施工进度计划(单位:天)

该工程在施工过程中出现了如下事件:

事件 1:施工期间因下小雨,为保证路基施工质量,总监理工程师下达暂停施工指令,导致工作 A 持续时间延长 10 天,费用损失 6 万元。

事件 2:桥梁基坑开挖时因边坡支撑失稳坍塌,造成工作 B 持续时间延长 15 天,费用损失 8 万元。

事件 3:因不可抗力而引起施工单位的供电设施发生火灾,使工作 C 持续时间延长 10 天,费用损失 10 万元。

事件 4:因建设单位提出了工程变更,导致工作 E 持续时间延长 30 天,费用损失 20 万元。

【问题】

1. 按图中所示的施工进度图,确定该工程的关键线路和计划工期,并说明按此计划该工程是否能按合同要求的工期完工。

2. 对于施工过程中发生的事件,施工单位是否可以获得工期和费用补偿?分别说明理由。

3. 上述事件中施工单位可以获得的工期补偿是多少天?说明理由。

【参考答案】

1. 该工程网络计划图中的关键线路是①→③→⑤→⑥;计划工期为 400 天,按此计划该工程可以按合同工期要求完工。(5 分)

2. 事件 1:施工单位不能获得工期和费用补偿。因为下小雨是施工单位能预见的,属于施

工单位应承担的风险责任。(3 分)

事件 2:施工单位不能获得工期和费用补偿。因为基坑边坡支撑失稳坍塌,属于施工单位施工方案有误,应由施工单位承担该风险责任。(3 分)

事件 3:不能获得工期补偿。虽然建设单位应承担不可抗力的工期风险,但工作 C 延误的时间没有超过总时差,对工期没有影响,因此不能获得工期补偿。(3 分)

不能获得费用补偿,因为按公路施工合同条款约定,合同双方应分别承担不可抗力造成各自的费用损失。

事件 4:能获得工期和费用补偿,因为建设单位提出工程变更,建设单位应承担相应的风险责任,且该事件发生在关键线路上。(3 分)

3. 施工单位可获得的工期补偿为 30 天。

因为工作 E 可延长 30 天,因此新的计划工期为 430 天。(3 分)

第 三 题

【背景材料】 某公路工程施工项目,合同的工程量清单中某一单项工程的工程量为 $10000m^3$,而施工中由于变更,该单项工程量实际完成数量为 $7000m^3$。合同约定,单项工程量变化超过 15% 时,单价做适当调整。

【问题】

1. 施工单位要求按原合同工程量清单中的 $10000m^3$ 计量,监理工程师如何处理?处理的依据是什么?

2.《公路工程标准施工招标文件》(2009 年版)专用合同条款对变更的估价是如何约定的?

3. 本单项工程的变更价格如何确定?

【参考答案】

1. 施工单位要求按原工程量清单中的 $10000m^3$ 计量,不能接受,应按实际完成的工程数量计量。(2 分)

依据是:《公路工程标准施工招标文件》(2009 年版)通用合同条款规定,已标价工程量清单中的单价子目工程量为估算工程量。结算工程是施工单位实际完成的,按合同约定的计量方法进行计量的工程量。(3 分)

2. 对于变更的估价,专用合同条款是这样约定的:

(1)如果取消某项工作,则该项工作的总额价不予支付。(2 分)

(2)已标价的工程量清单中有适用于变更工作子目的,采用该子目的单价。(2 分)

(3)已标价的工程量清单中无适用于变更工作子目的,但有类似子目的,可在合理范围内参照类似子目的单价,由监理单位与合同当事人协商商定或确定变更工作的单价。(2 分)

(4)已标价的工程量清单中无适用或类似子目的单价,可在综合考虑施工单位在投标时所提供的单价分析表基础上,由监理单位与合同当事人协商商定或确定变更工作的单价。(2 分)

(5)如果该工程的变更指示是因施工单位过错、施工单位违反合同或施工单位责任造成的,则这种违约引起的任何额外费用应由施工单位承担。(2 分)

3. 本单项工程的变更价格原则上应按以上(2)执行。(2 分)

但考虑到工程数量变更(减少)较多,超过 15%,按合同约定,单项工程量变化超过 15%

时,单价做适当调整,因此可适当考虑调高单价。(3 分)

第　四　题

【背景材料】 某路面工程项目,建设单位与施工单位签订了施工承包合同,合同中约定沥青材料由建设单位指定厂家,施工单位负责采购,厂家负责运输到工地。当第一批沥青运到工地时,发生如下情况:

1. 施工单位项目经理认为:沥青生产厂家由建设单位指定,材料进场后,施工单位只需检查出厂合格证明、出厂试验报告、装运数量、装运时间、订货数量等,不需重新进行检验。若沥青材料不合格导致质量问题,应由沥青生产厂家负责。

2. 监理工程师认为:每批沥青材料进场后,均应重新进行取样和试验,经检验合格后方可用于工程。

3. 建设单位代表认为:本项目工期紧张,施工单位意见可取。同时表示,如果监理工程师坚持要求取样和试验,一旦试验结果证明该批沥青材料合格,所有试验费用和工期延误导致的损失,由监理单位承担。

【问题】

请对施工单位项目经理、监理工程师、建设单位代表三方意见分别作出判断,并说明原因。

【参考答案】

施工单位项目经理的意见是不正确的(2 分),监理工程师的意见是正确的(2 分),建设单位代表的意见是不正确的(2 分)。

原因分析:

(1)《公路工程标准施工招标文件》(2009 年版)、《公路沥青路面施工技术规范》(JTG F40—2004)等明确规定,运到现场的每批沥青除应附有生产厂家的合格证明、出厂试验报告、装运数量、装运日期、订货数量等之外,还应重新进行取样和试验,且取样和试验应符合《公路工程沥青及沥青混合料试验规程》(JTG E20—2011)的规定。(5 分)

(2)施工单位应于施工开始前 28 天将拟用的沥青样品和上述证明及试验报告提交监理单位批准。(3 分)

(3)沥青生产厂家虽由建设单位指定,但进场沥青材料的质量应由施工单位检验、把关,并承担相应的责任和费用。(3 分)

(4)工期紧张,不应成为放弃必要检验、放松质量要求的理由。如果因为必要的材料试验而影响了工期,其损失不应由监理单位来承担。(3 分)

第　五　题

【背景材料】《公路工程标准施工招标文件》(2009 年版)合同条款中,明确赋予监理单位在质量、安全、环保、费用、进度等方面监理职权。同时,又对监理单位在 10 种情况下行使权力作出了“需经建设单位事先批准”的规定和限制。

【问题】

1. 监理单位在行使权力前需经建设单位事先批准的 10 种情况分别是什么?

2. 如果属于上述10种情况,但事态紧急,有可能造成人员伤亡、危及本工程或邻近财产安全,监理单位应该怎么做?

【参考答案】

1. 这10种情况分别是:

(1)同意分包本工程的某些非主体、非关键性工作。(2分)

(2)确定因不利物质条件产生的费用增加额。(1分)

(3)发布开工通知、暂停施工指示、复工通知。(3分)

(4)决定由于建设单位原因、异常恶劣气候条件下的工期延长。(2分)

(5)审查批准技术规范或设计的变更。(1分)

(6)发出变更指示,其单项工程变更或累计变更涉及的金额超过合同规定额度。(2分)

(7)确定变更单价。(1分)

(8)决定有关暂列金额的使用。(2分)

(9)确定暂估价金额。(2分)

(10)确定索赔金额。(1分)

2. 在此情况下,监理单位应立即采取行动,有权在未征得建设单位批准的情况下,发布处理紧急情况所必需的指令。(3分)

2012 年公路工程综合考试试题(A 卷)

案例分析题(按所给案例的背景材料，正确分析并回答问题，请将答案写在答题纸指定位置，每题 20 分，共 100 分。)

第　一　题

【背景材料】　某高速公路一座跨线桥全长 77.32m，上部结构为 20m + 32m + 20m 预应力混凝土现浇箱梁。施工单位拟采用满布支架法进行施工，支架最高点离地面为 10.5m。

事件 1:2011 年 7 月 15 日，驻地监理工程师在审查该桥施工方案时，要求施工单位对支架施工单独编制专项施工方案，并组织专家对方案进行论证审查后再报送驻地办。

事件 2:由于时间仓促，临近雨季，施工单位随即于 7 月 16 日开始支架施工。他们将另一项目中的支架施工方案(此方案支架最高点离地面为 7.3m)仅修改了相关数据，但未进行专门验算，就于 7 月 18 日邀请 3 位专家进行了论证。专家提出应加强支架基础临时排水等 5 个问题。施工单位技术员根据自己记录的专家发言对方案进行了修改。项目经理审查后立即报送驻地监理工程师。驻地监理工程师审查后，于当日同意按此方案实施。

【问题】

1. 针对以上事件，请分析驻地监理工程师的处理方式是否正确，并说明理由。

2. 驻地监理工程师在审查专项施工方案时，应注意哪些问题?

【参考答案】

1. 事件 1 中，监理工程师要求施工单位对支架施工方法单独编制专项施工方案，并组织专家对方案进行论证审查后再报，是正确的。因支架施工属于危险性较大的分项工程，应单独编制专项施工方案，并经专家进行论证后再报。事件 2 中，施工单位 7 月 16 日开始支架施工时，尚未编制专项施工方案和报审，而监理工程师未下达暂时停工令，不妥;应立即下达暂时停工令，要求施工单位停止施工，待方案批准后按批准方案施工。另外，驻地监理工程师审查后即同意方案实施，不妥。因为:该方案未按本工程具体情况编制，只是将另一项目的支架施工方案(比本桥支架低了 3m 多)修改了相关数据，但未进行验算;只经过 3 位(应为5 位)专家论证，且无专家书面审查意见;该方案无施工单位技术负责人签认，无专业监理工程师审查意见，不符合程序性要求。

2. 监理工程师在审批该桥支架施工方案时应注意:

(1)施工单位应当分别编写各危险性较大的分部分项工程的专项施工方案，并在施工前办理监理报审。

(2)监理工程师应按下列方法支持审查:①程序性审查，专项施工方案须经专家论证、审查的，是否执行，是否经施工单位技术负责人签认。不符合程序的应退回。②符合性审查，专项施工方案必须符合强制性标准的规定并附有安全验算结果，须经专家论证，审查的项目应附有专家审查的书面报告,专项施工方案应有紧急救护措施等应急救援预案。③针对性审查,专项施工方案应针对本工程特点以及所处环境、管理模式,具有可操作性。

(3)专项施工方案经专业监理工程师审查后,在报审表上填写监理意见,由监理工程师签认。

(4)特别复杂的专项施工方案,项目监理单位应报请监理单位技术负责人主持审查。

第 二 题

【背景材料】 某高速公路总监办管理范围包括四个施工合同段和四个驻地监理办。实施监理过程中发生如下事件:

事件1:因工期紧迫,建设单位要求对控制工期的关键工程提前开始施工。根据安排,1个长大隧道、2个特大桥合同段分别开始了洞口开挖和桩基施工。

不久,建设单位主持召开了第一次工地会议。参加会议的有建设单位的法定代表人,施工单位项目经理、技术负责人,总监办上级监理公司副总经理、总监理工程师、驻地监理工程师,工程所在市的质监站副站长,设计代表,还有路线经过的两个县的分管副县长、市纪检委副书记等。

会上,监理公司副总经理宣布了对总监理工程师的授权;设计代表进行了设计交底;建设单位对工程各阶段提出进度目标,并就本项目的重要性加以说明,对质量、进度、安全、监理、廉政等工作提出了要求。

会后,总监办完成会议纪要后发放各参会单位。总监理工程师主持审批了项目监理细则,报建设单位批准后执行。

事件2:在隧道施工监理中,现场监理员发现:

(1)一名当地菜农被临时雇用,担任洞口值守员,且该人员同时还兼职其他工作。

(2)出入洞登记表记录进洞人数为8人,但现场检查发现洞内有6名掘进工人、7名杂工和2名技术员。

(3)现场还发现,装有炸药、雷管的车辆同时搭载着5名上班的工人。经询问,驾驶员为临时工且无驾驶证件;该驾驶员每天早晨一次性领出一天使用的炸药、雷管,拉至洞内并临时存放在一个铁皮柜内。

针对上述情况,监理员立即下发监理指令并报告总监理工程师。总监理工程师到现场后,指令施工单位暂停施工,并报告了建设单位。

【问题】

1. 指出事件1中不符合《公路工程施工监理规范》(JTG G10—2006)要求的做法。

2. 事件2中有哪些做法不正确?请逐项指出并写出正确做法。

【参考答案】

1. 事件1中,不正确的做法有:

(1)1个长大隧道、2个特大桥合同段在第一次工地会议召开前施工。

(2)建设单位主持召开第一次工地会议。

(3)第一次工地会议参加人员中,路线经过的两个县分管副县长、市纪检委副书记参加。

(4)监理公司副总经理宣布对总监理工程师授权。

(5)设计代表进行设计交底。

(6)建设单位对质量、进度、安全、监理、廉政等工作提出要求。

(7)总监办完成会议纪要后发参会单位。

(8)总监理工程师主持审批监理细则,直接报建设单位批准。

2.事件2中:

(1)洞口值守员为当地临时雇用且兼职人员,不妥。应是专职的、经培训合格的安全员。

(2)出入洞记录失真,应真实、准确记录出入洞人员姓名、人员类别、出入洞时间等。

(3)炸药、雷管混装且同时载人,驾驶员为临时人员且无证驾驶,不对。正确做法是炸药、雷管分别装载、运输,由经培训合格的押运员负责,不得搭载人员;驾驶员必须有驾驶证。

(4)炸药、雷管一次性领出拉至洞内临时存放在一个铁皮柜内,不对。正确做法应该是领用一次爆破的用量,剩余的炸药、雷管要及时退库,不得在洞内临时存放。

(5)监理员下发监理指令,并直接报告总监理工程师,不对。正确做法是监理员应立即报告驻地监理工程师,由驻地监理工程师处理并报告总监理工程师。

第　三　题

【背景材料】　某项高速公路工程桥隧相连,施工难度大。建设单位通过招标选择了监理单位和施工单位,施工合同确定的施工工期为30个月。其中一座长度为2360m的隧道施工任务由第一合同段施工单位承担。隧道出口紧接一座高架桥,最高墩高为75m,其施工任务由第二合同段施工单位承担。

在施工计划排列上,第一、二合同段是全线的控制工程。隧道施工中,由于洞口施工遇到了两次较大的塌方,整个隧道施工工期经过调整后将比原计划拖后3个月。桥梁基础施工时,施工单位采用了人工挖孔的施工方法,使其实际进度比计划进度提前了4个月。基础及桥梁下部完工后,桥墩及桩基工程通过了质量验收。

建设单位结合全线各标段的施工进度情况,对全线计划进度进行了调整,将原合同工期30个月调整为26个月,监理工程师未提出异议。架梁前,第二合同段在进行支座检测时,发现靠近隧道进口处的20、21号桥墩出现较大的偏斜,墩顶最大偏斜位移达40cm。经组织专家进行现场分析、调查,查验测量资料,最终确定20、21号桥墩的偏移是由于第一合同段没有按照施工组织设计要求弃渣,而是将隧道弃渣直接倾倒在隧道出口坡脚处。因弃渣对桥墩一侧产生侧向挤压导致桥墩偏斜。建设单位组织科研、设计单位制订了对20、21号桥墩纠偏、加固的处理方案。经过处理后恢复了墩顶支座的原设计位置。

【问题】

此事件中,建设单位、施工单位(第一、二合同段)、监理单位各应承担什么责任?并说明理由。

【参考答案】

(1)建设单位违反了招标承诺及签订的施工合同的规定,第一、二合同段是全线控制工程,应根据第一、二合同段施工进度情况对全线计划进度进行调整。将30个月的合理工期压缩成26个月,应当承担一定的管理责任。

(2)施工单位(第一合同段)施工组织设计对隧道弃渣地点作出了明确的规定,在对建设单位压缩工期没有提出异议的情况下,违背设计要求,随意倾倒弃渣,危及相邻工程,直接导致问题发生,故应承担主要责任。

(3)施工单位(第二合同段)依据《公路工程标准施工招标文件》(2009 年版)规定,在整个施工期间施工单位应对其施工的工程质量负责,并对其承担照管责任和维护的责任。第一合同段隧道弃渣挤压第二合同段桥墩不是短时间的问题,第二合同段如果及早发现并向第一合同段、监理单位提出,事件本可避免或及时得到处理。因此,第二合同段在此事件中负有次要责任。

(4)监理单位负责审批施工组织设计及总体进度计划,对于全线控制工程的两个标段,按照建设单位的意见进行不合理的工期压缩,负有一定的监理失职责任。其次,监理工程师应当进行日常巡视检查,发现问题应当及时通知施工单位进行整改或停工,隧道弃渣挤压桥墩问题不是一天形成的,监理工程师没发现问题,或发现问题未要求整改,或要求整改但未督促落实,故负有一定的监理失职责任。

第 四 题

【背景材料】 某高速公路隧道经过生态保护区。该项目合同工期为 21 个月(2007 年 10 月初至 2009 年 6 月底),在施工过程中受到征地拆迁、重大国际会议召开、围岩地质变化大等影响,工期拖延 2 年多,于 2011 年 8 月底建成通车。

施工单位就发生的下列事件,按规定的时间和程序先后向驻地办递交了索赔意向通知书和索赔通知书。

事件 1:因征地拆迁工作进展缓慢,不能按计划提供施工场地,影响施工达数月之久。据此,施工单位提交了要求费用补偿和延长工期的索赔通知书。

事件 2:由于重大国际会议召开,当地政府下达了限制爆破作业的文件,影响了正常施工进度。据此,施工单位提交了要求延长工期的索赔通知书。

事件 3:隧道围岩资料与实际情况差别很大。建设单位提供的初勘资料显示,Ⅱ、Ⅲ级围岩占隧道总体的 77.2%,Ⅳ、Ⅴ级围岩占隧道总体的 22.8%,且在下穿生态保护区段落无地质勘查资料,按Ⅱ级围岩考虑。但在实际开挖过程中,均为Ⅳ、Ⅴ级围岩,无Ⅱ、Ⅲ级围岩出现,并且涌水严重。实际围岩情况与投标时建设单位提供的围岩资料相差很大,不得不进行设计变更,施工成本和进度受到很大影响。据此,施工单位提交了要求费用索赔和延长工期的索赔通知书。

【问题】

请分析以上 3 个事件的索赔通知书,逐一写出驻地监理工程师的审批意见,并说明理由。

【参考答案】

事件 1:施工单位该项费用补偿和延长工期的索赔成立。合同专用条款第 2.3 条规定,建设单位负责办理永久占地的征用及与之相关的拆迁赔偿手续并承担相关费用。由于建设单位未能按本项规定,按时办妥永久占地征用手续,影响施工单位及时使用永久占地造成的费用增加和工期延误应由建设单位承担。

事件 2:重大国际会议的召开是施工过程中施工单位无法克服的社会性突发事件,是非施工单位原因导致工期拖后。因此,该项延长工期的索赔成立。

事件 3:隧道围岩资料与实际情况差别的情况,不能按索赔办理,只能按变更办理。施工单位发现围岩与设计有差别时应及时通知驻地监理工程师,驻地监理工程师应及时报告建设单位，由建设单位组织设计、监理现场察看，核实后驻地监理工程师向施工单位发出变更指示。施工单位在收到变更指示后规定的时间内，向驻地监理工程师提交变更报价书。变更工作影响工期的，施工单位应提出调整工期的具体细节。驻地监理工程师收到施工单位变更报价书和调整工期的申请后，驻地监理工程师应在规定的时间内提出审核意见。报建设单位批准后，确定变更价格和工期延长。

第 五 题

【背景材料】 某施工单位与建设单位按《公路工程标准施工招标文件》(2009 年版)签订了施工合同。合同工期 800 天，合同总价 1.6 亿元。施工前，监理工程师已批准了施工单位提交的施工进度计划，如图所示。

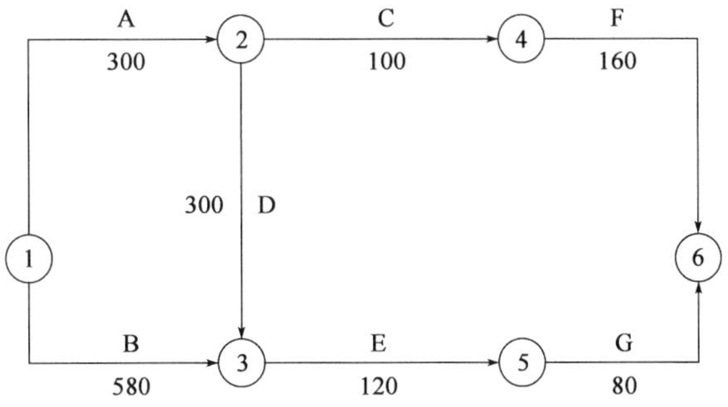

【问题】

1. 请确定施工进度计划图中的关键线路。

2. 由于异常恶劣气候造成 A 工作停工 6 天，现场劳动力不足造成 E 工作停工 4 天，图纸提供延误造成 B 工作停工 5 天(情况已经核实)。请问监理工程师在施工单位按规定时间和程序提出申请后，可批准合同工期延长几天？说明理由。

3. 为了保证安全生产，施工单位配备了 2 名专职安全员，妥否？说明理由。

4. 某桥墩基础钢筋绑扎后，未经监理工程师检查验收，施工单位就擅自安装了模板，正准备浇筑混凝土。如果你是现场专业监理工程师，应该如何处理？

【参考答案】

1. 关键线路是 A→D→E→G。

2. 监理工程师应批准合同工期延长 6 天。A 工作位于关键线路上，异常恶劣气候造成的工期延误 6 天，工期索赔成立；E 工作虽然也位于关键线路上，但现场劳动力不足停工是施工单位应承担的责任，工期索赔不成立；B 工作没在关键线路上，其延误 5 天后，工作时间为 585 天，小于 A + D = 600 天，尽管停工是建设单位的责任。但对合同工期没有影响，因此工期索赔也不成立。

3. 施工单位配备 2 名专职安全员，不妥。按规定每 5000 万元合同额必须配一名专职安全员，故本项目应配不少于 4 名专职安全员。

4. 现场专业监理工程师应立即制止施工单位继续施工，并报驻地监理工程师。

2013年公路工程综合考试试题(A卷)

案例分析题(按所给案例的背景材料,正确分析并回答问题,请将答案写在答题纸指定位置,每题20分,共100分。)

第 一 题

【背景材料】 某高速公路工程项目,施工中发生了以下事件:

事件1:施工合同签订后,施工单位按合同要求进场,进行开工前准备工作。在基准点复测时,因征地补偿问题,遭到当地村民的严重阻挠,使到场的人员无法工作,仪器设备闲置。为此,施工单位按规定向总监办提交了费用索赔和工期索赔通知书。

事件2:监理工程师向施工单位书面提供了经监理工程师复核无误的测量基准点资料。施工时施工单位发现某中桥桥址旁有一初步设计时使用过的临时水准点,就向测量监理工程师索求该临时水准点的高程,测量监理工程师向设计单位询问后,口头告知了该高程数据。施工单位依据该临时水准点的高程进行中桥的施工控制,在墩柱分项工程验收时发现,中桥高程高于设计高程1m。经检查,是临时水准点高程数据有误。施工单位不得不采取返工处理,降低该桥高程。因此,施工单位认为,由于该临时水准点的高程是监理工程师提供的,施工单位不应承担返工的损失,并按规定向总监办提出了费用和工期索赔要求。

事件3:某软基处理完成后,未经监理工程师检查验收,施工单位已进行了覆盖,监理工程师发现后要求揭开检查。施工单位认为,监理人员每天都在施工现场,情况非常了解,工期很紧,没有必要再通知监理工程师进行覆盖前检查,拒绝揭开。监理工程师坚持必须揭开检查,揭开检查后,质量符合要求。为此,施工单位按规定提出了费用和工期索赔要求。

【问题】

1. 请分别说明事件1、事件2中,施工单位提出的费用和工期索赔要求是否合理?并说明理由。

2. 事件2中,监理工程师的做法存在哪些问题?正确的做法是什么?

3. 事件3中,监理工程师要求揭开检查是否合理?为什么?

4. 事件3中,施工单位提出的索赔要求是否合理?请说明理由。

【参考答案】

1. 事件1中:(1)施工单位的费用索赔要求合理。因提供施工用地是建设单位的责任。

(2)施工单位的工期索赔要求不合理。因工程尚未正式开工,工期尚未起算。

事件2中:施工单位提出的费用和工期索赔不合理。任何因该事件的责任应由施工单位承担,由施工单位自身原因造成。

2. (1)总监办向施工单位书面提供测量基准点资料的做法不正确。应由设计单位进行现场交桩,监理工程师应要求施工单位对控制点进行复测,并对施工单位的复核结果进行抽检,无误后审批。

(2)测量监理工程师口头询问设计人员后告知施工单位的做法不正确。应由设计单位现场移交该临时水准点。

(3)监理工程师使用了未经复核的临时水准点的做法不正确。监理工程师应要求施工单位将该临时水准点与原控制网联网复测,并经监理工程师批准后方可使用。

3. 监理工程师要求揭开检查是合理的。施工单位在工程隐蔽部位覆盖前,经自检确认隐蔽部位具备覆盖条件后,应通知监理工程师在合同约定的期限内检查。通知中应附有自检记录和必要的检查资料。经监理工程师到场检查。检查确认质量符合隐蔽要求,并在检查记录上签字后,施工单位才能覆盖。

4. 不合理。尽管揭开检查后质量符合要求,监理工程师也不应同意施工单位的索赔要求。因为施工单位未通知监理工程师到场检查,私自将工程隐蔽部位覆盖,监理工程师有权指示施工单位揭开检查,由此增加的费用和工期延误由施工单位承担。

第 二 题

【背景材料】 某高速公路第3合同段,长13km,合同工期24个月,建设单位与施工单位、监理单位分别签订了施工合同和监理合同,并于2010年10月正式开工。工程施工中,发生以下事件:

事件1:专业监理工程师在巡视一处涵洞时发现,施工人员正在处理地下障碍物。经认定,该障碍物确属地下文物,总监办及时按有关程序进行了处理。

事件2:施工单位在基础工程施工时发现,现场条件与施工图不符,遂向总监办提出变更申请。总监理工程师指令施工单位暂停施工并立即与设计单位联系,设计单位同意变更,但同时表示无法及时提交变更后的施工图。总监理工程师将此事报告建设单位,建设单位随即要求总监理工程师修改施工图并签署变更指令,指示施工单位实施变更。

事件3:甲施工单位(为中标单位)将部分工程分包给乙施工单位。监理工程师巡视时发现,乙施工单位未按审查后的施工方案施工,工程存在工程质量安全隐患。监理工程师分别向甲、乙施工单位发出整改通知,甲、乙施工单位既不整改也未回函答复。

事件4:一座现浇连续箱梁桥,在支架预压作业时,临时抽调6名民工沿支架一侧排开,就近摆放预压砂袋,突然支架倾倒,其中3名民工坠落,并受重伤。

事件5:专业监理工程师在巡视一座通道桥工地时发现,施工单位在钻孔桩施工中,直接将泥浆排入附近的河道中,专业监理工程师立即责令施工单位停止作业,并要求按相关规定处理废弃泥浆。

事件6:某桥灌注桩清孔后沉淀层仍超过规定厚度,二次清孔后,孔深增加,浇筑混凝土的实际桩长比设计桩长增加0.9m。施工单位要求对增加的桩长给予计量。

【问题】

1. 写出事件1中总监办对地下文物的处理程序。

2. 事件2中,指出总监理工程师和建设单位做法是否正确?请说明理由。

3. 事件3中,监理工程师的做法是否正确?说明理由。在发出整改通知后,针对施工单位的反应,监理工程师应采取什么措施?

4. 事件4中,事故发生的主要原因是什么?

5. 事件5中,钻孔灌注桩施工中的废弃泥浆应如何处理?

6. 事件6中,监理工程师是否应同意计量增加的桩长?并说明理由。

【参考答案】

1. (1)监理单位通知施工单位采取措施保护现场。

(2)监理单位及时通知建设单位,并报告文物管理部门。

2. 事件2中,总监理工程师和建设单位的不正确之处及变更的正确处理程序如下:

(1)总监理工程师做法的不正确之处:总监理工程师指令施工单位暂停施工后,立即与设计单位联系。

(2)建设单位做法的不正确之处:建设单位要求总监理工程师修改施工图并签署变更文件,指示施工单位实施变更。

(3)该设计变更的正确处理程序:

①施工单位向监理单位提出书面变更建议。

②监理工程师收到施工单位书面建议后,应与建设单位共同研究,确认存在变更的,应由建设单位转交原设计单位编制设计变更文件。

③监理单位向施工单位发出变更指令。

3. (1)向甲施工单位发出整改通知正确。

理由:甲施工单位属于总承包单位,与建设单位存在合同关系,监理工程师的所有指令均可发给总承包单位。

(2)向乙施工单位发出整改通知不正确。

理由:乙施工单位与建设单位之间没有合同关系。

(3)应采取的措施:

①监理工程师应下达工程暂停令,要求甲施工单位停工整改。

②整改完毕后经监理工程师复查,符合规定要求后,应及时签署工程复工通知。

4. 这起事故的主要原因:

(1)现场临时抽调民工,民工无支架预压施工的知识,不懂得此项作业的安全规定。

(2)现场没有技术人员指导和监督农民工作业。

(3)现场安全检查不到位。

(4)上岗前未进行安全技术交底,一字排开就近摆放砂袋,造成偏压。

5. (1)钻孔桩必须设置泥浆沉淀池,不得将泥浆直接排入河水或河道中,经沉淀后将清水排放,减小悬浮固体的排放量。

(2)废弃的钻孔泥浆以及其他废弃物,应运至事先准备好的沉淀池临时储存,待吹干后运往指定的弃渣场进行永久处置,避免由于水土流失或可能的有毒盐土风化等因素导致农田和水系污染,弃渣不得弃于河道或河滩地。

6. 监理工程师应不同意对增加的桩长给予计量。

理由:施工单位应严格按合同设计图纸施工,由于施工单位的原因超过设计范围的那部分工程量不予计量,或工程量应以净值为准,或未经监理工程师批准,由于超钻而深于所需的桩长部分,不予计量。

第 三 题

【背景材料】 某高速公路一施工合同段,主要工程有隧道 2 座、大桥 3 座(包括跨径为 66m + 120m + 66m 的预应力混凝土连续刚构大桥一座)。施工单位在开工前组织了公路桥梁和隧道工程施工安全风险评估,并根据要求开展了安全教育培训,同时制定了项目负责人施工现场带班生产制度。

在工程实施过程中,出现了以下事件:

事件 1:隧道在洞口临时排水工程施工中,发现隧道存在偏压现象。

事件 2:连续刚构大桥合龙前,施工单位向监理工程师提交了合龙方案,方案中的合龙顺序如下:

①全过程依据监控量测单位提供的数据,进行施工控制。

②合龙自边跨向中跨进行。

③两侧边跨合龙后,将跨中紧邻合龙段两侧的悬臂段进行临时刚性连接,再在两悬臂端上配重至施工控制高程。

④进行合龙段立模、钢筋绑扎、预应力管道埋设。

⑤在一天中最低温度时,浇筑完合龙段混凝土,待混凝土强度达到设计要求时卸掉配重。

⑥解除临时刚性连接,完成张拉压浆。

【问题】

1. 施工单位组织的针对合同段项目的施工安全风险评估,首先要进行的工作是什么?

2. 按照《公路水运工程安全生产监督管理办法》(交通部令 2007 年第 1 号)要求,施工单位应如何开展安全生产教育培训?

3. 按照《公路水运工程施工企业项目负责人施工现场带班生产制度(暂行)》(交质监发〔2012〕576 号)要求,施工单位哪些人能担任带班人员?

4. 事件 1 中,发现隧道存在偏压现象,按照监理工作程序,现场监理工程师应如何处理?

5. 事件 2 中,指出合龙方案中合龙顺序① ~ ⑥中的错误做法,并叙述正确的做法。

【参考答案】

1. 开展总体风险评估。桥梁或隧道工程开工前,根据桥梁或隧道工程的地质环境条件、建设规模、结构特点等危险环境与致险因子,估测桥梁或隧道工程施工期间的整体安全风险大小,确定其静态条件下的安全风险等级。

2. 施工单位应对管理人员和作业人员进行每年不少于两次安全生产教育培训,其教育培训情况记入个人工作档案。

3. 带班人应为项目经理、副经理、总工。

4. 监理工程师立即向总监理工程师汇报,并下发暂时停止进洞的指令,总监理工程师向建设单位汇报,建议由建设单位召集相关单位进行调查处理。

5. ③、⑤项不正确。

③应为:先在两端的悬臂上配重至施工控制高程,再进行两侧悬臂段临时刚性连接。

⑤应为:浇筑混凝土时间不符合要求,应为开始浇筑。在浇筑合龙段混凝土时,悬臂上的配重应在浇筑混凝土过程中逐步等量撤除。

第 四 题

【背景材料】 通过公开招标,某施工单位与建设单位签订了施工承包合同,该工程合同工期190天,开工前施工单位向监理工程师提交了施工进度计划,其中的网络计划图如下。

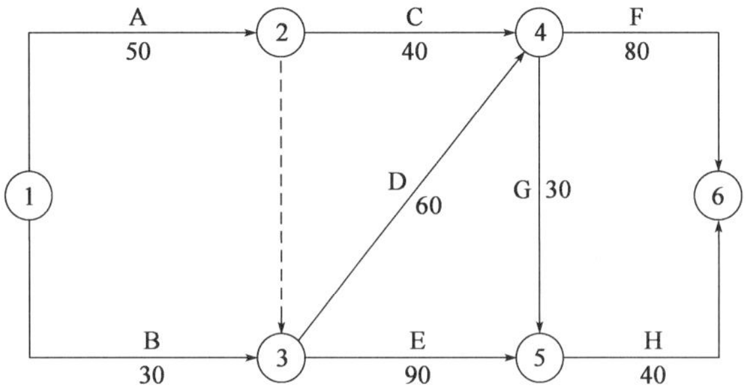

工程施工中发生了如下事件:

事件1:由于施工单位前期进场设备不足,造成工作A持续时间延长15天,人员窝工损失3万元。

事件2:由于监理抽查时发现钢筋不合格,造成返工处理,导致工作B停工10天,费用损失5万元。

事件3:由于强暴雨影响,工作C持续时间延长10天,工作D持续时间延长8天,费用损失20万元。

事件4:由于征地拆迁问题,工作E持续时间延长20天。

事件5:由于设计单位优化设计,造成工作H停工15天;收到优化设计图纸后,由于施工单位设备故障停工3天。

【问题】

1. 按照网络计划,确定该工程的关键线路和计划工期。

2. 事件1至事件4发生后,施工单位分别提出了工期延期索赔和费用索赔,监理工程师该如何处理?并分别说明理由。

3. 事件1至事件4发生后,经监理工程师审核批准的工程延期为多少天?

4. 事件1中,针对工作A持续时间延长的问题,监理工程师应如何处理?

【参考答案】

1. 关键线路:A→D→F,计划工期190天。

2. (1)前期进场设备不足属施工单位原因,因此监理工程师不批准延长工期和费用损失。

(2)钢筋不合格属施工单位责任,因此监理工程师不批准延长工期和费用损失。

(3)由于强暴雨影响,且D工作处于关键线路,强暴雨属于不可抗力,因此监理工程师应批准延长工期8天,不批准费用索赔;C工作处于非关键线路,延长10天未超过其自由时差,因此监理工程师不予批准延期。

3. 关键线路A→E→H;工期:50+90+20+40+15-190=25天。

4. 由于工作A处于关键线路上,且延期由施工单位自身原因造成,监理工程师应签发监理指令，要求施工单位采取措施加快后序工程进度。若监理工程师签发监理指令后，施工单位未有明显改进，致使合同工程在合同工期内难以完成时，监理工程师应及时向建设单位提交书面报告，并按合同规定处理。

第　五　题

【背景材料】　某独立特大桥项目，主桥为独塔斜拉桥，施工中发生以下事件：

事件1：总监理工程师签发了合同段开工申请后，施工单位立即启动了主桥钻孔平台搭设和埋设钢护筒施工。监理工程师发现后立即进行制止，要求施工单位上报分项、分部工程开工申请，待批准后方可施工。施工单位认为合同段开工申请已得到批准，且钻孔平台及钢护筒施工属临时设施，属于桩基分项工程开工前的施工准备，施工继续进行。

事件2：在主桥灌注桩施工过程中，监理工程师安排监理员进行了全过程旁站。在灌注过程中发生了一起导管拔出混凝土表面的事件，事件发生后，监理员立即要求施工单位暂停施工。施工人员解释说凭经验可将导管重新插入混凝土表面继续灌注，不会造成质量问题，监理员予以了默认，该桩继续灌注至完成。事后监理员向监理工程师详细汇报了事件经过。

事件3：监理工程师收到第三方检测单位的检测报告，发现一根桩达不到质量验收标准，且无法采取返工补救措施。经查证系事件2中的桩。监理工程师通过建设单位请设计单位拿出处理方案，3天后设计单位提供了补桩设计文件。由于建设单位工程部负责人未及时将该设计文件下达，耽误了7天。施工单位收到设计文件后，完成补桩施工，经检测质量合格。该事件发生在关键线路上。事后，施工单位提出了10天的延期申请，并提出给予补桩工程进行计量。

【问题】

1. 事件1中，监理工程师要求施工单位暂停施工的做法是否正确？为什么？

2. 事件2中，指出监理员的错误做法，并说明正确做法。

3. 事件3中，监理工程师对该质量事故的处理程序是否正确，为什么？

4. 事件3中，施工单位提出的延期申请和计量要求能否成立？监理工程师该如何正确处理？

【参考答案】

1. 监理工程师的做法正确，施工单位的理由不合理。因为钢护筒施工属于桩基分项工程施工过程中的一道主要工序，钢护筒施工意味着桩基分项工程已开工，而监理工程师并未批准该分项工程开工。

2. 监理员的错误做法：①未及时向监理工程师报告，而是事后进行了汇报；②未坚持暂停施工的要求，放任了质量事故的发生。正确的做法是：①要求施工单位暂停施工；②立即将现场发生的情况向监理工程师汇报；③在旁站记录、监理日记中如实做好记录。

3. 监理工程师对该事件的处理程序不正确。正确的程序应是：①监理工程师应要求施工单位尽快提出质量事故报告并报告建设单位。质量事故报告应翔实反映该项工程名称、部位、事故原因、应急措施、处理方案以及损失的费用等。②认定质量事故等级。③属于一般质量事故等级以上者，根据省级交通运输主管部门的有关处理决定，开展下步监理工作，属于监理单位可处理的质量事故,按有关监理程序开展下一步监理工作。

4. 施工单位提出的延期申请和计量要求均不成立。监理工程师正确的处理做法是:不批准延期10天的申请,原设计桩因质量不合格作为废弃桩,补救的桩不予进行计量。费用由施工单位承担。